Marielle Seitz / Ursula Hallwachs

Montessori oder Waldorf?

Marielle Seitz/Ursula Hallwachs

Montessori oder Waldorf?

Ein Orientierungsbuch für Eltern und Pädagogen

Mit Fotos von Christa Pilger-Feiler

Kösel

Verlagsgruppe Random House FSC-DEU-0100
Das für dieses Buch verwendete FSC®-zertifizierte Papier
Hello Fat Matt 1,1 liefert Condat, Le Lardin Saint-Lazare, Frankreich.

9., überarbeitete und aktualisierte Auflage 2011
Copyright © 1996 Kösel-Verlag, München,
in der Verlagsgruppe Random House GmbH
Umschlaggestaltung: Elisabeth Petersen, München
Umschlagfoto: Rudolf Seitz, München
Gesamtherstellung: Kösel, Krugzell
Printed in Germany
ISBN 978-3-466-30405-9

Für das Foto von Maria Montessori auf Seite 16 liegt das Copyright © bei der Association
Montessori International, für das Foto von Rudolf Steiner auf Seite 101 gilt: Foto
Rietmann, © Verlag am Goetheanum.

Weitere Informationen zu diesem Buch und unserem
gesamten lieferbaren Programm finden Sie unter
www.koesel.de

Inhalt

Waldorf-Pädagogik

Montessori oder Waldorf – ein Vergleich

Vorwort

Die schwedische Lehrerin und Schriftstellerin Ellen Key hat 1902 ein Buch veröffentlicht, das seinerzeit ein Bestseller war. Mit dem Titel ihres Buches *Das Jahrhundert des Kindes* hat Key die Hoffnung ausgesprochen, daß das 20. Jahrhundert das Jahrhundert des Kindes werden möge. So hat sie das Buch »Allen Eltern, die hoffen, im neuen Jahrhundert den neuen Menschen zu bilden«, gewidmet.

Jetzt, da dieses Jahrhundert sich dem Ende zuneigt, wissen wir, daß sich die Hoffnung von Ellen Key nicht erfüllt hat. Daher ist dieses Buch auch nach über 90 Jahren noch sehr aktuell. Dazu nur ein Beispiel: »Die Seelenmorde in den Schulen« ist das Thema des 5. Kapitels, in dem auf Seite 95 ein Zusammenhang zur Sprache gebracht wird, der im allgemeinen auch heute noch gilt: »Der Schule der Jetztzeit ist etwas gelungen, was nach den Naturgesetzen unmöglich sein soll: die Vernichtung eines einmal vorhanden gewesenen Stoffes. Der Kenntnisdrang, die Selbsttätigkeit und die Beobachtungsgabe, die die Kinder dorthin mitbringen, sind nach Schluß der Schulzeit in der Regel verschwunden, ohne sich in Kenntnisse oder Interessen umgesetzt zu haben. Das ist das Resultat, wenn die Kinder ungefähr vom sechsten bis zum achtzehnten Jahre ihr Leben auf Schulbänken damit zugebracht haben, Stunde für Stunde, Monat für Monat, Semester für Semester Kenntnisse zuerst in Teelöffel-, dann in Dessertlöffel- und schließlich in Eßlöffelportionen aus vierter oder fünfter Hand zusammengebraut hat«.

Warum erwähne ich in diesem Vorwort diese Schulkritik von »damals«? Zum einen, weil sich Maria Montessori und Rudolf Steiner ebenso kritisch über die Schule ihrer Zeit geäußert haben. Georg Kerschensteiner, einer der prominentesten Reformpädagogen, sprach von den »Belehrungskäfigen«, die unter allen Umständen abgeschafft und in »Bildungsanstalten« umgestaltet werden müßten. Zum anderen, weil es wichtig ist, daß alle engagierten Eltern und Pädagogen heute eines wissen müssen: Das Ende des Ringens um die kindgemäße Schule beziehungsweise »Die Schule vom Kinde aus«, wie sie alle Reformpädagogen gefordert haben, ist noch nicht in Sicht. So laßt uns also weiter hoffen.

Aber das »Prinzip Hoffnung« genügt nicht, wie die vergangenen Jahrzehnte zeigen, um vor allem die Schulpolitik endlich zu einem Umdenken zu bewegen. Wissen und Erkenntnisse, die zu Überzeugungen gleichsam gerinnen, sind buchstäblich not-wendig, um entschlossen handeln zu können. Fundierte Überzeugungen sind demnach das Ergebnis eines Erkenntnisprozesses; sie sollten aber auch gleichsam ein Motor für das sinnerfüllte Handeln von Eltern und Pädagogen sein.

Das Buch von Marielle Seitz und Ursula Hallwachs ist im Hinblick auf diesen Erkenntnisprozeß ein wichtiges Buch, dem ich viele aufmerksame Leser wünsche. Wichtig ist dieses Buch, weil es als »Ein Orientierungsbuch für Eltern und Pädagogen«, wie es im Untertitel heißt, gründlich und praxisnah über zwei hervorragende, weltweit anerkannte pädagogische Konzeptionen informiert, die manches gemeinsam haben. Aber neben diesem Gemeinsamen gibt es auch grundlegende Unterschiede, die eine Gleichsetzung beider Konzeptionen nicht zulassen.

Inhalt und Form dieses Buches machen es dem Leser vergleichsweise leicht, zwei pädagogische Konzeptionen zu vergleichen, die sich seit Jahrzehnten in der Praxis bewähren. Bei diesem Vergleich wird er feststellen, daß es im Hinblick auf die meines Erachtens zwei wichtigsten Fragen Gemeinsamkeiten gibt:

1. Auf die Frage »Wie ist das Kind zu sehen?« geben Montessori und Steiner im Grunde die gleiche Antwort: Jedes Kind ist Person, ist eine Individualität und damit einmalig. Von dieser Einmaligkeit des bestimmten Kindes und seinen individuellen Entwicklungsgesetzen, die aber ein Geheimnis sind, ist bei Erziehung und Unterricht auszugehen. Das Sein ist der Maßstab für das Sollen.
2. Wie hat sich der Erzieher zu verstehen? Auf diese wichtige Frage geben Montessori und Steiner letztlich auch die gleiche Antwort: Er soll sich als Anwalt des Kindes und seines Wohles verstehen. Diese Haltung, die Ausdruck einer Gesinn-ung ist, schließt aus, daß er sich als »Baumeister« des Kindes versteht, der das Kind nach seinen Vorstellungen, seinem Ideal-Bild zu formen versucht.

Diese Gemeinsamkeiten hinsichtlich der Grundannahmen und der Aufgaben der Erzieher, die so von allen Reformpädagogen vertreten wurden, waren beziehungsweise sind das Verbindende. Grundlegende Unterschiede ergeben sich aber im Hinblick auf die Frage, was das konkret für die Erziehungs- und Unterrichtspraxis bedeutet. Das heißt: Montessori und Steiner, aber zum Beispiel auch Kerschensteiner und Freinet, Geheeb (Odenwaldschule) und Hahn (Salem) waren sich in den Zielsetzungen einig, aber insoweit es um die Wege ging, die zu diesen Zielen führen sollten, zeigen sich grundlegende Unterschiede.

Den Autorinnen dieses Buches gelingt es, durch die Gegenüberstellung der charakteristischen Merkmale der Montessori- und der Waldorf-Pädagogik das Verbindende und das Unterschiedliche dieser beiden Konzeptionen klar und praxisbezogen so darzustellen, daß dem Lehrer der Vergleich ermöglicht wird. Dieser Vergleich ist zugleich auch eine Orientierungs- und damit eine Entscheidungshilfe für Eltern, die die Frage zu beantworten versuchen: Welche Schule ist für mein Kind die richtige Schule? Jeder weiß, daß sich in unserer Zeit zunehmend mehr Eltern diese Frage stellen, weil sie aus unterschiedlichsten Gründen mit der staatlichen Regelschule unzufrieden sind. Fragt man sie nach den Gründen ihrer Unzufriedenheit, wird nahezu immer das beklagt, was bereits Ellen Key 1902 kritisiert hat. Und ich habe uneingeschränktes Verständnis für diese berechtigten Klagen, denn niemand, der die staatliche Regelschule kennt, kann und darf der Zustandsbeschreibung von Franz Pöggeler widersprechen. In seinem Buch *Thema Schule*, erschienen

1979 im Herder Verlag, schreibt Pöggeler: »So wie der Vater morgens in einen großen Betrieb fährt, tut es auch der Schüler. Die Schule stellt sich ihm als Großbetrieb dar, gut organisiert, technisch durchgebildet nach dem Grundsatz der Rationalisierung, aber eben auch so anonym, wie große Betriebe und Fabriken sind. Es klingt hart, entspricht aber an vielen Orten der Wirklichkeit, wenn wir feststellen: Manche Großschulen sind Lernfabriken. Wir verwenden dieses Wort nicht abwertend, sondern als Vergleich, weil die Beschaffenheit solcher Großschulen tatsächlich in vielen Zügen derjenigen einer Fabrik gleicht. Die Schule [fabriziert] Verhaltensweisen, Lernergebnisse, gesellschafts- und berufsbezogene Fähigkeiten und Fertigkeiten. Es muß hart gearbeitet werden – wie in der Fabrik. Arbeits- und Pausenzeiten sind genau geregelt – wie in der Fabrik. Zeugnisse und Zensuren haben einen klar durch Gesetze und Verordnungen geregelten gesellschaftlichen [Marktwert] – wie Produkte einer Fabrik.« Sind aus den »Belehrungskäfigen«, die Kerschensteiner kritisierte und denen Key »die Seelenmorde« zum Vorwurf gemacht hat, nun »Lernfabriken« geworden? Es lohnt sich nicht, darüber zu streiten, ob diese Bezeichnung zutreffend ist oder nicht, denn der »Alptraum Schule« – so auch der Titel eines Buches von Marianne Arlt von 1989 – ist für viele Eltern eine Tatsache. Auch im Hinblick auf dieses Faktum, das nur Borniere noch leugnen werden, ist das Buch von Seitz und Hallwachs eine überaus wichtige Veröffentlichung. Die andere Schule, die kindgemäße Schule, die weder für Kinder noch für Eltern zum Alptraum wird, ist möglich. Das belegen die beiden Autorinnen durch ihr Buch auf eindrucksvoll-überzeugende Weise. Deswegen wünsche ich dem Buch viele Leser, und ich hoffe, daß viele Eltern und Pädagogen durch die Einsichten, die dieses Buch vermittelt, zu Ansichten kommen, die sie ermutigen, im Interesse der ihnen anvertrauten Kinder mit Entschlossenheit für die kindgemäße Schule einzutreten. Dann wäre unendlich viel erreicht, und vielleicht – nichts wünsche ich mir für »unsere« Kinder mehr! – wird dann das 21. Jahrhundert »Das Jahrhundert des Kindes«. Es wäre höchste Zeit!

Prof. Dr. Peter Paulig

Einleitung

Das Buch stellt die charakteristischen Merkmale der Waldorf- und Montessori-Pädagogik ohne Wertungen gegenüber. Der Leser kann sich informieren, orientieren und seine eigene Meinung bilden.

Der Inhalt ist in drei Hauptkapitel gegliedert: Im ersten und zweiten Teil wird jeweils eine ausführliche Einführung in die Montessori- und Waldorf-Pädagogik gegeben. Im dritten Teil werden die pädagogischen Prinzipien, die Unterrichtspraxis und der philosophische Hintergrund beider Richtungen einander gegenübergestellt.

Bei der Entscheidung, ob man für sein Kind eine Waldorf- oder Montessori-Schule auswählt, sind sicherlich viele verschiedene Gründe ausschlaggebend. Nicht nur die pädagogischen Inhalte und weltanschaulichen Hintergründe spielen eine Rolle, sondern auch die räumliche Entfernung vom Elternhaus, die Auswahl der Freunde und Spielkameraden, die Höhe des Schulgeldes und nicht zuletzt die Person des Klassenlehrers. Diese eher persönlichen Fragen muß jeder für sich selbst abwägen und entscheiden und hier kann dieses Buch kein »Ratgeber« sein.

Es will aber eine Entscheidungshilfe für Eltern sein, indem es darüber informiert, was Waldorf- und Montessori-Pädagogik eigentlich ist und wie sie sich im Kindergarten- und Schulalltag zeigt. Darüber hinaus ist es für alle pädagogisch Interessierten hilfreich, zum Beispiel die Studierenden der entsprechenden Fachrichtungen, Erzieher(innen) und Lehrer(innen).

Wir wünschen uns natürlich, daß auch Montessori- und Waldorfpädagogen die Darstellung der jeweiligen »Gegenseite« aufmerksam lesen und darin eine Gesprächsgrundlage finden.

Waldorf- und Montessori-Pädagogik sind Erziehungslehren, die zum einen ein geschlossenes pädagogisches System darstellen, zum anderen aber offen und entwicklungsfähig sein sollten. Dieses Spannungsfeld verantwortlich zu leben, »Brücken zu schlagen« und Toleranz zu zeigen, gelingt nur im Wissen um das andere Konzept.

Als »Alternativschulen« werden Waldorf- und Montessori-Schulen von vielen Eltern, aber auch von manchen Lehrern und sogar von einem Kultusminister gern »in einen Topf geworfen«. Das ist nicht richtig. Beide Konzepte haben einen ausgeprägten Eigencharakter, den man nicht verwechseln darf und nicht vermischen kann. Die Integration von Montessori-Material – und sei es noch so hervorragend – in die Waldorfschule kann nur schiefgehen, wenn man von der Steinerschen Sinneslehre und den damit verbundenen Materialkriterien ausgeht. Umgekehrt könnte die Eurythmie nicht in die Montessori-Pädagogik übernommen werden, da sie an den menschenkundlichen Kontext in der Waldorf-Pädagogik gebunden ist. Es kann auch nicht darum gehen, einzelne methodische Elemente zu übernehmen.

Trotzdem erscheinen uns die beiden pädagogischen Konzepte im einzelnen so interessant, daß sich ein »Blick über den Zaun« auf jeden Fall lohnt. Ein interessierter, offener pädagogischer Austausch kann helfen, eine pädagogische »Inselbildung« zu vermeiden.

Die pädagogische Praxis sowohl der Montessori- als auch der Waldorfschule hat einen philosophisch-geistigen Hintergrund, der im weitesten Sinne mit Religion und Gott zu tun hat. Bei Rudolf Steiner ist es die Geisteswissenschaft, die anthroposophische Menschenkunde, bei Maria Montessori die Anthropologie und die »kosmische Aufgabe« des Menschen.

Steiners Anthroposophie hat nach seiner Aussage nichts mit Glauben zu tun. Die übersinnlichen Erfahrungen, die er schildert, sind jedem Menschen zugänglich, der sich auf den entsprechenden geistigen Schulungsweg macht, der »höhere Sinneswerkzeuge« entwickelt. Aus den menschlichen Entwicklungsgesetzen der Geisteswissenschaft leitet Steiner seine Pädagogik ab, die weniger Wissenschaft im heute allgemein geltenden Sinne ist, sondern »Erziehungskunst«. Rudolf Steiner drückt das in seiner »Erziehung des Kindes« folgendermaßen aus: »Dazu braucht man eine Erkenntnis des Geistigen und Seelischen, die ebenso auf Wirklichkeit begründet ist wie die im Intellektualismus begründete Sinneswissenschaft. ... und dazu hilft nichts als zu der Anthropologie eine Anthroposophie, zu der Sinneserkenntnis vom Menschen eine Geisteserkenntnis hinzugewinnen.« (S. 48)

Maria Montessori war – ähnlich wie Steiner – von der Ausbildung her Wissenschaftlerin, entwickelte ihre Pädagogik aber in erster Linie aus der direkten Beobachtung der Kinder. Die von ihr erkannten Entwicklungsgesetze fand sie später durch wissenschaftliche Untersuchungen bestätigt. Ihre Erziehungsmethode ist als indirekte Hilfe zum Selbstaufbau des Kindes zu verstehen. Sie stellt sich in ihrer Erkenntnis nicht über das Kind. Maria Montessori versicherte oft, daß sie wichtige Einsichten von den Kindern selbst bekommen habe. Sie spricht sogar vom Kind als ihrem »Lehrmeister«.

Maria Montessori scheint in ihrer Pädagogik etwas »bodenständiger« als Steiner zu sein. Im Rahmen ihres katholischen Glaubens interessierte sie sich jedoch zunehmend für Mystik, weshalb viele sie in der Nähe der Theosophie vermuten. Maria Montessori war aber immer um die Universalität ihrer Lehre bemüht und machte sie von keiner Religionszugehörigkeit abhängig.

Diese Religions- beziehungsweise Konfessionsunabhängigkeit gilt auch für die Pädagogik Rudolf Steiners. Die Freiheit des Menschen ist für beide Erzieherpersönlichkeiten ein zentraler Begriff. Maria Montessori gibt dem Kind schon früh Handlungs- und Entscheidungsfreiheit, wobei ihre Hilfe eher indirekt durch die vorbereitete Umgebung und das Material gegeben wird. Für Rudolf Steiner dagegen ist die unbewußte Nachahmung des Erwachsenen das »Zauberwort« der Erziehung in den ersten sieben Lebensjahren. Urteilskraft billigt er erst dem Kind nach der Pubertät zu. Daraus ergibt sich eine bewußte Führung des Kindes bis zu diesem Zeitpunkt.

Eine ehemalige Waldorfschülerin, die als erwachsene Frau eine Ausbildung zur Montessori-Pädagogin machte, aber auch daran nicht festhielt, charakterisierte ihre Erfahrungen folgendermaßen: motivierend für die Ausbildung zur Montessori-Pädagogin war das pädagogische Konzept, das Montessori-Material, dessen Struktur, die Selbsttätigkeit der Kinder und die Erfahrung, daß Kinder von sich aus am Lernen interessiert sind. Tragende Erinnerungen an die Zeit als Waldorfschülerin sind: lebendige Bilder, Theateraufführungen, Lehrerpersönlichkeiten, Mitschüler, gegenseitige Achtung und Wohlwollen, angenehmes, ermutigendes Schulklima.

Es liegt in der persönlichen Freiheit des einzelnen, sich für das eine oder andere pädagogische Konzept zu »erwärmen«, für sich und sein Kind die adäquate Entscheidung zu treffen. Sicher ist, daß es in der Pädagogik gute und weniger gute Rahmenbedingungen gibt. Waldorf- und Montessori-Pädagogik schaffen grundsätzlich gute Rahmenbedingungen für die kindliche Entwicklung. Entscheidend ist aber in jedem Fall die Persönlichkeit des Lehrers. Erst durch ihn wird Waldorf-Pädagogik und (oder) Montessori-Pädagogik lebendig und glaubwürdig.

Es gab viele verschiedene Reaktionen auf unsere Idee, ein gemeinsames Buch über Montessori- und Waldorf-Pädagogik zu schreiben. Sie reichten von Ablehnung (»unmöglich«, »zu gewaltsam, es sind doch zwei grundverschiedene Ansätze...«) bis zu Begeisterung («es wird Zeit, daß dieses Thema aufgegriffen wird...«). Manch einer, auch Leute vom Fach, meinten: Montessori- und Waldorfschulen – ist das nicht das gleiche? Wir machten im Kontakt mit Eltern, Erzieher(innen) und Lehrer(innen) oft die Erfahrung, daß diese beiden pädagogischen Richtungen verwechselt, abgelehnt, in Teilansätzen übernommen und vermischt werden.

Montessorianer und Waldörfler lernen in ihrer Ausbildung nicht das Konzept der »Konkurrenz« kennen, und auch der pädagogische Alltag schafft wenig Berührungspunkte, Kontakte und Austauschmöglichkeiten. Der »Blick über den Zaun« wird von vielen Montessori- und Waldorf-Pädagogen auch als nicht notwendig erachtet. Die Gefahr der pädagogischen Inselbildung ist groß. Viele meinen, die »alleinseligmachende Pädagogik« zu haben, was in Dogmatismus und Enge erstarren kann. Viele sind aber auch neugierig, offen und wollen dazulernen.

Wir haben durch die Zusammenarbeit viel voneinander gelernt, haben Toleranz üben (müssen), aber auch viele Impulse von dem uns noch etwas fremden anderen bekommen. Jedoch sind wir als berufliche Grenzgänger (Kunsterzieherin, Montessori-Pädagogin und -Therapeutin mit eigener Praxis und Kinderatelier und einem Kind in der Waldorfschule; Waldorflehrerin mit Regelschulpraxis und zwei Kindern in der Regelschule) und auch durch unsere Kinder schon etwas »vorbelastet«. So war uns schon manches vertraut und die Barrieren nicht so hoch. Wir haben in der Arbeit an dem Buch erfahren, daß die Möglichkeiten, sich über andere Pädagogik zu informieren, Berührungsängste mindert.

Wir möchten den Leserinnen und Lesern die Möglichkeit geben, sich zu informieren, sich selbst eine Meinung zu bilden und auch zu erspüren, wo man sich mehr hingezogen fühlt.

Es gibt keine »ewigen Wahrheiten« im Umgang mit Kindern. Es gibt sicher Erfahrungen und daraus abgeleitete Regeln, die sich bewährt haben. Aber auch erprobte und bewährte pädagogische Konzepte müssen (und werden) sich mit der Zeit verändern, wenn sie ihre Lebendigkeit behalten wollen. Es ist beides wichtig: das Bewußtsein der eigenen Wurzeln und das Zulassen von Wachstum und Bereicherung.

Wir haben in dem vergleichenden dritten Teil bewußt nicht gewertet, was möglicherweise gut oder besser für unsere Kinder ist. Dies wäre der falsche Ansatz. Jedoch sind wir der Überzeugung, daß – bei allem grundsätzlich Trennenden – alle Menschen, die in irgendeiner Form mit Kindern zu tun haben, von der Montessori- und Waldorf-Pädagogik lernen können. In einer Zeit, in der eine menschengemäße Pädagogik wichtiger denn je geworden ist, ist eine Offenheit, in der nichts vermengt, keine Unterschiede vermischt werden sollen, die zum gegenseitigen Verstehen, zum Austausch von Impulsen und vielleicht zu gegenseitiger Befruchtung beitragen kann, von entscheidender Bedeutung. Für all dies sind nicht nur unsere Texte ein Einstieg, sondern auch die Bilder von Christa Pilger-Feiler. Sie ist ein absoluter Glücksfall. Mit ihr zu arbeiten machte auch in Situationen, die nicht so glatt gingen, Vergnügen! Nicht nur, daß sie eine hervorragende Fotografin ist, sie ist auch ein Mensch, bei dem man sich bei der gemeinsamen Arbeit auch als Mensch fühlen kann. Dies war auch bei den Kindern zu spüren, die sich durch ihre Arbeit nie gestört fühlen mußten. Blitzlicht und Scheinwerfer verbot sich Christa Pilger-Feiler selbst und manchmal sah man sie mit den Kindern spielen – das wären die schönsten Bilder geworden, die leider nie gemacht wurden. Christa Pilger-Feilers Interesse, Toleranz und Begeisterungsfähigkeit beiden pädagogischen Schulen gegenüber ist viel mehr, als man

von einer engagierten Fotografin erwarten kann. Wir möchten ihr sehr herzlich für die Zusammenarbeit danken.

Ein besonderes Dankeschön auch an die Kinder, Erzieher(innen) und Lehrer(innen) des Münchner Waldorfkindergartens am Wilhelm-Dieß-Weg, der Rudolf-Steiner-Schule in Gröbenzell bei München, des Montessori-Kindergartens und der Montessori-Schule der Münchner Aktion Sonnenschein in der Reutbergerstraße und des Münchner Montessori e.V. am Willi-Gebhardt-Ufer. Dort durften wir »über den Zaun sehen«, fotografieren und Fragen stellen. Dank auch Brigitte Ockel für die Durchsicht des Montessori-Manuskripts. Renilde Montessori und Günther Schulz-Benesch unterstützten uns hilfsbereit bei den Recherchen des Montessori-Teils. Helga L. Schatz (Aktionsgemeinschaft Deutscher Montessori-Vereine e.V.), Claus-Dieter Kaul, Jürgen Kaul und Maria Roth halfen beim Erstellen der Adressenlisten. In einer Reihe von gemeinsamen Seminaren und Fortbildungen ist Claus-Dieter Kaul ein anregender Referent und Kollege für neue Impulse in der Montessori-Pädagogik. Engagierte Unterstützung bekamen wir auch von Ursula Krall (Rudolf-Steiner-Schule Gröbenzell) und Renate Heisler. Joachim Ramin (Bund der freien Waldorfschulen) danken wir für das komplette Zahlenmaterial. Ursula Schaden möchten wir für Vermittlung und Unterstützung danken. Elsbeth Gift und Charlotte Roder verdanken wir grundlegendes Wissen über die Pädagogik Rudolf Steiners. Bedanken möchten wir uns auch bei unseren eigenen Familien, die uns in letzter Zeit oft »mit anderen Aufgaben beschäftigt« erlebten.

Marielle Seitz   *Ursula Hallwachs*

Maria Montessori

Montessori-Pädagogik

Maria Montessori: Ein Leben für die Kinder

Wer war diese Frau, deren Lebenswerk solche Früchte getragen hat? Maria Montessoris pädagogische Idee und ihr Konzept gingen um die ganze Welt. Leidenschaftlich setzte sie sich für die Rechte der Kinder auf eine ungestörte Entwicklung ein. Tausende von engagierten Lehrern und Erziehern betrachten sich als »Montessorianer« und sind begeisterte Anhänger dieser großen Reformpädagogin.

Maria Montessori selbst hatte nur ein Vorbild: das Kind.

Sie wurde als einziges Kind von Alessandro und Renilde Montessori am 31. August 1870 in Chiaravalle (Provinz Ancona, Italien) geboren. Alessandro Montessori war ein hoher italienischer Staatsbeamter, seine Frau Renilde, geborene Stoppani, entstammte einer altitalienischen Gelehrtenfamilie. Über Maria Montessoris Kindheit ist nicht allzuviel bekannt, sie hatte aber sicherlich ein Elternhaus, das sie stark und zielsicher genug machte, um ihr Leben engagiert und selbstbewußt zu gestalten. Dies entsprach durchaus nicht der traditionellen Frauenrolle im streng katholischen Italien.

Nach dem Wunsch ihrer Eltern sollte sie Lehrerin werden. Mit einem gewissen »Eigen-sinn« sträubte sie sich erfolgreich dagegen. Daß sie später und ihr Leben lang doch als Lehrerin arbeitete, war eine Entscheidung, die sie erst als erwachsene Frau traf.

Maria war ein Mädchen, das sich zumindest in den ersten Schuljahren nicht durch außergewöhnliche Begabungen hervortat. Erst als sie bemerkte, daß sie leicht lernte und ihre Prüfungen gut absolvierte, begann sie mit der ihr eigenen Zielstrebigkeit und Disziplin zu lernen. Außerdem entwickelte sie ein leidenschaftliches Interesse für Mathematik. Eine durch ihre Schüler(innen) weitererzählte Geschichte besagt, daß sie sogar ins Theater ihr Mathematikbuch mitnahm, um im Halbdunkel die Aufgaben zu lösen. Sie scheint ein sehr willensstarkes kleines Mädchen gewesen zu sein. Mit zwölf Jahren entschied sie sich, nach der Grundschule auf gar keinen Fall das für Mädchen damals übliche Gymnasium zu besuchen. Sie setzte mit Beharrlichkeit durch, daß sie ab Herbst 1883, gerade dreizehnjährig, eine technische Schule für Jungen besuchen durfte.

Die Schulen damals waren eine eigene Erziehungswelt, ein System, in dem von vorneherein versuchte wurde, jede Individualität zu unterdrücken. Maria war ein temperamentvolles, spontanes, jedoch auch zielstrebiges, diszipliniertes und intuitives Mädchen, das sich seine Individualität nicht nehmen ließ. Später, als bekannte und führende Pädagogin war dann auch eines ihrer wichtigsten Ziele die Achtung vor der Individualität des Kindes. Sie sagte selbst, diese Einstellung zum Kind sei der Prüfstein jeder Erziehung.

Nach dem Schulabschluß wollte sie zuerst Ingenieur werden, gab diesen Plan jedoch wieder auf. Sie hatte sich immer mehr für naturwissenschaftliche Fächer interessiert und ihr Berufswunsch stand jetzt fest: sie wollte unbedingt Medizin studieren. Das war im damaligen Italien nicht so selbstverständlich wie heute, weil Medizin eine Domäne der Männer war. Maria Montessori setzte sich auch hier durch: Sie studierte – gegen anfänglich heftige Widerstände – als erste Frau Italiens Medizin und schloß ihr Studium 1896 mit der Promotion ab.

Die Entscheidung, von der Ausbildung an einem technischen Institut zum Fach Medizin überzuwechseln, ist mit einem fast mystischen Erlebnis zu begründen. Anna Maccheroni, eine Freundin und Mitarbeiterin, berichtete Jahre später: »Sie kann selbst nicht erklären, wie es zustande kam. Es geschah in einem einzigen Augenblick. Sie ging auf der Straße, als sie einer Frau mit einem Baby begegnete, das einen langen, schmalen, roten Papierstreifen in der Hand hielt. Ich habe Dr. Montessori mehrmals diese kleine Straßenszene beschreiben hören, ebenso den Entschluß, der ihr dabei in den Sinn kam. In solchen Momenten trat ein langer, tiefer Blick in ihre Augen, als suche sie nach Dingen, die weit über Worte hinausgingen. Dann pflegte sie zu sagen: ›warum?‹ und mit einer kleinen ausdrucksschwachen Handbewegung anzudeuten, daß

seltsame Dinge in uns geschehen, die uns zum Ziel führen, das wir nicht kennen.«[1] Diese schicksalhaften Entscheidungen traf Maria Montessori immer wieder. Viele ihrer wichtigen Entschlüsse können nicht rational, sondern nur intuitiv erklärt werden.

Von diesem Erlebnis an ging Maria Montessori ihren mit viel Selbstsicherheit und Überzeugungskraft eingeschlagenen Weg konsequent weiter. Bereits als Medizinstudentin wehrte sie sich engagiert und aktiv gegen die soziale Benachteiligung der Frauen. Vor allem Frauen und Kinder der unteren sozialen Schichten wurden in den Fabriken ausgebeutet und mußten täglich zwölf Stunden und mehr für einen Hungerlohn Schwerstarbeit verrichten. Maria Montessori lernte viele sozial engagierte Frauen der Oberschicht Roms kennen, die sie überzeugen konnte, soziale Programme finanziell und tatkräftig zu unterstützen.

1896, kurz nach ihrer Abschlußprüfung, wurde Maria Montessori als eine der Delegierten gewählt, die Italien auf einem internationalen Frauenkongreß in Berlin vertreten sollten. Ihre engagiert und mit viel Charme vorgetragene Rede wurde mit Begeisterung aufgenommen. Sie war in der Frauenbewegung nicht nur eine äußerlich angenehm auffallende Persönlichkeit, sondern beeindruckte Zuhörer(innen) und Presse auch durch ihre Vorträge, die lebendig, kritisch und kompetent waren.

Nach Rom zurückgekehrt, arbeitete Maria Montessori als Assistenzärztin an der Universitätsklinik (1897) und gründete eine eigene Arztpraxis (1899). Durch ihre klinische Arbeit bekam sie Kontakt zu schwachsinnigen Kindern. Diese Kinder wurden in keiner Weise gefördert oder pädagogisch betreut, ähnelten vielmehr kleinen Gefangenen. Maria Montessori erlebte bei einem Besuch, wie die Kinder nach dem Essen auf dem Boden liegende Brotbrocken suchten und sie zu Formen kneteten. Die Aufseherin begründete dies damit, daß die Kinder ungezogen seien. Maria Montessori machte sich jedoch ihre eigenen Gedanken zum Verhalten der Kinder. Sie stellte fest, daß diese Kinder keinerlei Anregungen bekamen, daß ihre Umgebung trostlos war und sie nichts zum Spielen hatten. Maria Montessori erkannte die Notwendigkeit gezielter pädagogischer Förderung. Diesen Augenblick kann man wohl als die Geburtsstunde der Montessori-Pädagogik bezeichnen.

Als Maria Montessori anfing, sich mit dem Problem der geistigen Behinderung zu beschäftigen, stieß sie bald auf die Arbeit der beiden französischen Psychiater Jean-Marc-Gaspard Itard (1774–1838) und Eduard Seguin (1812–1880). Itard wurde bekannt als Lehrer des »Wilden von Aveyron«, eines Jungen, der total verwildert, wie ein Tier lebend, in den Wäldern von Aveyron aufgegriffen wurde. Itard versuchte durch eine Schulung der Sinne des Jungen kleine intellektuelle Fähigkeiten aufzubauen. Seguin, Itards Schüler, widmete sein Leben der Erziehung schwachsinniger Kinder. Er entwickelte eine Reihe von Übungsmaterialien zur senso-motorischen Schulung. In den Arbeiten von Eduard Seguin fand Maria Montessori die Antworten auf Fragen, mit denen sie sich beschäftigte.

Maria Montessori war der Meinung, daß die »geistige Minderwertigkeit« hauptsächlich ein pädagogisches und weniger ein medizinisches Problem sei. Sie sah die sinnvolle Behandlung der geistig zurückgebliebenen und psychisch geschädigten Kinder mehr an den Schulen und nicht so sehr in den Krankenhäusern. Dies war für die damalige Zeit eine durchaus unübliche Einstellung.

Maria Montessori begann Psychologie und Pädagogik zu studieren. Während ihres zweiten Studiums setzte sie sich intensiv mit der Anthropologie auseinander. In Italien lehrten zu der Zeit führende Anthropologen, wie etwa Giuseppe Sergi. Dieser war ein starker Kritiker des damaligen Schulsystems und hatte 1876 an der Universität in Rom das erste Institut für experimentelle Psychologie gegründet. Die zeitgenössische Anthropologie war keine Kultur- oder Sozialanthropologie, sondern eine physische Anthropologie, die Maria Montessori als Medizinerin natürlich sehr interessierte. 1904 erhielt sie einen eigenen Lehrstuhl für Anthropologie an der Universität in Rom. Diese Lehrtätigkeit übte sie bis 1908 aus und begann verschiedene anthropologische Untersuchungen in pädagogischen Einrichtungen durchzuführen.

Auch an der Clinica Psichiatrica in Rom leitete sie verschiedene Forschungen. An dieser Klinik arbeitete sie mit dem Assistenzarzt Giuseppe Montesano zusammen, mit dem sie eine enge persönliche Bindung einging. 1900 wurde sie Leiterin eines Pädagogischen Instituts, der Scuola Magistrale Ortofrenica, und war in diesem medizinisch-pädagogischen Institut zwei Jahre lang in der Ausbildung von Lehrern tätig. Dr. Montesano, ihr medizinischer Kollege der psychiatrischen Klinik, wurde der zweite Schulleiter.

Maria Montessori begann ihre besondere Pädagogik in Vorträgen und Seminaren zu formulieren. Sie machte praktische Erfahrungen mit dem Übungsmaterial von Seguin, begann darauf aufbauend eigene Materialien zu entwickeln und erprobte eine neue Methode zum Schreiben- und Lesenlernen. Dieses Material und seine Verwendung auch für nichtbehinderte Kinder war der Grundstein für das Montessori-Material und die Montessori-Methode.

1901, im Alter von 31 Jahren, verließ Maria Montessori das Institut. Sie selbst begründete diesen Schritt damit, daß sie noch einmal eine Ausbildung für die Erziehung gesunder Kinder absolvieren wollte. Der eigentliche Grund zum Verlassen der Schule war jedoch persönlicher Natur. Aus der kollegialen Beziehung zwischen Maria Montessori und Giuseppe Montesano war ein Liebesverhältnis geworden, das sicherlich mehr als ein flüchtiges Abenteuer war. Maria Montessori hatte am 31. März 1898 einen Sohn, Mario, bekommen. Es kam jedoch nicht zur Heirat. Mario wurde zu einer Amme aufs Land gegeben, wuchs in der Nähe von Rom in einer einfachen Familie auf und kam mit sieben Jahren in ein Internat bei Florenz. Erst als er schon ein junger Mann war, offenbarte sich Maria Montessori ihm gegenüber als seine Mutter, stellte ihn jedoch viele Jahre in der Öffentlichkeit als ihren Neffen vor. Mario Montessori selbst hatte nur vage Erinnerungen an Besuche einer »schönen fremden Dame«. Es wurde ihm allerdings nie gesagt, wie sie hieß und wer sie war. Der Druck der damaligen gesellschaftlichen Verhältnisse im katholischen Italien war so stark, daß Maria Montessori diese Entscheidung treffen mußte, die für sie sicher nicht einfach und bestimmt auch schwer zu ertragen war. Hatte sie doch ihr eigenes Kind weggegeben und der Öffentlichkeit verschwiegen, dabei aber all ihre

Kraft und ihr Interesse fremden Kindern gewidmet.

Am 6. Januar 1907 wurde ihr erstes Kinderhaus »Casa dei Bambini« in San Lorenzo eröffnet. Es befand sich in einem slumähnlichen Vorort Roms. Eine gemeinnützige Wohnungsbaugesellschaft hatte dort Wohnungen errichtet und um zu verhindern, daß Kinder an den neuen Gebäuden Schäden anrichteten, baute diese Wohnungsbaugesellschaft einen eigenen Kindergarten. Maria Montessori wurde die Leitung dieses ersten Montessori-Kinderhauses, das sie mit einer jungen Hilfskraft leitete, übertragen. Sie hatte das Haus mit Möbeln ausgestattet, die der Größe der Kinder angepaßt waren. Außerdem ließ sie spezielles senso-motorisches Material herstellen, das für die Kinder einen Aufforderungscharakter hatte. Sie machte die Beobachtung, daß sich die Kinder mit Freude, spontan, ausdauernd und konzentriert damit beschäftigten. Die Kinder durften sich in freier Wahl und in einer gepflegten und friedlichen Atmosphäre für eine Tätigkeit entscheiden. Die ihnen entgegengebrachte Achtung, die Wahrung ihrer Individualität bewirkte, daß die Kinder bald ein positives soziales Verhalten entwickelten, auffallend höflich und freundlich waren und großes Interesse an den Dingen zeigten. Schon bald sprach man von den beachtlichen pädagogischen Erfolgen in San Lorenzo, über die die Presse ausführlich berichtete.

Um Maria Montessori scharte sich eine Reihe von jungen, idealistischen und engagierten Schülerinnen. Eine davon war Anna Maccheroni, mit der sie ein Leben lang freundschaftlich verbunden blieb.

Maria Montessori beschrieb ihre so viel beachtete und erfolgreiche Methode 1909 in ihrem ersten Buch *Il Metodo della Pedagogica Scientificia applicato all'educazione infantile nelle Casa dei Bambini.* 1913 kam eine deutsche Ausgabe mit dem Titel *Selbsttätige Erziehung im frühen Kindesalter* heraus.

Ab 1909 begann sie Kurse zur Einführung in die Montessori Methode zu geben. Auf den ersten in Rom folgten viele weitere in London, Barcelona, Paris und in Indien. Interessierte aus aller Welt nahmen daran teil. 1929 gründete sie zusammen mit Mario Montessori die AMI (Association Montessori Internationale), die internationale Dachorganisation, die heute ihren Sitz in Amsterdam hat.

In vielen Ländern entstanden Montessori-Einrichtungen. Einige wurden durch politische Umstände wieder geschlossen, ja sogar verboten, zum Beispiel während des Spanischen Bürgerkriegs (Barcelona), zur Zeit des Faschismus in Italien und des Nationalsozialismus in Deutschland. In kommunistischen Ländern waren Montessori-Schulen ebenfalls nicht erlaubt. Maria Montessori verband ihre pädagogische Arbeit mit einem großen ethisch-moralischen und idealistischen Anspruch.

Hatte Maria Montessori zuerst vor allem einen wissenschaftlichen Ansatz, bekam das religiöse Denken im Laufe ihres Lebens immer größere Bedeutung. Als gläubige Italienerin war sie selbst streng katholisch. Nach der Geburt ihres Sohnes zog sie sich jeden Sommer für zwei Wochen in ein Kloster bei Bologna zur Meditation zurück. Ihr religiöses Denken prägte auch die in ihrer Pädagogik so wichtige »kosmische Erziehung«. Bei allem religiösen Gedankengut ist die Montessori-Pädagogik jedoch überkonfessionell ausgerichtet. Obwohl sie große Anerkennung in katholischen Kreisen gefunden hat, findet man heute ihre Anhänger in allen möglichen weltanschaulichen und religiösen Gruppen.

Als der Zweite Weltkrieg ausbrach, befand sich Maria Montessori mit ihrem Sohn Mario in Indien, wo sie Kurse abhielt, zu denen die Theosophische Gesellschaft eingeladen hatte. Mario hatte sie, seit sie ihn zu sich genommen hatte, auf all ihren Vortragsreisen begleitet und wurde ihr engster Mitarbeiter. Während des Krieges wurde sie dann von den Alliierten in Indien interniert, durfte allerdings Kurse abhalten, ihre Forschungen weiterführen und lebte in einem Ashram der Theosophischen Gesellschaft.

Nach dem Krieg (1946) kehrte Maria Montessori mit ihrem Sohn Mario nach Europa zurück. Sie war fast sieben Jahre in Indien gewesen und hatte dort mehr als 1000 Lehrer ausgebildet. Bei ihrer Rückkehr war sie bereits über 75 Jahre alt, hielt aber dennoch in einigen Ländern selbst Kurse ab. Noch zu ihren Lebzeiten wurden viele neue Montessori-Schulen gegründet, sie wurde international geehrt und für den Friedensnobelpreis vorgeschlagen.

Am 6. Mai 1952, wenige Monate vor ihrem 82. Geburtstag starb Maria Montessori in Noordwijk aan Zee, wo sie auf dem kleinen katholischen Friedhof begraben wurde.

»Die Kinder sind zu uns gesandt als ein Regen von Seelen, als ein Reichtum und eine Verheißung, die immer erfüllter werden kann; aber das benötigt unsere Anstrengung, beim Zustandebringen dieser Erfüllung zu helfen. Betrachten Sie nicht das Kind als einen Schwächling; denn es ist es, das die menschliche Persönlichkeit aufbaut.«[2]

Anthropologische, psychologische und pädagogische Voraussetzungen der Montessori-Pädagogik

Das Leben des Kindes vor der Geburt

Als Medizinerin hat sich Maria Montessori mit dem biologischen Prozeß beschäftigt, wie Leben entsteht. Sie erklärt präzise den Vorgang, wie sich aus der einfachen Keimzelle durch Teilung ein komplizierter Organismus entwickelt. Obwohl sie diese Entwicklung als Wissenschaftlerin beschreibt, spricht sie mit Demut über den geheimen Bauplan, der der Entwicklung des Lebens zugrundeliegt.

Das »Wunder der Schöpfung« geschieht jedoch nicht isoliert, sondern im Austausch mit der Welt. Während der ganzen pränatalen Zeit empfängt das Kind auch Reize aus der Außenwelt.

Durch neue Forschungsmethoden und eine differenzierte Diagnostik weiß man heute über die Entwicklung des Kindes im Mutterleib mehr als zur Zeit von Montessoris Überlegungen. Der Fötus hat lange vor der Geburt recht gut entwickelte Sinnesorgane. Vom Beginn der Schwangerschaft an nimmt er Töne, Klänge, Geräusche und Vibrationen wahr. Es ist bekannt, daß sich das Hörorgan als erstes ausbildet. Bereits wenige Wochen nach der Befruchtung beginnt der Fötus zu hören und schon mit viereinhalb Monaten ist das eigentliche Hörorgan, die Cochlea, in ihrer endgültigen Größe ausgebildet. Es ist erstaunlich, daß das Kind schon im Mutterleib hören kann, und zwar zunächst nur hohe Frequenzen (die weibliche Stimme, also die Stimme der Mutter). Die Fähigkeit, tiefe Frequenzen (also die Stimme des Vaters) zu hören, entwickelt sich erst kurz vor der Geburt. Bereits im Mutterleib hört das Kind, was die Mutter zu ihm oder anderen Menschen spricht. Es hört auch vieles von dem, was die Mutter selbst hört. Die werdende Mutter sollte sich dessen bewußt sein: Singt sie ihrem Kind bereits während der Schwangerschaft vor und spricht sie mit ihm, wird das Kind dies unbewußt im Gedächtnis behalten.

Auch über andere Sinne verfügt das Kind bereits im Mutterleib. Man hat bei viel zu früh geborenen Kindern beobachtet, daß sie beim Saugen zwischen süß und sauer unterscheiden können und dabei eindeutig »süß« bevorzugen. Auch über den Tastsinn verfügt der Fötus. Er bewegt Finger und Hände, wenn er in der Gebärmutter etwas berührt. Durch die Bauchdecke der werdenden Mutter dringt Licht – wahrscheinlich kann das ungeborene Baby zwischen hell und dunkel unterscheiden, kann den Wechsel zwischen Tag und Nacht erleben.

Das Baby »lernt« also bereits im Mutterleib, benutzt seine neu entwickelten Sinne und reagiert auf »Reize« von außen. Auch im Gefühlsleben ist das Baby keineswegs isoliert, im Gegenteil – schon lange vor der Geburt stehen Mutter und Kind in einem Dialog: Das Kind erlebt jede Aktivität und jede Emotion der Mutter im Bauch bereits mit. Maria Montessori spricht deshalb von einer pädagogischen Verantwortung, die der Erwachsene dem ungeborenen Kind gegenüber hat.

Maria Montessori war jedoch nicht nur Medizinerin, sondern auch gläubige Katholikin. Der biologische Bauplan, von dem sie schreibt, vollzieht sich nicht starr und schematisch, das Individuum entfaltet sich vielmehr in einem ganzheitlichen Gestaltungsprozeß zwischen den Bedingungen der Anlage («schöpferische Potentialien«) und denen der Umwelt. Maria Montessori glaubt an ein aktives Seelenleben des Kindes vom Zeitpunkt der Zeugung an. Vor allem in ihren späteren Vorträgen und Schriften geht sie davon aus, daß das ganze Leben ein in erster Linie psychisches sei. Nach Maria Montessori kann das kleine Kind schon vor der Geburt nicht nur ein »biologischer Organismus« sein, sondern ist von vornherein ein »geistiger Organismus«.

Mit ihren Worten ausgedrückt: »Denn nicht nur die körperliche, sondern auch die psychische Entwicklung des Kindes scheint dem gleichen Schöpfungsplan der Natur zu folgen. Auch die menschliche Psyche geht vom Nichts aus oder was als Nichts erscheint, wie auch der Körper von der ersten Zelle ausgeht, die sich nicht im geringsten von den anderen Zellen unterscheidet.«[3]

Das Neugeborene

Maria Montessori schreibt schon Jahrzehnte vor den Schriften Frédérick Leboyers, der immer wieder auf die große Empfindungsfähigkeit des Neugeborenen hingewiesen hat: »Das Kind, das den Mutterleib verläßt, tritt nicht in eine natürliche Umwelt ein, sondern in die Umwelt der Zivilisation, in der sich das Leben der Erwachsenen abspielt. Es ist eine außernatürliche Umwelt, über der Natur und auf deren Kosten errichtet, mit dem Zweck, das Leben des Menschen angenehm zu gestalten und ihm die Anpassung zu erleichtern.

Was aber hat die Zivilisation vorgesehen, um dem Neugeborenen zu Hilfe zu kommen, jenem Menschenwesen, das die ungeheuerlichste Anpassungsleistung vollbringen muß, wenn es, durch die Geburt, aus seinem bisherigen in ein neues Leben tritt? Dieser erschütternde Übergang müßte eine wissenschaftlich richtige Behandlung des Neugeborenen erfordern, denn bei keiner anderen Gelegenheit wird dem Menschen ein so schmerzhafter Umweltwechsel zugemutet.«[4]

Der Moment der Geburt ist ein radikaler Übergang von einer Welt in die andere. Durch eine sanfte Geburtshilfe und durch die Bedeutung der Mutter wird dieser Übergang erleichtert. Die Mutter ist das Verbindungsglied für das Kind, sie ist ein wesentliches Erfahrungskontinuum, wenn das Kind den Übergang ohne Trauma erleben soll. Es ist dies ein elementarer Bezugspunkt, der uns von einem früheren Leben ins nachfolgende begleitet. Die Natur hat das vorgesehen: beim Stillen ist das Kind wieder mit der Mutter vereint. Das Kind braucht das Gestilltwerden, nicht nur um satt zu werden, sondern vor allem, um in den Armen der Mutter die Einheit wieder zu empfinden. Dieser Augenblick der tiefsten Intimität kann durch nichts ersetzt werden.

Maria Montessori hat davon gewußt und darauf hingewiesen. Für sie ist die Fürsorge der Mutter dem kleinen Kind gegenüber weit mehr als eine rein körperliche Betreuung.

Der geistige Embryo

Für Montessori ist das gesamte Leben ein in erster Linie psychisches Leben. In ihren Büchern liest man oft von dem »geistigen Embryo«[5] und sie spricht mit großer Ehrfurcht vom Seelenleben des Kindes, das »über einen geheimen inneren Bauplan der Seele verfügt«[6]. Sie versteht unter Erziehung nicht in erster Linie das Unterrichten der Kinder, sondern sinngemäß eher eine Unterstützung ihrer seelisch-geistigen Entwicklung.

Die lange Kindheit bedeutet für Maria Montessori eine Chance in der menschlichen Entwicklung. Das Kind ist nicht von seiner Anlage abhängig, sondern verfügt lediglich über »Potentialitäten« und reagiert auf Umwelteinflüsse. Nach Montessori nimmt der Mensch in der belebten Natur eine Sonderstellung ein, die durch seine Freiheit zur Selbst- und Weltgestaltung und seine Instinktarmut geprägt ist. Das erhebt den Menschen eindeutig über die Tierwelt, wobei das Kind aber für seine Sonderstellung in der Welt nur mangelhaft ausgestattet ist. In der Tierwelt ist dies anders: Jedes Tier verfügt über artspezifische Verhaltensweisen, die vererbt und angeboren sind. Dies läßt auch schon junge Tiere instinktgesteuert reagieren und befähigt sie, diese Instinkte artgesteuert zu gebrauchen. Dem Kind fehlt diese Fähigkeit, worin aber auch die große Chance und Entwicklungsmöglichkeit des Menschen liegt. Das Kind muß Verhaltensweisen erlernen, die nötig sind, um zu überleben und sich und die Welt weiterzuentwickeln.

Maria Montessori spricht von zwei Phasen: der »pränatalen« und der »postnalen Embryonalzeit«. Die pränatale Embryonalzeit dauert beim Kind neun Monate. Diese Phase gibt es in unterschiedlicher Länge auch bei den Säugetieren. Die zweite Embryonalzeit betrifft die Sonderstellung des Menschen und dauert ungefähr zwei Jahre. Da in beiden Phasen die Entwicklung ähnlich abläuft, spricht Maria Montessori in ihrer Anthropologie von der »doppelten Embryonalzeit«. Die sich ausbildenden geistigen Funktionen sind für Maria Montessori das »Zentrale« des Lebens. Sie spricht sogar von »geistigen Organen« des Kindes.

Wenn Maria Montessori vom Kind als »geistigen Embryo«, als einem Menschenkind mit individueller, geistiger Bestimmung spricht, ist dies eine zutiefst religiöse Sicht des Menschen. Sie erhebt den Menschen bewußt über das Tierreich. Obwohl sie in ihren Büchern oft Beispiele über Verhaltensweisen von Tieren, insbesondere Säugetieren schildert, ist sie in ihrer Erforschung des kleinen Kindes grundsätzlich keine Biologin, sondern eher eine Philosophin, wobei viele ihrer Aussagen durch die Biologie bestätigt werden. So spricht der Schweizer Biologe Adolf Portmann vom Kind als einer »physiologischen Frühgeburt«, vom Menschen als »Nestflüchter«. Die Zeit der frühen Kindheit ist von großer Bedeutung für die geistige Entwicklung des Kindes. Im Spannungsfeld zwischen Abhängigkeit und Selbständigkeit entwickelt sich das kleine Kind.

Das aktive Seelenleben des kleinen Kindes existiert bereits dann, wenn das Kind dies nach außen noch nicht vermitteln kann, weil es »noch im geheimen an seiner Entwicklung zu arbeiten hat«[7]. Dieser »geistige Embryo« braucht einen besonderen Schutz. Während der »physische Embryo« den Schutz des Mutterleibes braucht, bedarf der geistige Embryo einer Umgebung, von der er sich angenommen und verstanden fühlt, einer Umgebung, die reich an Wärme, Fürsorge, Einfühlung, Gewährenlassen und Liebe ist. Er braucht aber auch eine Umgebung, die »sinn-volle« Reize und Anregung bietet, damit das kleine Kind in seiner Entwicklung gefördert wird.

Frühes Lernen – der absorbierende Geist

Wenn man Kinder beobachtet, spürt man deren intensives Erleben ihrer Umwelt. Kinder leben mit allen Sinnen, sind neugierig, kontaktfreudig, mitteilungsbedürftig, immens aufnahme- und anpassungsfähig – sie lernen und erleben ganzheitlich. Die dem Kind eigene Form des menschlichen Geistes hat Maria Montessori den »absorbierenden Geist« genannt. Das Kind steht mit seiner Umwelt in einer anderen Verbindung als wir. In diesem Austausch zwischen Individuum und Umwelt vervollkommnet sich das Kind. Montessori erklärt das Lernen mit Hilfe des absorbierenden Geistes sehr einleuchtend am Beispiel der Sprache. »Einfach indem es lebt, erlernt das Kind die Sprache seiner Rasse. In ihm ist eine Art ›geistiger Chemie‹ am Werk. Wir sind Aufnehmende; wir füllen uns mit Eindrücken und behalten sie in unserem Gedächtnis, werden aber nie eins mit ihnen, so wie das Wasser vom Glas getrennt bleibt. Das Kind hingegen erfährt eine Veränderung: Die Eindrücke inkarnieren sich in ihm. Das Kind schafft gleichsam sein ›geistiges Fleisch‹ im Umgang mit den Dingen seiner Umgebung. Wir haben seine Geistesform absorbierenden Geist genannt. Es ist schwierig für uns, die Fähigkeiten des kindlichen Geistes zu begreifen, aber es handelt sich zweifellos um eine privilegierte Geistesform...«[8]

Maria Montessori beschreibt diesen Vorgang des absorbierenden Lernens mit sehr enthusiastischen Worten: »Wäre es nicht herrlich, könnten wir diese wunderbare Fähigkeit des Kindes beibehalten, das eine Sprache mit all ihren grammatikalischen Schwierigkeiten erlernt, indem es einfach glücklich und spielend sein Leben lebt. Wäre es nicht herrlich, wenn das Wissen in unseren Geist eindringen würde, einfach indem wir leben, ohne größere Anstrengungen als Atmen und Essen... Würden Sie es nicht für ein schönes Märchen halten, wenn ich von einem Planeten erzählte, auf dem es keine Schulen und keine Lehrer gibt, wo das Lernen überflüssig ist, wo die Bewohner einfach, indem sie leben und umhergehen, anstrengungslos alles Wissen fest in ihr Gehirn einprägen? Was so unwirklich wie die Erfindung einer blühenden Phantasie klingt, ist eine Tatsache, eine Realität; denn das ist die unbewußte Art des Kindes zu lernen; das ist der Weg, den es geht. Unbewußt nimmt es alles in sich auf und wechselt allmählich vom Unbewußten zum Bewußten über...«[9]

Das Erlernen der Sprache betrifft hauptsächlich die ersten drei bis vier Jahre der Kindheit. Mit etwa drei Jahren kommt es zu einer wahren »Explosion« des Wortschatzes. Kinder können nun kleine Sätze bilden, beherrschen die wichtigsten grammatikalischen Regeln, kennen viele Begriffe.

Das Erlernen von Fremdsprachen später in der Schule oder in speziellen Kursen bereitet uns jedoch Mühe, und wenn wir die fremde Sprache nicht ständig praktizieren, vergessen wir vieles schnell wieder. Nicht so bei der Sprache, die wir als »Muttersprache« bezeichnen: Wir lernen sie spielend, wie von selbst, und auch nach einem längeren Auslandsaufenthalt ist sie uns noch ebenso geläufig wie vorher.

Dieses Wunder vollzieht sich bei allen Kindern auf der Welt in der gleichen Art und Weise, unabhängig von der jeweiligen Muttersprache. Die gesetzmäßigen Stadien der Sprachentwicklung sind dabei mit anderen Entwicklungsstufen (zum Beispiel Bewegung) verschränkt. Die Mutter wird mit ihrem kleinen Kind nicht nur viel sprechen, sondern instinktiv auch in einer besonderen Sprachmelodie, in einem eigenen Rhythmus, in einer etwas höheren Tonlage. Von unseren Großmüttern und Müttern kennen wir alle Fingerspiele, Lieder und rhythmische Spiele für kleine Kinder. Und schon

unsere Großmütter und Mütter haben sie so oder in ähnlicher Form selber als Kinder gelernt. Spracherwerb ist also eingebunden in einen sozialen Bezug, beim ganz kleinen Kind vor allem zur Mutter, die in der Regel auch den engsten, intensivsten Körperkontakt zum Kind hat.

Jedes Kind hat diese Fähigkeit, mit Hilfe seines absorbierenden Geistes so wunderbar ganzheitlich zu lernen. Das Kind ist, indem es die Worte nachsagt, kein Papagei, der nur nachplappert, nur imitiert. Es vollzieht sich hier vielmehr ein differenzierter geistiger Prozeß, der nicht nur durch eine pädagogisch verständnisvolle, anregende Umgebung Nahrung bekommt, sondern auch gestärkt wird von den besonderen Potentionalitäten des Kindes und der erhöhten Aufmerksamkeit bei der Beschäftigung mit einer bestimmten Sache.

Maria Montessori meint, daß zu diesem Lernen auch eine bestimmte Bereitschaft vorhanden sein muß und erfährt hier Unterstützung von Linguisten, die davon ausgehen, daß die Kinder »irgendein Vorwissen mitbringen«. Dieses »Vorwissen« oder mit anderen Worten, diese »Bereitschaft oder Potentionalität« braucht Anregung und sozialen Kontakt.

Vom Stauferkaiser Friedrich II. ist bekannt, daß er ein brutales und inhumanes Experiment durchführen ließ, um eine Antwort auf die Frage zu bekommen, welches die »Ursprache« der Menschen sei. Er ließ Kinder von Ammen aufziehen, die weder mit ihnen sprechen, noch ihnen Zuneigung entgegen bringen durften. Diese Kinder starben alle.

Spracherwerb braucht, wie jede andere Entwicklung, die soziale, liebevolle Kommunikation. Diese Beobachtung Maria Montessoris wurde von der Tiefenpsychologie und der modernen Linguistik bestätigt.

Die sensiblen Phasen

Maria Montessori bringt der Zeit zwischen null und sechs Jahren große Beachtung entgegen. Sie nennt die Zeiten der besonderen Aufnahme- und Lernbereitschaft »sensible Phasen«.

Eine biologische Entsprechung der sensiblen Perioden findet Maria Montessori in den Empfänglichkeitsperioden der Tiere. »Der holländische Gelehrte De Vries entdeckte die Empfänglichkeitsperioden bei den Tieren, und uns gelang es in unseren Schulen, dieselben sensiblen Perioden auch in der Entwicklung der Kinder festzustellen und den Zwecken der Erziehung nutzbar zu machen. Es handelt sich um besondere Empfänglichkeiten, die in der Entwicklung, das heißt im Kindesalter der Lebewesen, auftreten. Sie sind von vorübergehender Dauer und dienen nur dazu, dem Wesen die Erwerbung einer bestimmten Fähigkeit zu ermöglichen. Sobald dies geschehen ist, klingt die betreffende Empfänglichkeit wieder ab...«[10]

Aus dem Wissen um die »sensiblen Phasen« leitet Maria Montessori ihre pädagogischen Prinzipien ab. Sie sieht die sensible Phase für den Spracherwerb in der Zeit zwischen null und drei Jahren festgelegt. Mit Hilfe dessen, was sie den »absorbierenden Geist« genannt hat, und in der entsprechenden sensiblen Phase, lernt das kleine Kind die Muttersprache in der nur der Muttersprache eigenen Vollendung. Um diese »Vollendung« auch richtig einschätzen zu können, muß man wissen, daß man etwa 2.000 Wörter kennen muß, um eine fremde Sprache gut verstehen und sprechen zu können. Damit kann man ca. 95 % der alltäglichen Texte verstehen. Kinder beherrschen mit eineinhalb Jahren etwa 50 »Wortschöpfungen«. Dann beginnt ein explosionsartiges Lernen. Mit sechs Jahren verstehen Kinder etwa 23 700 Wörter, ihr aktiver Wortschatz besteht aus etwa 5000 Worten[11]. Wir Erwachsenen wären niemals in der Lage, eine fremde Sprache so »nebenbei« und in solcher Geschwindigkeit und Intensität zu lernen. Kinder über zehn Jahre verlieren diese Fähigkeit, Sprache(n) so leicht, schnell und mühelos zu lernen. Mit Beginn der Pubertät ist der Spracherwerb im wesentlichen abgeschlossen. Die Sprachkompetenz in ihrer Grundstruktur ist festgelegt, die Sensibilität zum Spracherwerb läßt nach und die Zeit des Paukens und Vergessens beginnt.

Wenn auf »sensible Phasen« bei Kindern nicht angemessen eingegangen wird, reagieren sie nach Montessori mit Auffälligkeiten im Verhalten. Maria Montessori schildert in vielen Beispielen, wie die Launenhaftigkeit des kleinen Kindes verschwindet, sobald wir die wirklichen Bedürfnisse des Kindes erkennen und ihm Möglichkeiten zu ihrer Verwirklichung geben.

Bei Kindern, die in Verbindung mit ihrer inneren Bereitschaft und Motivation eine Tätigkeit ausführten, beobachtete Maria Montessori eine innere Ruhe und Konzentration. Dies ist ihrer Meinung nach darauf zurückzuführen, daß sich die gesamte Aufmerksamkeit und Wahrnehmung auf die ausgeführte Tätigkeit konzentriert. »Die innere Empfänglichkeit bestimmt, was aus der

Vielfalt der Umwelt jeweils aufgenommen werden soll und welche Situationen für das augenblickliche Entwicklungsstadium die vorteilhaftesten sind. Sie ist es, die bewirkt, daß das Kind auf gewisse Dinge achtet und auf andere nicht. Sobald eine solche Empfänglichkeit in der Seele des Kindes aufleuchtet, ist es, als ob ein Lichtstrahl von ihr ausginge, der nur bestimmte Gegenstände erhellt, andere hingegen im Dunkel läßt. Die ganze Wahrnehmungswelt des Kindes beschränkt sich dann mit einem Male auf diesen einen hell erleuchteten Bezirk. Nicht nur, daß das Kind jetzt das lebhafte Bedürfnis empfindet, sich in bestimmte Situationen zu versetzen und bestimmte Dinge um sich zu haben; es entwickelt auch eine besondere, ja einzigartige Fähigkeit, diese Elemente seinem seelischen Wachstum dienstbar zu machen. Während solcher Empfänglichkeitsperioden lernt es etwa, sich in seiner Umwelt zurechtzufinden oder sein motorisches Muskelsystem bis in die feinsten Einzelheiten zu beherrschen. Hier in diesen Empfänglichkeitsbeziehungen zwischen Kind und Umwelt liegt der Schlüssel zu der geheimnisvollen Tiefenschicht, in der sich das wunderbare Wachstum des geistigen Embryos vollzieht.«[12]

Im aktiven, zufriedenen Verhalten des Kindes sieht Maria Montessori positive Anzeichen für eine sensible Phase, zum Beispiel am Lächeln des kleinen Kindes, seiner Freude am Hören und Sprechen der ersten Wörter, an der Zufriedenheit, wenn ihm ein Erwachsener ein Schlaflied mit den gleichen Wiederholungen vorsingt. Mit negativen Anzeichen reagiert das Kind, wenn die wirklichen Bedürfnisse vom Erwachsenen nicht erkannt werden. Maria Montessori schreibt von Launen, verzweifelten Wutausbrüchen, sinnlosen, unkoordinierten Tätigkeiten, uninteressiertem Verhalten.

Mit dem Eingehen auf die sensiblen Phasen und der Beachtung dieser Bedürfnisse meint Maria Montessori nun keineswegs, daß dem Kind jeder Wunsch zu erfüllen sei. Sie verlangt lediglich, dem Kind für seine entwicklungspsychologisch und -physiologisch begründeten Bedürfnisse die Möglichkeit der Eigenaktivität und Selbsttätigkeit zu geben. Und dies nicht nur beim Säugling und Kleinkind als Appell an Eltern und diejenigen, die auf das Kind Einfluß nehmen, sondern auch als Aufforderung an die Erzieher in Kindergarten und Schule.

Außer der sensiblen Phase für die Sprachentwicklung erwähnt Maria Montessori den Ordnungssinn der Kinder. »Schon im ersten Lebensjahr tut sich diese Empfänglichkeit kund und sie dauert auch während des zweiten Lebensjahres an. Es mag verwunderlich und verstiegen klingen, wenn wir behaupten, daß das Kind eine Empfänglichkeitsperiode für äußere Ordnung durchlebe, herrscht doch allgemein die Überzeugung, das Kind sei seiner Natur nach unordentlich.

Nun ist es jedoch sehr schwierig, eine so zarte Fähigkeit richtig zu beurteilen, wenn das Kind in einer geschlossenen Umwelt von der Art einer Stadtwohnung lebt, in einer Umwelt also voll großer und kleiner Gegenstände, die der Erwachsene aus Gründen, die dem Kinde völlig unbegreiflich bleiben, dauernd verschiebt und verstellt. Ist die Umwelt den Bedürfnissen des Kindes in dieser Phase nicht angepaßt und lebt das Kind inmitten von Erwachsenen, können die so ungemein interessanten Kundgebungen dieser Empfänglichkeit, statt eine friedliche Entwicklung zu nehmen, in Angstzustände, rätselhaftes Verhalten und Launenhaftigkeit umschlagen.«[13]

Mit Ordnung meint Maria Montessori nicht penibel übertriebene Sauberkeit. Sicherlich weist sie auf die Wichtigkeit einer gepflegten, harmonischen Umgebung hin. Auch die Montessori-Materialien haben ihren eigenen Platz und ihre eigene Ordnung in den Regalen, damit die Kinder sie leicht wiederfinden. Maria Montessori meint mit Ordnung eher die guten Gewohnheiten, Regeln, die von Kindern verstanden werden, Gesetze des Wiedererkennens als Hilfe der Orientierung in der Welt. Ein Beispiel mag dies verdeutlichen. Das Versteckspielen des Kleinkindes unterscheidet sich sehr vom Versteckspielen der Schulkinder. Während Schulkinder möglichst interessante, geheime Verstecke suchen, verstecken sich kleine Kinder immer an der gleichen Stelle, erleben aber das Wiederfinden des Spielkameraden mit immer gleicher Freude und Ausgelassenheit.

Nach Maria Montessori ist der Sinn für Ordnung ein Naturgesetz, um dem Kind den Aufbau eines »inneren Sinnes« zu ermöglichen: Für Maria Montessori ist der Kosmos, die Welt des Kindes ein Ganzes, dessen Einzelheiten voneinander abhängig sind. Das Kind kann mit seinem Ordnungssinn Zusammenhänge erkennen, sich orientieren und reagieren. Diese Fähigkeit nennt Maria Montessori den »Sinn für äußere Ordnung«, nämlich die Beziehungen zwischen den Dingen der Welt des Kindes. Der richtigen Körperkoordination schreibt sie den »Sinn für innere Ordnung« zu.

Diese Erkenntnis ist eines der Prinzipien, die ihrem besonderen Schulungs- und Arbeitsmaterial zugrunde liegen: »Das Chaos seiner Seele (des Kindes) braucht nichts Neues, sondern nur Ordnung in bereits vorhandenen Dingen. Und das Kind beginnt, alle die Merkmale der Dinge zu unterscheiden; es trennt Quantität von Qualität und Form von Farbe. Es unterscheidet die Dimensionen gemäß den jeweils vorherrschenden Merkmalen nach langen und kurzen, dicken und dünnen, großen und kleinen Gegenständen. Es teilt die Farben in Gruppen ein und nennt sie beim Namen: weiß, grün, rot, blau, gelb, violett, schwarz, orange, braun, rosa. Es differenziert die Farben nach ihrer Intensität und bezeichnet die beiden Extreme als hell und dunkel. Es unterscheidet Geschmack von Gerüchen, Glätte von Weichheit, Laute von Geräuschen. Wie das Kind gelernt hat, ›jedes Ding an seinen Platz‹ in der äußeren Umgebung zu legen, so ist es ihm durch die Sinnesausbildung gelungen, eine geordnete Einteilung für seine geistigen Bilder zu finden. Dies ist die erste ordnende Handlung des sich bildenden Geistes, es ist der Ausgangspunkt für die Entwicklung des seelischen Lebens unter Umgehung der Hindernisse. Die ›Eroberung der Außenwelt‹ in ihren wahrnehmbaren Bildern ist von nun an leicht und geordnet. Die sich anbahnende Geordnetheit hat die Lebensbedingungen vorbereitet.«[14]

Eine weitere sensible Phase, die Maria Montessori beim kleinen Kind beobachtete, ist die »sensible Phase für Bewegung«. Diese vor allem den ersten Lebensjahren zuzuordnende Phase drückt sich im Bewegungsdrang der kleinen Kinder aus, aber auch im grundlegenden Bedürfnis nach richtiger Bewegungskoordination. Erst in der richtigen

Bewegungskoordination kann es nach seinem Willen handeln. Das Baby, das noch strampelnd in seinem Stubenwagen liegt, versucht mit hektischen, unkoordinierten Bewegungen nach einem Spielzeug zu greifen, das man über seinem Bettchen aufgehängt hat. Durch wiederholtes Versuchen trainiert es seine Arme und Beine, entwickelt und differenziert seine Wahrnehmung und kann dann einen Gegenstand greifen und in den Händchen haltend hin und herdrehen.

Kleine Kinder haben das Bedürfnis, ihre Tätigkeiten oft zu wiederholen. Die Treppenstufen werden von den etwa eineinhalbjährigen und zweieinhalbjährigen Kindern nicht erklommen, um endlich oben anzukommen. Dies wäre die Motivation eines Erwachsenen. Kleine Kinder sind vom Treppensteigen an sich fasziniert. Zuerst krabbelnd, dann an der sicheren Hand des Erwachsenen, später allein, machen sie oben angekommen kehrt und wiederholen den Auf- und Abstieg noch etliche Male. Jeder, der mit kleinen Kindern zu tun hat, kann sich an das bittende »nochmal« erinnern. Hat das kleine Kind diese »sensible Phase« durchlaufen, hört das »nochmal« von selbst auf, weil sich die Interessen verschieben.

Die vier Stufen der Erziehung

Maria Montessori beobachtete, daß das Kind in seiner Entwicklung bestimmte Perioden durchläuft. Sie regte an, die erzieherischen und schulischen Einrichtungen nicht nach Formalien wie Vorschule, Grundschule, Hauptschule, Realschule, Gymnasium und Hochschule einzuteilen, sondern in der Erziehung den verschiedenen Entwicklungsstufen Raum zu geben.

Im Alter von der Geburt bis etwa zum sechsten Lebensjahr durchläuft das Kind die erste Periode, der Maria Montessori besondere Aufmerksamkeit entgegenbrachte. Das kleine Kind verfügt in dieser »schöpferischen Periode«, wie Maria Montessori sie nennt, über enorme Fähigkeiten. 16 Milliarden Hirnzellen warten auf geistige Nahrung und brauchen diese, um das Grundprogramm zu vervollständigen. Die geistigen Strukturen werden mit Hilfe von Anlage und Umwelt gebildet. Es ist die Zeit des Lernens mit allen Sinnen, immer und überall, die Zeit des unbewußten, sensorischen, bewegungsaktiven, affektiven Lernens. Das Kind möchte in dieser Zeit unabhängig werden und will selbständig die Dinge tun. Für uns Erwachsene ist oft die eigene Ungeduld oder der Blick auf die Uhr ausschlaggebend dafür, dem Kind Hilfen anzubieten. Maria Montessori ist der Meinung, daß unnötige Hilfe, so gut sie auch gemeint ist, das Kind in seiner Entwicklung behindert. »Hilf mir, es selbst zu tun«, ist ein Kernsatz ihrer Pädagogik. Außerdem soll das Kind in Freiheit handeln dürfen. Maria Montessori meint hier die Freiheit der eigenen Initiative in einer Umgebung, die auf die wirklichen Bedürfnisse des kleinen Kindes ausgerichtet ist. Das Kind lernt dabei mit den Dingen und Materialien, die seine Entwicklung fördern, »sinn-voll« umzugehen. Es lernt, sich selbst zu helfen, lernt konzentriert zu »arbeiten«. Maria Montessori ist der Überzeugung, daß kleine Kinder, die in dieser Zeit die entsprechenden Hilfsmittel zur Verfügung haben und deren Umgebung anregend ist, die Kulturtechniken wie Lesen, Schreiben und Rechnen in einem früheren Alter als das »Regelschulkind« lernen.

Das kleine Kind lebt in dieser Zeit vor allem sensorisch, affektiv und motorisch. Diese Bedürfnisse müssen befriedigt werden. In sprachlicher Hinsicht macht das Kind große Fortschritte, ist jedoch trotz seines großen Wortschatzes noch nicht in der Lage, mit Erwachsenen zu diskutieren. Erst durch das Erlebnis eigener Erfahrungen und durch fortschreitende Entwicklung bildet das Kind innere Strukturen, begreift und versteht, reflektiert und relativiert sie.

Durch die neurologische Forschung weiß man, daß sich in dieser Zeit das limbische System (die zweite Hirnschicht) entwickelt. Etwa im siebten oder achten Lebensjahr ist dieses System dann ausgereift. Das limbische System beeinflußt unsere Gefühle, unsere Sprache und unsere Senso-Motorik; Kinder wollen lernen, wollen etwas tun dürfen, sie lernen Begreifen durch Greifen, sie lernen mit allen Sinnen.

Das Wichtigste ist jedoch das Bedürfnis nach Liebe und Angenommensein. Es ist ein Grundbedürfnis des Kindes. Die bedingungslose Liebe zum Kind ist die Grundvoraussetzung für jede Erziehung.

Die ideale Umgebung für das kleine Kind soll nach Maria Montessori »schön, friedvoll und ruhig« sein. In dieser Umgebung soll das Kind beten lernen und seine Fähigkeiten zum gesellschaftlichen Zusammenleben entwickeln. Maria Montessori glaubt, daß das kleine Kind die erste Lebensphase so ideal erleben muß, um die nächsten Phasen vollständig durchlaufen zu können.

Durch die grundlegende Möglichkeit, dem Kind die freie Wahl der Beschäftigung anzubieten, wird Maria Montessori oft der Vorwurf einseitiger Individualisierung gemacht. Vordergründig betrachtet mag das so sein, ist doch ein Stützpfeiler der Pädagogik Maria Montessoris die individuelle Einzelarbeit des Kindes, die Voraussetzung für alles soziale Lernen ist. Montessori berücksichtigt in ihrem Erziehungsplan allerdings die soziale Entwicklung des Kindes, die sie in verschiedene Phasen unterteilt. Im Alter bis zu drei Jahren (1. Unterphase) ist das kleine Kind vor allem ein sozial empfangendes Wesen. Seine sozialen Bedürfnisse und Aktivitäten sind mit einer Bezugsperson (Mutter) verbunden. Aus dieser Symbiose löst das Kind sich langsam und natürlich bei größerem Selbständigwerden. In der zweiten Unterphase (3 – 6 Jahre) zeigt das Kind vermehrt das Bedürfnis, mit anderen Kindern zu spielen. Es braucht das Spiel mit den anderen Kindern zu seiner eigenen Entwicklung und zur Entfaltung der Persönlichkeit. Es ist dies die Zeit der Spielgruppe und des Kindergartens. Maria Montessori bezeichnet diese Zeit als »soziale Embryonalzeit«. Es zeigen sich hier soziale Grundkräfte, die erst bewußt werden müssen. Diese sozialen Grundkräfte fördert Maria Montessori nicht direkt, sondern indirekt. »Das Ergebnis der Konzentration ist das Erwachen des sozialen Gefühls«[15]. Über die individuelle Tätigkeit finden die Kinder ihre Identität. Als Folge dieses Prozesses »erwacht die Liebe für die Personen«, das Kind ist »freundlich und herzlich allen gegenüber.«[16] Die Einzelarbeit hat für Maria Montessori also nicht den Egoismus, sondern hat die paradoxe Erfahrung des sozialen Gefühls und Bewußtseins zur Folge.

Körperlich, seelisch und geistig erleben wir zwischen dem sechsten und dem siebten

Lebensjahr beim kleinen Kind eine völlige Veränderung. Es streckt sich körperlich, ist seelisch nicht mehr so reizbar, die ersten Zähne fangen an zu wackeln, fallen aus und die zweiten Zähne schieben nach. Geistig erlebt das Kind in dieser Zeit eine Entwicklung vom Konkreten hin zum Abstrakten. Das Kind stellt Fragen philosophischer Art. Es möchte Dinge kennenlernen, die es nicht greifen, nicht konkret anfassen kann. Das Kind entwickelt moralische Kategorien, Gut und Böse sind Themen, die das Kind beschäftigen und auch sein Handeln beeinflussen. Hinsichtlich der religiösen Erziehung plädiert Maria Montessori dafür, daß alles auf das Absolute, auf das Gute hin ausgerichtet sein soll. Sie glaubt, daß man in dieser Zeit die moralische Entwicklung entscheidend fördern kann und meint, daß hier das Fundament für die moralische Orientierung des Erwachsenen geschaffen wird.

Im Übergang zur zweiten Hauptphase erlebt das Kind seine eigentliche soziale Geburt. Das Sozialverhalten der Kinder äußert sich jetzt aktiv und wird bewußt. Dies ist die Zeit des Spielens nach Regeln, die für alle verbindlich sind. Erst jetzt werden die Kinder Gruppenwesen, die miteinander und füreinander Regeln aufstellen, Aktivitäten planen und durchführen, jedoch noch die indirekte Führung durch den Erwachsenen brauchen.

Für diese Übergangsphase regt Maria Montessori an, dem Kind einen erweiterten sozialen Kontakt zu ermöglichen. Sie sieht bei Gruppen wie beispielsweise den Pfadfindern eine Möglichkeit, neue soziale Erfahrungen zu machen. In diesem Lebensabschnitt solle man dem Kind nicht nur gutes Material anbieten, sondern ihm eigenständige, aktive Tätigkeiten ermöglichen, so daß es seine Anschauungsobjekte und Materialien selbst finden könne. Dem Forscherdrang des Kindes solle nachgegeben werden, denn es will in dieser Zeit »in die Welt hinausgehen«.

Neurologisch gesehen entwickelt sich ab dem Alter von sieben oder acht Jahren die dritte Hirnschicht (Neokortex). Das Neokortex ermöglicht uns neue geistige Funktionen wie abstraktes, logisches Denken oder auch das Verständnis von Zeit und Raum. Mit der Pubertät ist das Wachstum des Neokortex abgeschlossen. Alle Erfahrungen, die das Kind macht, nehmen Einfluß auf die Entwicklung des Neokortex. Diese Erfahrungen dürfen jedoch nicht außengesteuert sein, sondern müssen den Gesetzen und Strukturen des limbischen Systems und Stammhirns entsprechen. Nur wenn dies geschieht, kann das Kind sich seiner inneren Struktur entsprechend entwickeln.

Die hier beschriebene zweite Periode der Kindheit umfaßt das Alter von sechs bis zwölf Jahren.

Die dritte Phase wird als Adoleszenz bezeichnet und umfaßt Jugendliche im Alter von etwa 12 bis 18. Die sozialen Gefühle des Kindes, die zunächst individuell und konkret waren, entwickeln sich zu grundsätzlich abstrakten sozialen Gefühlen. Auf psychologischer Ebene ist zu beobachten, daß Jugendliche ein starkes Gefühl für Mitmenschen entwickeln, auch wenn eine persönliche Bekanntschaft nicht vorliegt. In diesem Alter haben die größeren Kinder ein starkes Interesse für Geschichte. Maria Montessori will sie weder durch die Schule noch durch eine zu enge Bindung an die Familie eingeengt sehen. Sie spricht von einer »Ersatzfamilie«, die der Jugendliche zu dieser Zeit eigentlich benötige. Schulisch will sie dem Pubertierenden nicht allzuviel abverlangen, bezeichnet diese Phase auch eher als »Ausruhphase«.

In der Zeit der Pubertät zeigt sich etwas vollkommen Neues bei den Jugendlichen. Dies verleitet Maria Montessori dazu, zum zweiten Mal von einer Neugeburt in sozialer Hinsicht zu sprechen. Die Pubertätskrise des Jugendlichen zeigt sich in der Ablösung von vorherigen sozialen Bindungen und Werten. Der Jugendliche verläßt die Sicherheit der Kindheit und sucht neue Bindungen. Es ist eine Zeit der Spannungen, der Labilität und Krisen. Erst durch die Ablösung kann der Jugendliche einen neuen Standpunkt in sich selbst und neue Beziehungen zu den Menschen finden. Im Durchleben dieser schwierigen Phase findet der Jugendliche neue Freiheit und Sicherheit. Dies heißt für Maria Montessori, den Jugendlichen Freiheit und Eigenständigkeit zu ermöglichen, ihn in seiner persönlichen Würde zu achten.

Maria Montessori hat für diese Altersstufe eine sehr interessante Utopie, den »Erdkinderplan«, wie sie ihn nannte, entwickelt. Es ist dies der Plan eines komplexen Landschulheims, einer »Erfahrungsschule des sozialen Lebens«[17]. Zur eigentlichen Schule sollen Werkstätten, ein Bauernhof, Geschäfte und ein Gasthaus gehören, in denen die Jugendlichen nicht nur tätig sind, sondern auch für ihre Leistung entlohnt werden. Dadurch erlangen die Jugendlichen ein Gefühl der Anerkennung, Wertschätzung und Unabhängigkeit. Wichtiger ist jedoch, daß die Jugendlichen viele Möglichkeiten haben, Gemeinschaftsleben zu erproben. Neben der körperlichen Arbeit sind sie geistig tätig, arbeiten in der Verwaltung und übernehmen Aufgaben in der Gemeinschaft, um so wertvolle Erfahrungen zu machen. Ähnliche Ansätze finden sich in der Gemeinschaft Makarenkos oder in der Kinderrepublik Bemposta.

Mit etwa 18 Jahren ist eine Phase erreicht, in der der junge Mensch seine eigene Wahl trifft. Der junge Erwachsene muß alle vorherigen Stufen durchlebt haben, denn die nötige Reife kann nur durch die Erfahrung wachsen. Maria Montessori spricht vom reifen Individuum, das im gegenseitigen Verständnis und Bewußtsein lebt.

Sie sagt: »Wir müssen den Menschen selbst bei der Hand nehmen, ihn mit Geduld und Vertrauen durch alle Phasen der Erziehung führen. Wir müssen ihm alles anbieten: Schule, Kultur, Religion, die Welt selbst. Wir müssen ihm helfen, in sich selbst das zu entwickeln, was ihn zum Begreifen befähigt. Es ist nicht nur eine Sache der Worte, es ist eine echte Erziehungsarbeit.«[18]

Das Erziehungsziel Maria Montessoris ist der freie Mensch im Unterschied zum versklavten, abhängigen Menschen, der unfähig ist, sein Leben zu gestalten.»

Der Begriff der Freiheit, der die Pädagogik inspirieren soll, ist universell: es ist die Befreiung des Lebens, das durch unzählige, sich seiner harmonischen, organischen und geistigen Entwicklung entgegenstellende Hindernisse unterdrückt wird.«[19]

Für Maria Montessori ist Freiheit Grundlage, Bedingung und Ziel der Pädagogik. Durch ihre Definition der Freiheit wird sie als pädagogische Leitfigur der Freiheitspädagogik angesehen. Vertreter der Antiautoritären Erziehung stellen sich gerne in eine Tradition mit der Freiheitspädagogik Maria Montessoris. Aber ist die Montessori-Päd-

agogik eine antiautoritäre Pädagogik? Ist
der Freiheitsbegriff von Montessori so zu
interpretieren, daß das Kind sich jeden
Wunsch erfüllen darf und ihm auch von
Seiten der Erwachsenen jeder Wunsch erfüllt wird?

Maria Montessori meint in erster Linie die
Freiheit, sich in Ruhe zu entwickeln und
zwar in einem pädagogisch sinnvollen Rahmen. Mit ihrer Pädagogik möchte sie dem
Erzieher und dem Kind Hilfen geben, die
Freiheit zu erreichen. Freiheit muß auch in
der Auseinandersetzung mit den Mitmenschen erarbeitet werden, ist nur dann denkbar, wenn soziale Verantwortung erfahren
wurde. Erst dann kann eine Harmonie im
Zusammenleben entstehen, die für Maria
Montessori die Voraussetzung für eine
»Weltfriedensgesellschaft« ist.

Die wichtigsten pädagogischen Prinzipien Maria Montessoris

Achtung vor dem Kind

In einer Schule, die nach der Pädagogik Maria Montessoris arbeitet, wird der Umgang zwischen Erwachsenen und Kindern nicht von »oben nach unten« gekennzeichnet sein. Die Achtung vor der Würde und Persönlichkeit des Kindes durchdringt die pädagogische Haltung der Erzieher, die Lerninhalte und -methoden haben die wirklichen Bedürfnisse der Kinder zur Grundlage. Es geht nicht vordergründig darum, daß Schule ein bestimmtes Wissen zu vermitteln hat, sondern die Kinder sollen sich in Freiheit nach den ihnen gegebenen Anlagen optimal entwickeln können.

Maria Montessori selbst hat sich besonders intensiv für die wirklichen Bedürfnisse der kleinen Kinder eingesetzt. Ihr Hauptanliegen ist das Denken vom Kind aus. Mit ihrer Pädagogik gibt sie uns Hilfen, die Kinder in ihrer Entwicklung möglichst wenig fremdzusteuern, ihnen vielmehr partnerschaftliche Hilfe zur »Selbsterziehung« zu geben. Das Denken vom Kind aus – ein wesentliches Element der Montessori-Pädagogik, das nichts von seiner Aktualität eingebüßt hat – findet seine naturwissenschaftliche Basis und Berechtigung darin, daß jedes Lebewesen über ein vom genetischen Code gesteuertes artspezifisches Entwicklungsprogramm verfügt. Dieses Entwicklungspotential, das das Kind schon mit ins Leben bringt, ist beim Menschen nicht nur viel größer als bei allen anderen Lebewesen, sondern auch offener und damit nicht so festgelegt.

Die naturwissenschaftliche Begründung ihrer pädagogischen Prinzipien ist für Maria Montessori jedoch nur ein Teilaspekt ihrer Anschauungen. Viel wichtiger ist ihr eine humane, ja religiöse Begründung für die eigengesetzliche Entwicklung und Achtung und Beachtung des Kindes. Das Kind kann seine angelegten Fähigkeiten nur dann optimal entfalten, wenn es sich bedingungslos angenommen und geliebt fühlt und außerdem eine Umgebung vorfindet, die gemäß seinen Entwicklungsgesetzen gestaltet ist und ihm eine freie Entwicklung innerhalb der nötigen Grenzen ermöglicht. Mit diesen Vorgaben und indirekten Hilfen »baut das Kind sich selbst auf«[20].

Der, wie Rebeca Wild formuliert, »Respekt für Lebensprozesse« war und ist in der Pädagogik und Kinderheilkunde keine Selbstverständlichkeit. Maria Montessori hatte diesen Respekt. Wir sollten uns hier von Maria Montessori anleiten lassen, auch wenn dies in der pädagogischen Praxis nicht immer leicht fällt, denn jede Art von Erziehung ist geprägt von der eigenen Persönlichkeitsstruktur. Wir dürfen die eigenen Fehler und Schwachpunkte nicht weitergeben, sondern müssen uns verändern, wenn wir die Umwelt verändern wollen. Maria Montessori hat dies mit sehr eindringlichen und anklagenden Worten beschrieben: »Die auffallende Blindheit des Erwachsenen, seine Gefühllosigkeit Kindern gegenüber – den Früchten seines eigenen Lebens –, hat sicher tiefe Wurzeln, die sich durch die Generationen erstrecken, und der Erwachsene, der zwar Kinder gern hat, sie aber dennoch unbewußt nicht voll anerkennt, fügt ihnen unabsichtlich ein Leid zu.«[21]

Von ihrer Ausbildung her Ärztin und Wissenschaftlerin hat Maria Montessori ihre Methode durch Beobachtung der Kinder und durch ihre außergewöhnlich intuitive Einfühlung in das Wesen der Kinder entwickelt. In der Beobachtung der Kinder und den daraus abgeleiteten Entwicklungsgesetzen geht sie über die Arbeit der Wissenschaftlerin hinaus. Sie ahnt und umschreibt Dimensionen des menschlichen Geistes, die sich der rein naturwissenschaftlichen Betrachtungsweise verschließen: »Beim Kontakt mit dem Kind bin ich keine Wissenschaftlerin, keine Theoretikerin; beim Kontakt mit dem Kind bin ich nichts, und bei der Annäherung an das Kind war mein größtes Privileg, nicht zu existieren, denn das hat mir erlaubt, zu sehen, was man nicht sieht, wenn man jemand ist: kleine Dinge, einfache Wahrheiten, aber von größter Kostbarkeit. Es ist nicht immer nötig, große Dinge zu sehen, sondern es ist wichtig, den Ursprung der Dinge zu erkennen. Es handelt sich um einfache Zeichen, die erkennbar sind, sobald sie sich entwickeln und vollenden.«[22]

Maria Montessori fordert die Erzieher – das sind für sie: Eltern, KindergärtnerInnen, LehrerInnen und alle Menschen, die mit dem Kind in einem direkten Zusammenhang stehen – auf, das Kind in seiner Entwicklung richtig zu sehen und ihm Achtung, Liebe und Anerkennung entgegenzubringen. Sie rät dabei nicht nur zu einer für das Kind vorbereiteten Umgebung, sondern definiert die Position der Erwachsenen im Verhältnis zum Kind neu. Montessori weist auf die Gefahr hin, das Kind zu unterdrücken, ihm einen Stempel aufzudrücken, der es ein Leben lang prägen wird. Sie plädiert leidenschaftlich und überzeugend dafür, den Kindern eine freie Entwicklung zu ermöglichen. Der Erwachsene soll nicht gewaltsam, auch nicht vorsichtig lenkend eingreifen, sondern dem Kind lediglich indirekte Hilfen zur Selbsterziehung geben. Mit dieser Einstellung war Maria Montessori als Erzieherin revolutionär. Aber sie war nicht nur revolutionär, sondern in der Achtung, die sie dem Kind entgegenbrachte, auch tief gläubig. Aus ihrem Anerkennen der schöpferischen Produktivität der Kinder spricht eine echte Ehrfurcht – das Denken »vom Kind aus« macht sie als Reformpädagogin so wichtig und aktuell.

Sinnesschulung und Bewegung

Jeder Mensch kann die Umwelt über die Sinne wahrnehmen. Aber wir nutzen diese Fähigkeit auf unterschiedliche Weise. Wenn ein Blumenfreund die Rose vielleicht nach dem Duft, oder aber unter den vielen roten Rosen genau die ihm liebste Farbe aussucht, sind Rosen für jemand anderen einfach alle rot. Ein Mensch mit einer differenzierten

Wahrnehmung wird das nicht verstehen, er unterscheidet zwischen Weinrot, Zinnober, Krapprot, Feuerrot, Bordeaux, Fuchsia, Flamingorot, Korallenrot, Kirschrot, Rose, Pink, Rotorange, Hellrot, Dunkelrot, Kardinalrot, Magenta, Lachsrot, Himbeerrot, Englischrot, Glutrot, Rostrot, Scharlachrot, Signalrot, Pastellrot, Kupferrot, Hochrot, Blaßrot, Blutrot, Glutrot, Mohnrot, Rosenrot... Differenzierte Wahrnehmungen sind das Ergebnis einer reichhaltigen, anregenden Umgebung.

Verschieden gefüllte Tastsäckchen

Maria Montessori hat erkannt, wie wichtig es für Kinder ist, die Umwelt sinnlich wahrzunehmen und wie wichtig es in der Erziehung ist, den Kindern entsprechende Erfahrungen zu ermöglichen. Der Satz »nur mit den Augen ansehen« konnte nur einem unsinnlichen Erwachsenen einfallen. Kinder müssen die Dinge auch »mit den Händen ansehen«, beriechen, betasten, schmecken... Über das Be-greifen begreift das Kind!

»Be-greifen«

In einer Welt, die so kompliziert ist wie die unsere, wird es immer wichtiger, die Welt mit allen Sinnen wahrzunehmen. Wir dürfen uns nicht auf »Informationen aus zweiter Hand« verlassen. Seine Sinne nicht zu benutzen, heißt, sie verkümmern zu lassen, selbst stumpf zu werden.

Geruchsdosen

Es ist nicht nur eine Frage der Lebensqualität, mehr zu sehen, zu riechen, zu schmekken, zu hören, zu tasten, zu spüren... Durch die Sinne bekommen wir einen Kontakt zur Welt, schaffen Verbindungen und Beziehungen. Sinnesreize kommen im Gehirn des Menschen an, werden dann weiter zerlegt

und differenziert. Konvergenzzonen verknüpfen die Erfahrungen zu einem Ganzen. Mit Hilfe dieser Erfahrungen und Eindrücke erleben wir die Welt als Ganzes. Diese Wahrnehmung ist wiederum eine Grundlage unseres Handelns, die Grundlage von kreativen Verhaltensweisen. So bildet der Mensch die Welt.

Die Erziehung der Sinne ist eine wichtige Grundlage der Pädagogik Maria Montessoris. Montessori nennt die Sinnes- und Bewegungsaktivität des Menschen ein »Relationssystem, was den Menschen in Beziehung zur unbelebten und belebten Welt und damit zu anderen Individuen bringt. Ohne dieses System bestünden keine Beziehungen zwischen Individuum, Umwelt und Gesellschaft.«[23]

Die Schulung der Sinne schafft nach der Ansicht Maria Montessoris die Grundlage für eine »geordnete Einteilung für seine geistigen Bilder«[24]. Maria Montessori geht dabei auch von der Motorik aus, und zwar von der Ganzkörpermotorik. Nach Montessori »müssen wir körperliche Übungen, Spiele usw. in die Erziehung miteinbeziehen«[25] Sie spricht von »Bewegung als Ausdruck eines höheren Teils«[26]. Dieser Bewegungsbereich hat heute als Psychomotorik auch außerhalb der Montessori-Pädagogik Bedeutung gefunden. Maria Montessori schreibt: »Aber die geistige Entwicklung muß mit der Bewegung verbunden sein und von ihr abhängen. Diese Idee muß in die Erziehungstheorie und -praxis Eingang finden... Betrachtet man aufmerksam ein Kind, ergibt sich evident, daß sich sein Verstand mit Hilfe der Bewegung entwickelt... Beobachtungen an Kindern aus aller Welt beweisen, daß das Kind seine Intelligenz durch die Bewegung entwickelt. Die Bewegung unterstützt die psychische Entwicklung, und diese Entwicklung findet ihrerseits Ausdruck in weiteren Bewegungen und Handlungen. Es handelt sich also um einen Zyklus, da Psyche und Bewegung der gleichen Einheit angehören. Es kommen auch die Sinne zu Hilfe, denn wenn das Kind keine Gelegenheit zu sensorischer Tätigkeit hat, findet eine geringere Entwicklung des Verstandes statt.«[27] Nach Maria Montessori handelt es sich bei der Schulung der Sinne zunächst um eine physiologische Erziehung, welche jedoch in eine geistige mündet.

Diese Erziehung der Sinne findet bei Maria Montessori über das eigenständige Tun statt. Dabei werden die Entscheidungskraft und der Wille des Kindes angesprochen. »Die Bewegung ist das Mittel, wodurch der Wille alle Fibern zu durchdringen und sich selbst zu verwirklichen vermag.«[28]

Mit Bewegungserziehung ist hier kein Turnunterricht im herkömmlichen Sinn gemeint. Maria Montessori spricht vielmehr von einer »Philosophie der Bewegung«[29]. »Man kann auch sagen, daß die Bewegung eine soziale Frage und nicht eine Frage der individuellen Gymnastik ist.«[30]

Maria Montessori legt bei ihrer Schulung der Sinne auch großen Wert auf richtig ausgeführte grob- und feinmotorische Bewegungen. Sie spricht von der Wichtigkeit der »Ökonomie der Bewegungen«.

Andere ebenso wichtige sensorische Bereiche sind: Tastsinn, Geschmacks- und Ge-

Geometrische Körper

ruchssinn. Der Gesichtssinn wird durch Unterscheiden von Formen, Farben und Dimensionen angesprochen. Auch für den Gewichtssinn, den Gehörsinn, den Tastsinn und den stereognostischen Sinn (geometrische Körper und andere Gegenstände können durch Tasten erkannt werden) werden Anregungen gegeben, und für alle Sinne hat Maria Montessori spezielles Schulungsmaterial entwickelt. Durch die Übung des Gehörsinnes werden beispielsweise Töne und Tonhöhen differenziert, Harmonien erkannt. Außerdem ist Maria Montessori der Überzeugung, daß die Schwingungen der Töne den Körper des Kindes durchdringen und heilenden Charakter haben.

In der Einheit und Kooperation von Bewegungs- und Sinneserziehung liegt für Maria Montessori das Kriterium für eine gesunde psychische, geistige, körperliche und soziale Entwicklung der Kinder.

Das Muskelgedächtnis

Maria Montessori erkannte im kindlichen Bewegungsdrang ein elementares Bedürfnis und kam diesem Bedürfnis des Kindes entgegen. Kinder haben meist ein Defizit in ihrem Bewegungsbedürfnis. Sie gehen nur zu Fuß zur Schule, wenn sie in der Nähe der Schule wohnen. Häufig werden sie mit dem Auto gebracht oder fahren mit öffentlichen Verkehrsmitteln und sitzen im Unterricht dann die meiste Zeit. In ihrer Freizeit verbringen Kinder oft viele Stunden sitzend vor dem Fernseher. Der moderne Wohnungs- und Städtebau nimmt wenig Rücksicht auf das Bewegungsbedürfnis des Kindes.

Für Maria Montessori ist Erziehung jedoch eine Einheit aus Kopf (Denken), Herz (Fühlen) und Hand (Handeln). Der komplexe menschliche Organismus besteht aus drei Teilen: Gehirn, Sinnen und Muskeln. Der Mensch muß seine Bewegungen mit Hilfe seines Gehirns koordinieren und richtig lenken. Die Bewegungen formen wiederum den Geist des Kindes. Geist und Aktivität gehören also zusammen.

Maria Montessori sprach in diesem Zusammenhang vom »Muskelgedächtnis« des Kindes gesprochen. Beobachtet man Kinder aufmerksam, erkennt man, daß sich der Verstand mit Hilfe der Bewegung entwickelt, daß Bewegung und Intelligenz eng zusammengehören. Die psychisch-geistige Entwicklung wird durch die Bewegung gefördert, die geistige Entwicklung ermöglicht wiederum weitere Ausdrucksweisen der Bewegungen und Handlungen.

Diejenigen Muskeln, welche in ihrer Aktivität vom Gehirn aus gesteuert werden, heißen willkürliche Muskeln. Der Wille, als Äußerung der Psyche, ist dabei von Bedeutung. Der Mensch verfügt über eine große Anzahl von Muskeln und Muskelgruppen. Damit kann er jede Bewegung durchführen. Die Koordinierung dieser Muskeln ist jedoch nicht mitgegeben; sie muß durch die Psyche geschaffen werden. Die bewegten Muskeln geben wiederum eine Information ans Gehirn weiter. Dies ist ein sehr einprägsames Lernen. Das Lernen durch das »Muskelgedächtnis« unterliegt keiner Vergessenskurve. Alles, was wir über Körpererfahrung gelernt haben, bleibt. Ein einleuchtendes Beispiel ist das Radfahren. Wir können noch so viele Bücher über das Radfahren gelesen und noch so viele Filme zu dem Thema gesehen haben, wirklich lernen tun wir es nur durch Radfahren selbst, und auch eine jahrelange Pause läßt es uns nicht wirklich verlernen.

Sandpapierbuchstaben

In Montessori-Klassen haben Kinder die Möglichkeit, sich während des Unterrichts frei zu bewegen. Die Kinder wählen den Arbeitsplatz und die Arbeitshaltung individuell. Es bleibt ihnen überlassen, ob sie am Tisch oder auf dem Boden arbeiten. Schon durch das Holen und Zurückbringen von Materialien sind sie in Bewegung. Die Handhabung des Materials selbst geschieht im praktischen Tun, wobei das Kind viele Bewegungen in der Wiederholung ausführt. Dazu gibt es in Montessori-Einrichtungen Übungen zur Förderung des Gleichgewichtssinns. Maria Montessori ist der Überzeugung, daß, »wer geistig weit gehen will, mit seinen Füßen sicher den Boden berühren muß«[31]. Kinder üben das bewußte Gehen auf einer auf dem Boden vorgezeichneten Linie. Bewegung ist bei Maria Montessori weitaus mehr als ein pädagogisches Prinzip zur Förderung der Aktivität. Sie schreibt: »Dies ist mein Credo. Ich glaube, daß geistige Entwicklung nur erfolgen kann, wenn zwischen der Seele des Kindes und der äußeren Wirklichkeit ein Punkt des Kontaktes hergestellt wird. Der Mensch entwickelt sich, indem er sich mit einer äußeren Wirklichkeit in Kontakt setzt und durch ständige

Übung mit ihr. Diese Wirklichkeit kann eine materielle oder geistige sein, aber beim Kind muß sie stets von Bewegung begleitet sein.«[32]

Die »Polarisation der Aufmerksamkeit«

In der Pädagogik Maria Montessoris spielt die Konzentration und deren Förderung eine besonders große Rolle. Durch Beobachtung stellte Montessori fest, daß kleine Kinder zu tiefer und absoluter Konzentration fähig sind. Diesen Zustand definiert sie als die »Polarisation der Aufmerksamkeit«. »Je-

desmal, wenn eine solche Polarisation der Aufmerksamkeit zustande kam, fing das Kind an, sich vollständig zu verändern, ruhiger, man könnte fast sagen, intelligenter und mitteilsamer zu werden...«[33]. Damit sich Konzentration einstellt, müssen die Rahmenbedingungen stimmen, im Idealfall so, daß das Kind sich frei zum Tun entscheidet.

1907 beobachtete Maria Montessori in ihrem Kinderhaus in Rom ein kleines, etwa dreijähriges Mädchen, das eine Übung mit den Einsatzzylindern 44mal wiederholte und sich danach innerlich zufrieden und ausgeglichen dem Geschehen der Gruppe zuwandte.

Maria Montessori erlebte, wie sich dieses

Einsatzzylinder mit unterschiedlichen Dimensionen

Phänomen bei den Kindern in ihren Schulen ständig wiederholte. Sie spricht von der »Normalisation«[34], dem »Heilwerden« des Kindes und apelliert an die Erzieher, die Kinder in ihrer Konzentration auf gar keinen Fall zu stören, sondern im Gegenteil auf dieses Phänomen zu achten.

Konzentration und Krise gehören für Maria Montessori jedoch unmittelbar zusammen. Auch die Krise ist für Maria Montessori ein natürliches Phänomen, durch welches das Kind sich innerlich allmählich zu einer reifen Persönlichkeit entwickelt. Maria Montessori beobachtete drei Phasen während des Zustandekommens der Konzentration. Sie spricht von der »Vorbereitung der Arbeit« (allmähliche Zuwendung zur Tätigkeit), der »großen Arbeit« (Beginn der Konzentration) und der Phase »nach der großen Arbeit« (innere Zufriedenheit und Ausgeglichenheit). Zwischen der ersten und zweiten Phase zeigt das Kind unruhiges Verhalten. »Das Kind sieht in jenem Moment nicht ruhig und angeregt aus wie am Ende der Kurve: es ist im Gegenteil unruhig, steht auf, geht hin und her, stört aber die anderen nicht... Wenn die Kinder später mit der Arbeit aufhören, sind sie fröhlich, freundlich und ruhig.«[35]

Konzentration ist kein einseitiger intellektueller Vorgang. Grundlegend menschliche Verhaltensweisen wie Fühlen, Denken, Wollen und Handeln werden dabei benötigt. Konzentration bedeutet Sammlung und Aktivierung aller Kräfte und ist im Sinne Maria Montessoris ein ganzheitlicher Ansatz zum Selbstaufbau der Persönlichkeit.

Die freie Wahl

Wie die vorhergehenden Kapitel immer wieder gezeigt haben, ist die Möglichkeit des Kindes zu freier Entscheidung ein ganz zentrales Thema in der Montessori-Pädagogik. Nicht der Nachahmungstrieb des kleinen Kindes ist wesentlich, sondern die freie Entscheidung des Kindes zu einer Tätigkeit. Maria Montessori erzählt von einer Beobachtung, die sie in einer anderen Klasse machte, als die Lehrerin vergessen hatte, den Schrank mit den Lehrmitteln abzuschließen. Die Kinder hatten ihn geöffnet und waren lebhaft und interessiert mit den Gegenständen, die sich darin befanden, beschäftigt. Maria Montessori deutete dieses Geschehen so, daß die Kinder selbst ihre Wahl zur Beschäftigung mit einem Arbeitsmaterial treffen konnten und freudiger lernten – diese Beobachtung veränderte ihre pädagogische Praxis nachhaltig. Maria Montessori plädiert dafür, die für die Kinder geeigneten Materialien in offenen, niedrigen Regalen unterzubringen, damit sie für die Kinder jederzeit zugänglich sind.

Auch spricht sie davon, daß echte Hingabe an eine Sache nur in Freiheit möglich ist. Die freie Wahl ist aber auch deshalb notwendig, weil sich Kinder ganz individuell entwickeln. Obwohl die Entwicklung des Menschen von grundlegenden Gesetzen und Prinzipien bestimmt wird, gleicht kein Kind in seiner Entwicklung und seinen Fähigkeiten genau dem anderen. Diese individuelle Entwicklung möchte Maria Montessori dadurch unterstützen, daß das Kind allein durch das Interesse an der Sache (intrinsische Motivation) geleitet wird. Jedes Kind hat sein eigenes Lerntempo, seinen eigenen

Rhythmus. Wenn das Kind die Dauer der Beschäftigung und die nötigen Wiederholungen selbst bestimmt, wird verhindert, daß das Kind eine Aufgabe erledigen muß, für die es noch nicht oder schon zu reif ist. In dem einen Fall würde die Aufgabenstellung zu schwierig, in dem anderen Fall zu leicht erscheinen. Die freie Wahl der Beschäftigung und das Bestimmen des Zeitaufwands zur Lösung verhindert, daß Kinder unter Zeitdruck geraten.

Freie Wahl bedeutet bei Maria Montessori aber nicht, daß das Kind tun und lassen darf, was es möchte. Freie Wahl bedeutet auch nicht, sich mit allen Dingen mehr oder weniger flüchtig und sprunghaft zu beschäftigen. »Die freie Wahl ist die höchste Tätigkeit: Nur das Kind, das weiß, was es benötigt, um sich zu üben und sein geistiges Leben zu entwickeln, kann wirklich frei auswählen. Man kann von keiner freien Wahl sprechen, wenn jeder äußere Gegenstand gleichermaßen das Kind lockt und wenn dieses aufgrund mangelnder Willenskraft jedem Anruf folgt und rastlos von einem Ding zum anderen übergeht. Das ist eine der wichtigsten Unterscheidungen, zu der die Lehrerin fähig sein muß. Das Kind, das noch nicht einer inneren Führung gehorchen kann, ist noch nicht das freie Kind, das sich auf den langen und schmalen Weg der Vervollkommnung begibt. Es ist noch Sklave oberflächlicher Empfindungen, die es der Gewalt der Umgebung ausliefert; sein Geist springt wie ein Ball von einem Gegenstand zum anderen. Der Mensch wird geboren, wenn seine Seele sich selbst fühlt, sie konzentriert, orientiert und auswählt.«[36]

Maria Montessori schreibt von Grundvor-

aussetzungen, die nötig sind, damit Kinder positive Erfahrungen durch eine frei gewählte Tätigkeit machen. Dies ist für das Kind schwer, wenn es von einer Unmenge von Sinneseindrücken eher verwirrt als motiviert ist. Maria Montessori weist auf die Wichtigkeit hin, das Material in einer Auswahl zur Verfügung zu stellen. Nicht die Fülle, sondern die »sinn-volle« Auswahl und die kindgerechte Umgebung sind ausschlaggebend. »Mit der Zeit begriff ich dann, das alles in der Umwelt des Kindes nicht nur Ordnung, sondern ein bestimmtes Maß haben muß, und das Interesse und Konzentration in dem Grade wachsen, wie Verwirrendes und Überflüssiges ausgeschieden wird.«[37]

Es liegt also am Erzieher, das Gelingen der freien Wahl indirekt vorzubereiten und die entsprechenden Materialien für selbsttätiges Arbeiten zur Verfügung zu stellen. Nicht die Quantität, sondern die Qualität des Materials ist entscheidend. Die »Ordnungsprinzipien« des Materials und der allmählich erweiterte Freiraum sind dabei für Maria Montessori ausschlaggebend. »Also erst, wenn das Kind zu einer gewissen Ordnung gelangt ist, beginnt es das rechte zu wählen. Die Erzieherin muß zu solcher Ordnung helfen und führt das Kind in die besonderen Montessori-Materialien ein.«[38] Die freie Wahl wird dem Kind auch dadurch erleichtert, daß es mit den Möglichkeiten des Materials vertraut gemacht wird – eine weitere indirekte Hilfe des Erziehers. Maria Montessori regt an, die Kinder durch Lektionen für das Material zu interessieren. Man kann nur unter den Dingen frei wählen, die man kennt oder, besser gesagt, kennenlernen möchte. Aufgabe der Montessori-Pädago-

gen ist es, die richtige Arbeitsatmosphäre entstehen zu lassen. In einer entspannten, ruhigen Umgebung können sich Kinder viel besser konzentrieren und gegenseitig anregen, als in einer Klasse, die von Lärm, Aggressionen und Konkurrenzverhalten geprägt ist. Nur wenn das Kind sich wohl fühlt, wenn es in der Gemeinschaft geborgen ist, keine Angst haben muß, Fehler machen darf und daraus einen Weg zur richtigen Lösung sieht, wird es die Chance der freien Wahl nützen können.

Die »vorbereitete Umgebung«

Wenn wir uns in den Räumen, wo Kinder sich aufhalten, in Familien, Kindergärten, Schulen umsehen, müssen wir leider immer wieder feststellen, daß Architekten in ihren Planungen viel zu wenig vom Kind aus denken. Auch in den Familien ist das Kinderzimmer oft der kleinste Raum der Wohnung. Dazu sind die meisten Räume übermöbliert. So fehlen die für Kinder so wichtigen freien Spielflächen.

Das Prinzip der »vorbereiteten Umgebung« ist in der Montessori-Praxis von entscheidender Bedeutung. Maria Montessori war von ihrer Persönlichkeit her ein praktisch denkender Mensch und so war es ihr sicherlich ein Bedürfnis, ihr Kinderhaus nicht nur geschmackvoll, sondern auch kindgerecht, das heißt in der Größe passend und dem Aktivitätsbedürfnis der Kinder entsprechend, auszustatten. Maria Montessori gibt konkrete Anweisungen zur Gestaltung der vorbereiteten Umgebung. »Ich begann also damit, eine den Proportionen des Kindes entsprechende Schuleinrichtung herstellen zu lassen, die seinem Bedürfnis zum verständigen Handeln entsprach.«[39]

Die Einrichtung der Montessori-Kindergärten und -Schulen hat das pädagogisch-psychologische Prinzip, daß sie den Bedürfnissen der kleinen Kinder, nicht denen der Erwachsenen, entspricht. Kindergartenräume und Klassenzimmer enthalten außer dem kindgerechten Mobiliar auch das für die geistige Entwicklung des Kindes besonders geeignete Übungs- und Schulungsmaterial. Außerdem birgt der Raum im Kleinen eine Ausstattung wie für den Haushalt einer Familie.

Für Maria Montessori ist die dem Kind angemessene vorbereitete Umgebung gleichzeitig ein äußeres Zeichen für Freiheit und ein erzieherisches Mittel. Maria Montessori gibt dem Kind die Möglichkeit, zum Spielen oder Arbeiten die ihm bequemste Haltung einzunehmen. Das heißt, das Kind muß sich auch im Unterricht der Schule bewegen dürfen. Und dazu muß es im Klassenzimmer auch Möglichkeiten geben. Unbeweglichkeit, sagt Maria Montessori, macht es dem Kind unmöglich, zu lernen. Maria Montessori war mit diesen Ideen in der damaligen Zeit revolutionär – in einer Zeit, in der es normalerweise starre Schulbänke gab, die in Reih und Glied standen.

Fast in allen heutigen Kindergärten ist das Prinzip der vorbereiteten Umgebung und des Freispiels verwirklicht. In den Grundschulen gibt es zaghafte Bemühungen, die allerdings sehr vom Engagement der einzelnen Lehrer abhängen.

Durch die Forschungen der Neuropsychologie wissen wir, daß das Lernen auch von der jeweiligen Umgebung beeinflußt wird. Das Kind kann sich nur an Hand von Erfahrungen entwickeln. Der Erwachsene muß dem Kind die Freiheit lassen, diese Erfahrungen auf seine ganz persönliche Weise zu machen. Dabei ist es wichtig, eine Brücke zwischen der Welt des Kindes und der Welt des Erwachsenen zu schlagen. In der Montessori-Pädagogik ist diese Brücke die vorbereitete Umgebung. Sie bietet den Kindern die Möglichkeit zu erleben, daß Lernen etwas sehr Schönes sein kann.

Maria Montessori betont immer wieder, daß die vorbereitete Umgebung eine harmonische, ganzheitliche Einheit sein soll, kein Sammelsurium von verschiedensten Dingen, Spiel- und Arbeitsmitteln. Das Kinderhaus soll zum einen eine »schützende einheitliche Umgebung«[40] sein, auf der anderen Seite soll es offene Türen zum Elternhaus, zum Garten, und zur Schule haben. Maria Montessori spricht davon, daß die altersgemischten Klassen »nicht durch Trennwände voneinander isoliert werden sollen, damit Kinder von einer Klasse zur anderen gehen können.«[41]

Die vorbereitete Umgebung kann im Sinne Maria Montessoris nicht als starres Raumkonzept verstanden werden. Es ist eine Umgebung, die durch die Kinder lebendig wird, so im Wechsel der Jahreszeiten, wo den Bedürfnissen der Kinder entsprechend interessante Materialien und Anregungen zu finden sind. Die vorbereitete Umgebung bietet die Basis für die Freude der Kinder am Entdecken und ihrem Interesse am Experimentieren und Lernen.

Die Materialarbeit

Für viele, die sich mehr oder weniger intensiv mit der Montessori-Pädagogik beschäftigen, scheint das Material das Kernstück des pädagogischen Alltags zu sein. Im Rahmen von Fortbildungen, an denen auch viele ErzieherInnen aus Regelkindergärten mit der unterschiedlichsten Konzeption teilnehmen, höre ich immer wieder bei den Berichten aus der Praxis, daß »wir auch nach Montessori arbeiten«. Wenn man dann genauer nachfragt, wird

geschildert, welche Montessori-Materialien sich im Kindergarten ihrer Arbeitsstelle befinden.

An dieser Stelle muß betont werden, daß für Maria Montessori sicherlich immer das Kind im Mittelpunkt stand und nicht das Material. Zwar ist eine Montessori-Einrichtung ohne das entsprechende Material nicht denkbar, jedoch muß die Praxis im Umgang mit dem Material in einem richtigen Zusammenhang gesehen werden. Die Auffassung, man bräuchte nur das geeignete didaktische Material in die Regale zu stellen und könnte dann wahre »Lernwunder« erleben, ergibt ein falsches Bild. Das Material kann nur ein Teil der »vorbereiteten Umgebung« sein und nur im Gesamtzusammenhang der Montessori-Pädagogik eine wirkliche Bedeutung erlangen.

Maria Montessori hat in ihren Vorträgen immer wieder darauf hingewiesen, daß eine Überfrachtung des Raumes und vor Material überquellende Regale keinen Sinn machen. Montessori-Materialien fordern in ihrer Ästhetik zur Aktivität auf, sind aber keine Sammlung von interessanten, bunten, lustigen, phantasievollen Spielen.

Ausgehend von dem Material Itards und Seguins, welches Maria Montessori teilweise übernahm und weiterentwickelte, entstand ein autodidaktisches Material für Kinder, mit dessen Hilfe Kinder selbständig und selbsttätig eigene Erfahrungen machen können. Sie lernen durch Hantieren mit dem Material, durch wiederholtes Üben, Aufgaben zu lösen.

Der Lehrer führt nach der von Maria Montessori empfohlenen Dreistufenlektion in das Material ein, zieht sich aber sofort zurück, sobald das Kind aktiv wird. In der ersten Stufe nennt der Erzieher einen konkreten Gegenstand mit Namen (zum Beispiel ein Farbtäfelchen) und zeigt ihn dabei. In der zweiten Stufe nennt der Erzieher lediglich den Namen des Gegenstandes, und das Kind wählt es aus. In der dritten Stufe fragt der Erzieher nach dem Namen und das Kind nennt ihn. In den speziellen Ausbildungskursen zum Montessori-Pädagogen wird diese Praxis auch mehr oder weniger (je nach Ausführlichkeit und »Strenge« des Kurses) von den Teilnehmern selbst geübt, bis der Lehrer die Materialien und Übungen so gut kennt, daß er sie in der richtigen Art und Weise dem Kind zeigen kann.

Wichtig sind dabei nicht viele Worte und Erklärungen des Lehrers, vielmehr hat das Material selbst seine eigene Sprache und ermöglicht dem Kind ein autodidaktisches, anschauliches Lernen.

Maria Montessori war der Auffassung, daß die in unserer Zivilisation aufwachsenden Kinder besondere Hilfen brauchen, einen »Schlüssel zur Welt«[42], um »Normalisierung« zu erfahren. Normalisierung nennt Maria Montessori den Prozeß des geistigen Sichordnens, die gesunde seelische, geistige und körperliche Entwicklung des Kindes. Das Montessori-Material ist ein Mittel, dem Kind zu einem inneren Geordnetsein zu verhelfen. Erreicht wird dies, indem die Materialien eine innere und äußere Ordnung beinhalten.

Die äußere Ordnung wird dadurch erreicht, daß der Erzieher und die Kinder darauf achten, daß die Materialien ihren bestimmten Platz im Regal bekommen und in sich geordnet sind. Dies ist eine Hilfe, damit jedes Kind ohne langes Suchen die Dinge wiederfindet, die ja von allen anderen auch benutzt werden können. Dabei ist jedes Material nur einmal vorhanden. Kinder lernen auf diese Weise warten und können mit Spannung den Augenblick erleben, endlich mit dem Material arbeiten zu dürfen. Dies ist sicherlich ein wichtiger erzieherischer Gedanke gerade in unserer Konsumgesellschaft, in der Kinder meist alles haben und das häufig auch zu früh. Das Warten auf etwas, das man gerne hätte, ist sicherlich eine Erfahrung, die Kinder heute eher seltener machen.

Jedes Material ist auf eine Schwierigkeit begrenzt – das entsprechende Stichwort bei Montessori lautet: Isolierung von Eigenschaften im Material – und vermittelt ein Problem, auf das sich die Kinder konzentrieren lernen. Die Materialien sind so konstruiert, daß Kinder mit Hilfe einer direkten oder indirekten Fehlerkontrolle eigenständig Lösungswege finden können. Das Kind lernt auch durch die eigenen Fehler und kann die Aufgabe letztendlich nur lösen, wenn es alle Teilaufgaben vorher richtig ausgeführt hat.

Dies ist allerdings nicht theoretisch abstrakt, sondern für das Kind sehr konkret erfahrbar. Die Materialien sprechen das Kind mit seinen Bedürfnissen nach Aktivität und Anschaulichkeit an. Mit allen Materialien arbeitet das Kind ganz konkret, hantiert, schüttet, legt Teile auf, steckt Teile in Öffnungen, sortiert, findet Unterschiede, Ähnlichkeiten, legt Reihen, wiegt, mißt, baut... und wiederholt dies, bis es das Material mit all seinen Möglichkeiten erfahren hat und sich einer schwierigeren Aufgabe zuwendet.

nicht mit der Welt zu verwechseln seien«[43]. Sie war jedoch der Meinung, daß das Kind erst über die innere Ordnung die Freiheit zum Schöpferischen erreicht und so zu einem freien Menschen wird.

In der pädagogischen Praxis kann man sicherlich verschiedene und verschieden gute Ansätze in der Materialarbeit erleben. Entscheidend ist die Kompetenz, Phantasie, und Persönlichkeit des Pädagogen. So sinn-voll und ansprechend die Materialien auch sein mögen, ein guter Pädagoge wird die Materialien sicher nur als Hilfsmittel verstehen und die natürliche Umgebung des Kindes mit all ihren Möglichkeiten »sinn-voll« miteinbeziehen.

Die Rolle der Erzieherin, des Erziehers

Normalerweise hängt das gute Gelingen der Unterrichtsstunde von den Fähigkeiten des Lehrers ab. Jedoch auch gute, kompetente und engagierte Lehrer erzählen immer wieder ganz ehrlich, daß sie sich den Unterricht oft anders, nämlich schülerzentrierter, individueller vorstellen, als dies in Wirklichkeit möglich ist.

Lehrer klagen über mangelndes Interesse von seiten der Schüler, und Schüler klagen über großen Leistungs- und Notendruck von seiten der Lehrer.

Jeder von uns hat in seiner Schullaufbahn den Satz: »Nicht für die Schule oder für den Lehrer, sondern fürs Leben sollst du lernen« gehört. Meist lernen aber Kinder, weil die Motivation entweder durch die Notengebung veranlaßt ist oder, im besseren Fall, vom Lehrer kommt.

Da die Montessori-Materialien durch ihre Möglichkeit der sinnlichen Erfahrung und Konkretheit auch Kinder mit Lern- und Konzentrationsproblemen helfen, werden sie auch – zum Teil in adaptierter Form – in der Montessori-Therapie für behinderte und entwicklungsgestörte Kinder eingesetzt. Mit Hilfe der Ordnungsstrukturen, die im Material erkannt und erfahren werden, ordnet sich auch der Geist des Kindes – es kommt zur inneren Ordnung.

Den Montessori-Materialien wird aber auch viel Kritik entgegengebracht. Manche Pädagogen finden die Materialien und ihre konkrete Handhabung zu steril, einengend und die Phantasie abtötend. Maria Montessori selbst legte Wert darauf, daß ihre Materialien lediglich ein »Schlüssel zur Welt und

In der Montessori-Pädagogik liegt der Schwerpunkt des Lernens und der damit verbundenen Aktivität viel mehr beim Kind. Da meist Kinder verschiedener Jahrgangsstufen und Entwicklungsphasen in einer Klasse sind, schlüpfen die Kinder auch oft in die Rolle des Vermittlers und zeigen den jüngeren Kindern, was sie schon gelernt haben. Die Kinder treffen in der Freiarbeit selbst die Entscheidung, mit welchem Material und wie lange sie üben wollen. In der herkömmlichen Schule wird der Unterricht mehr von Lehrplan, Stundentafel und Lehrer diktiert.

Manchmal vertreten Gegner der Montessori-Pädagogik die Meinung, sie sei eine Pädagogik ohne Pädagogen. Man begründet dies zum einen mit dem autodidaktischen Charakter des Montessori-Materials, zum anderen mit der Aussage Maria Montessoris »Es handelt sich um eine radikale Verschiebung der Aktivität, die vorher bei der Lehrerin lag und nunmehr in unserer Methode überwiegend dem Kind überlassen bleibt.«[44] Und an anderer Stelle rät sie: »Der Lehrer muß sich still und passiv verhalten, so daß der Geist des Kindes sich frei entfalten kann«[45].

Der Montessori-Pädagoge ist aber auf keinen Fall unwichtig. Um Montessori-Pädagogik gut in die Praxis umzusetzen, muß er sogar ein hervorragender, engagierter Lehrer sein. Maria Montessori verlangt von den Montessori-ErzieherInnen viel: »Die Lehrerin hat jedoch zahlreiche, nicht leichte Aufgaben: Ihre Mitarbeit ist keineswegs ausgeschaltet, doch sie wird vorsichtig, feinfühlig und vielfältig. Ihre Worte, ihre Energie, ihre Strenge sind nicht erforderlich, doch es bedarf einer Weisheit, die dem einzelnen Fall oder den Bedürfnissen entsprechend umsichtig ist bei der Beobachtung, beim Dienen, beim Herbeieilen oder beim sich Zurückziehen, beim Sprechen oder Schweigen. Sie muß eine sittliche Gewandtheit erwerben, die ihr bisher keine andere Methode abverlangt hat und die aus Ruhe, Geduld, Barmherzigkeit und Demut besteht. Tugenden und nicht Worte sind ihre höchste Vorbereitung.«[46]

Vor allem muß der Montessori-Pädagoge Kinder lieben! Geduld, Einfühlungsvermögen, Sachverstand, natürliche Autorität, Flexibilität, Selbstdisziplin, Humor, Phantasie, Achtung vor dem Kind sind Eigenschaften, über die er verfügen sollte. Maria Montessori war sich sicherlich im klaren, daß dies idealtypische Vorstellungen sind, ein Erzieher sollte sie sich jedoch immer wieder ins Bewußtsein rufen. Dies erfordert auch eine ständige Selbsterziehung und Selbstbewußtwerdung des Erziehers.

Für Maria Montessori gibt es einen Hauptfehler im Umgang mit Kindern, nämlich den Zorn. Für Montessori ist die liebevolle, verständnisvolle Zuwendung des Erwachsenen zum Kind etwas ganz Entscheidendes für die Interaktion zwischen Erwachsenem und Kind, vor allem für die gesunde Entwicklung des Kindes, und kann sogar von therapeutischer Bedeutung sein. Damit meint Maria Montessori keine rein gefühlsmäßige Erziehung, sondern »eine disziplinierte Liebe, die mit Verstand angewandt wird.«[47]

Der Erzieher sollte nach der Einschätzung Maria Montessoris ein interessiertes, informiertes und lebendiges Verhältnis zu Kultur und Zeitgeschichte haben, beim Jugendlichen sicher noch umfassender als im Kindergartenbereich.

So soll der Erzieher nicht nur die sensiblen Phasen in der kindlichen Entwicklung, sondern auch die jeweiligen Lebensphasen beachten. Die Beobachtung der Kinder, um ihre wirklichen Bedürfnisse herauszufinden, ist eine überaus wichtige Aufgabe für den Montessori-Pädagogen.

Der Lehrer soll keine Oppositionshaltung zwischen Kind und Erwachsenen aufbauen, sondern eine echte Partnerschaft, die auf den Glauben an die im Kind liegenden Möglichkeiten und Kräfte begründet ist.

»Hilf mir, es selbst zu tun«

Diese Bitte eines Kindes an Maria Montessori wurde für sie zur Devise ihrer Erziehung. »Das ganze bewußte Streben des Kindes geht dahin, sich durch die Loslösung vom Erwachsenen und durch Selbständigkeit zur freien Persönlichkeit zu entwickeln. Unsere Erziehung trägt diesem Streben des Kindes in allem Rechnung; und unser Bemühen ist es, dem Kind zu helfen, selbständig zu werden.«[48]

Die Hilfe zur Selbsthilfe ist ein wichtiges Kriterium für den Montessori-Erzieher. Es ist charakteristisch für Maria Montessori, daß sie im Hinblick auf die Persönlichkeit des Kindes eine Methode anbietet, bei der die spontane Energie des Kindes in der Selbsttätigkeit einen Ausdruck findet und realisiert werden kann.

Sie ist gegen direkte Hilfen von seiten des Erziehers. Kinder wollen nicht bedient werden, sondern wollen die Dinge selber machen. Die vorbereitete Umgebung darf keine Dinge enthalten, die Kinder nicht selbst handhaben können. Sicherlich braucht das Kind, um den Prozeß der Selbständigkeit zu bewältigen, immer wieder Hilfen. Die größte Hilfe ist jedoch, das Kind selbst die Erfahrungen machen zu lassen. Sinnvolle pädagogische Hilfe kann nur indirekte Hilfe zur Selbsthilfe sein.

Maria Montessori drückt dies mit folgenden Worten aus: »Wird sich der Erwachsene nicht dieses Geheimnisses bewußt, so wird er nie die Arbeit des Kindes verstehen; und er hat sie auch tatsächlich nicht verstanden; darum hindert er das Kind am Arbeiten und meint, daß die Ruhe das sei, was dem Kind am meisten zu einem rechten Wachstum verhelfe. Der Erwachsene nimmt dem Kind eine jede Tätigkeit ab, weil er eben ganz im Banne seiner eigenen Arbeitsgesetze steht, die ihm möglichst geringen Kraftaufwand und größte Zeitersparnis vorschreiben. Als der Routiniertere wäscht er das Kind und zieht es an, trägt es auf dem Arm oder führt es im Wagen, ordnet alles, was sich in der Umgebung des Kindes befindet, und läßt nicht zu, daß das Kind sich an diesen Arbeiten beteiligt.

Läßt man dem Kind nur ein klein wenig Spielraum, so wird es den Willen zur Selbstbehauptung sogleich mit einem Ausruf kundgeben, wie: ›Das möchte ich tun, ich!‹ In den kindgemäßen Umgebungen unserer Kinderhäuser haben die Kleinen ihr inneres Bedürfnis mit dem bezeichnenden Satz ausgedrückt: ›Hilf mir, es allein zu tun.‹«[49]

Montessori-Materialien und Praxis

Familie – Kinderhaus – Schule – Integration von behinderten Kindern

Das spezielle Montessori-Material, das es in jeder Montessori-Einrichtung gibt, ist im Elternhaus in der Regel nicht vorhanden. Das ist auch eher unwesentlich, viel entscheidender ist, welche Einstellung wir Erwachsenen zum Kind haben. Wenn man von dieser Einstellung des Erwachsenen dem Kind gegenüber ausgeht, dann ist Maria Montessori in erster Linie keine Kindergar-ten- oder Schulpädagogin, sondern eine Pädagogin mit einem echten Interesse am Menschen. Ihre Einstellung dem Menschen (Kind), seiner Entwicklung, seinem wahren Wesen und seiner Stellung im Kosmos gegenüber könnte man als religiöse Einstellung bezeichnen.

Auch wenn es heute die Unterscheidung Kindergarten – Schule gibt, Maria Montessori vollzieht diese strikte Trennung nicht. Der Kindergartenalltag kann nicht getrennt vom familiären Leben des Kindes gesehen werden und das Lernen beginnt nicht erst in der Grundschule.

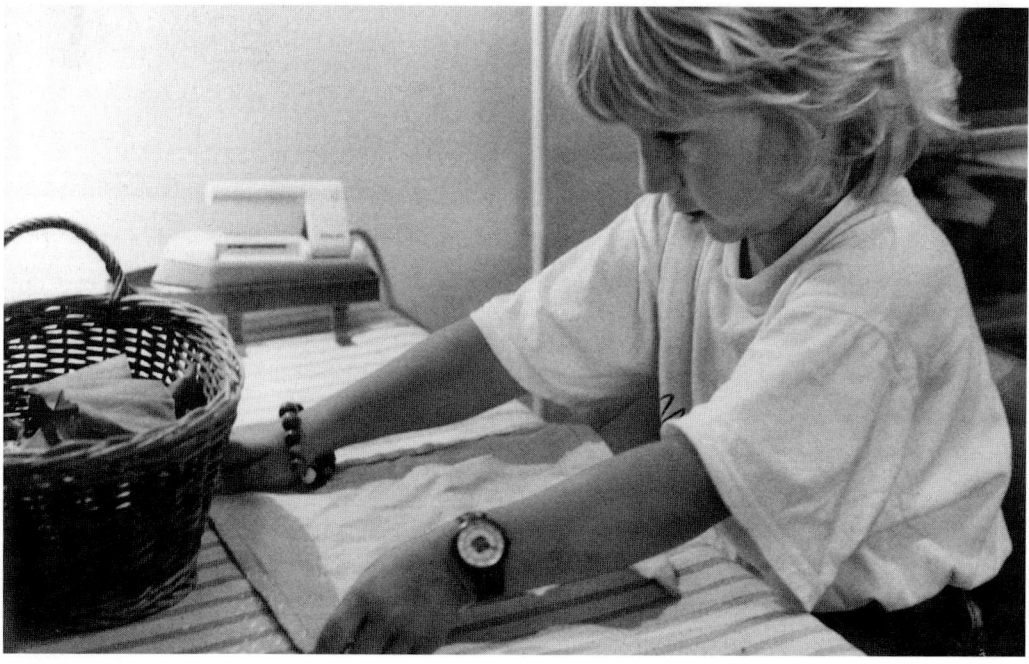

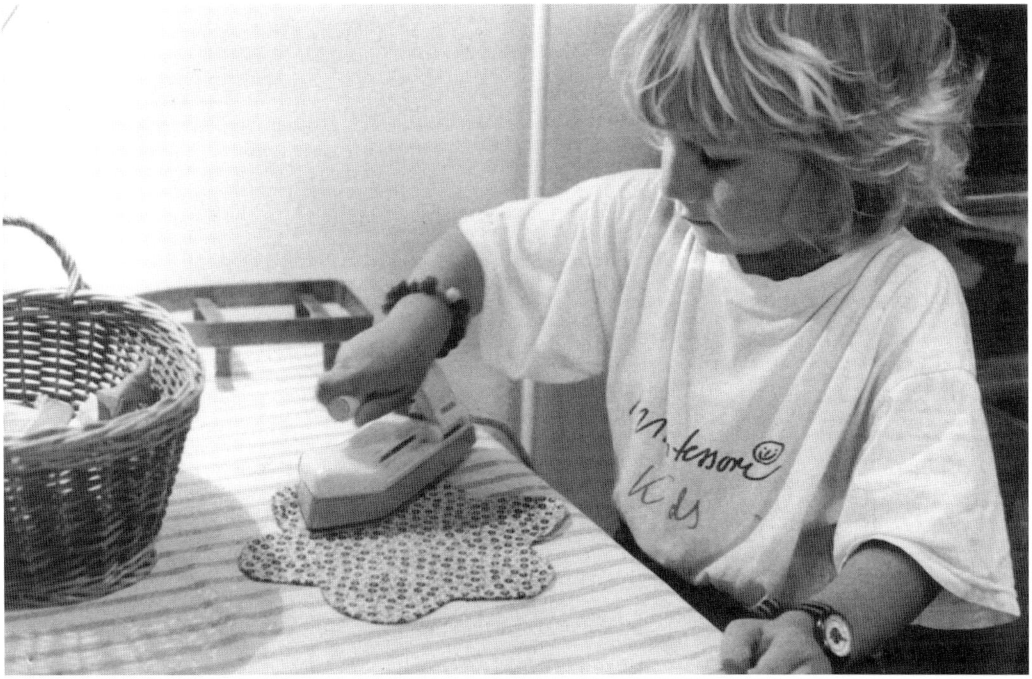

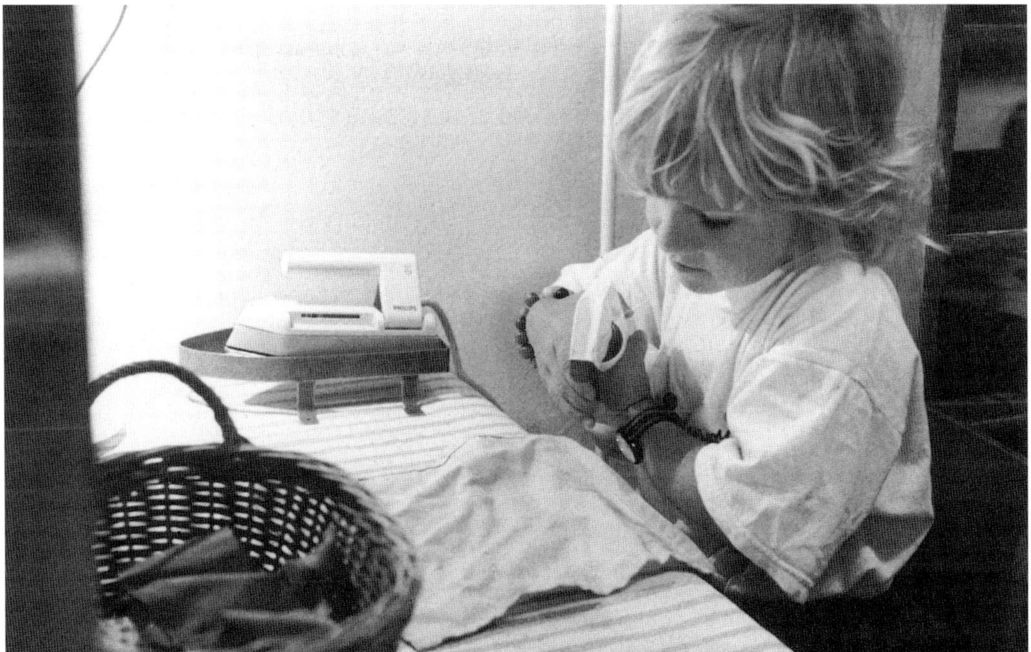

Sicherlich findet das Kind im Montessori-Kindergarten eine speziell für die kindlichen Bedürfnisse vorbereitete Umgebung. Aber auch zu Hause gibt es tagtäglich viele Möglichkeiten das, was Montessori-Pädagogik bedeutet, zu realisieren.

Praktisch gesehen läßt sich die häusliche Umgebung oft mit nur wenigen, aber entscheidenden Veränderungen so gestalten, daß sie den Bedürfnissen und Möglichkeiten der Kinder angemessen ist. Unter die Waschbecken sollten rutschfeste Hocker gestellt werden, Handtücher in für Kinder erreichbare Höhe aufgehängt werden, Spiegel für Kinder niedriger gehängt werden, in der Küche Geschirr zum Tischdecken im unteren Teil des Schrankes aufbewahrt werden etc. Dem Kind sollte so oft wie möglich und immer, wenn es möchte, Gelegenheit gegeben werden, bei den täglichen Hausarbeiten zu helfen. Für uns ist es eine lästige Pflicht und tägliche Routine, für das kleine Kind sind es meistens Arbeiten, bei denen es gerne hilft und die es auch selbst tun möchte, zum Beispiel Wäsche waschen, Tisch säubern, Schuhe putzen, Blumen gießen, kochen, spülen usw.

Das Kinderzimmer sollte einmal unter dem Gesichtspunkt der Aktivitäten der Kinder betrachtet werden. Es ist sinnvoll, das Kinderzimmer nach Funktionsbereichen einzurichten – zum Beispiel fürs Basteln, Malen, Kleben, Töpfern...-, in denen sich Kinder ausleben dürfen, ohne daß man Angst um den schönen Teppich haben muß. Das Spielzeug, von dem Kinder in der Regel sehr viel besitzen, sollte von Zeit zu Zeit durchgesehen werden, manches Überflüssige ist auszusortieren und Kaputtes zu ersetzen. Es ist nicht nötig, die Montessori-Materialien für zu Hause anzuschaffen, die Qualität und Ausführung der Montessori-Materialien kann jedoch generell ein Kriterium für das Spielzeug zu Hause sein.

Die Stille-Übungen, auf die in einem späteren Kapitel noch eingegangen wird, können natürlich auch zur schönen Gewohnheit in der Familie werden.

Der Montessori-Kindergarten – oft auch das »Kinderhaus« genannt – sieht vielleicht auf den ersten Blick wie alle anderen Kindergärten aus. Es gibt jedoch eine Reihe von Regeln, die für jeden Montessori-Pädagogen eine Selbstverständlichkeit sind.

Die vorbereitete Umgebung ist in allen Montessori-Einrichtungen pädagogisch-didaktisches Prinzip. Außer einer Reihe von Spielsachen gibt es eine richtige kleine »Haushalts-Ausstattung« und das Montessori-Material, wobei im Kindergarten auch Material zu finden ist, wie es in der Montessori-Grundschule verwendet wird. Montessori unterscheidet nicht rigide zwischen den Bedürfnissen des Kindergartenkindes und des Schulkindes. In manchen Montessori-Kindergärten gibt es eine Puppenecke, jedoch war Maria Montessori selbst nicht so sehr dafür. Auf einer größeren freien Fläche befindet sich eine auf den Boden gemalte oder geklebte Linie, die für Bewegungsübungen benötigt wird, die im folgenden noch näher erläutert werden.

Unter den Montessori-Kindergärten gibt es solche, die aus Überzeugung nur Halbtagsplätze anbieten, in anderen Kindergärten gibt es auch Ganztagsgruppen. Manchmal gehört zum Kindergarten auch die Montessori-Schule. Diese zwei Bereiche sind oft auch räumlich nicht strikt voneinander getrennt. Montessori spricht ja davon, daß das

Kinderhaus offene Türen haben soll, unter anderem auch zur Schule. Wenn Kinder einen Montessori-Kindergarten besucht haben, finden sie in ihrem Klassenzimmer Materialien vor, die sie schon aus der bisher vertrauten Umgebung des Kinderhauses kennen. Andere Materialien weisen Ähnlichkeiten auf, setzen etwas voraus, was das Kind schon durch die Übungen im Kindergarten kennt.

Die Aufnahme in eine Montessori-Schule ist in der Regel nicht vom vorherigen Besuch eines Kinderhauses abhängig. »Die« Montessori-Schule zu beschreiben, ist schwierig, weil Schulpläne und Auflagen der Regierungen manche Kompromisse erzwingen. So gibt es in einigen Schulen die üblichen Zeugnisbewertungen, in anderen sogenannte Pensenbücher, in denen das beschrieben ist, was das Kind gelernt hat. An manchen Schulen gibt es Jahrgangsklassen, an anderen den von Montessori angeregten Klassenverband von jeweils drei Jahrgangsstufen. Manche Schulen haben einen Schuldirektor, eine Schuldirektorin, andere arbeiten in kollegialer Selbstverwaltung.

Montessori-Schulen zeigen sich in der pädagogischen Landschaft also als sehr lebendige, flexible, entwicklungsfähige Gebilde. In Deutschland gibt es wesentlich mehr Montessori-Grundschulen als weiterführende Schulen, die nach der Montessori-Methode arbeiten. Das hängt damit zusammen, daß Montessori vor allem für das Kindergartenkind und die ersten Schuljahre ihre Materialien entwickelt hat. Für höhere Schulen gibt es die für das jüngere Schulkind so ausführlich beschriebene Methode nicht. Wohl gibt Montessori eine Menge Anregungen in ihrem Buch »Von der Kindheit zur Jugend«, aber sie bietet hier doch keine umfassende Gesamtkonzeption. Auch aus schulbürokratischen Gründen sind Eltern oft gezwungen, ihre Kinder nach der Grundschulzeit in die üblichen Schulen zu geben. Einige Montessori-Schulen haben jedoch Hauptschulklassen, und einige wenige Realschulen und Gymnasien gibt es, die nach der Montessori-Methode arbeiten. Diese Schulen haben in der Regel die üblichen anerkannten Abschlüsse.

Montessori-Schulen müssen vor allem in den höheren Klassen über viel Flexibilität verfügen, damit die Kinder und Jugendlichen ihren Interessen mehr als sonst üblich nachgehen und ihr Lerntempo nach ihrem Vermögen bestimmen können. Die Schule muß von der Konzeption des Lehrplans, aber auch von der Gestaltung der äußeren Rahmenbedingungen her genügend Freiraum geben, damit die Schüler ihre Initiativen verwirklichen können. In dieser selbsttätigen Atmosphäre lassen sich Verantwortung und Gruppenarbeit gut üben. Jugendliche benötigen für die Freiarbeit normalerweise andere Materialien als die in der Grundschule angebotenen. In den höheren Jahrgangsstufen handelt es sich um eine gute Bibliothek, die Videothek, die Möglichkeit, Experimente durchzuführen, das Sprachlabor, Werkstätten usw. Die »Welt draußen« soll in Form von Projektarbeit, Praktika, Betriebsbesichtigungen etc. in den Schulalltag einbezogen werden.

Derzeit gibt es in Deutschland 327 Montessori-Vorschuleinrichtungen und 158 Schulen, die nach der Methode Maria Montessoris arbeiten, es werden jährlich mehr. Montessori-Einrichtungen werden zumeist initiiert durch eine Gruppe engagierter El-

tern und Lehrer. In Deutschland existieren inzwischen einige Elterninitiativen, die durch entsprechende Vereine (188, Stand 1995) die Montessori-Arbeit unterstützen. Es gibt aber auch Montessori-Institutionen in konfessioneller oder öffentlich-rechtlicher Trägerschaft. Und schließlich gibt es immer wieder Lehrer, die vor allem in den Grundschulklassen der Regelschule versuchen, Montessori-Prinzipien zu verwirklichen.

Maria Montessori befaßte sich in erster Linie mit der Erziehung gesunder Kinder, war aber durch ihr Wirken als Ärztin behinderter Kinder durchaus mit der Situation dieser Kinder vertraut.

Behinderte Kinder entwickeln sich im Prinzip nicht anders als gesunde Kinder. Der pädagogische Prozeß ist nie völlig determinierbar. Jeder, der sich mit Kindern beschäftigt, weiß von Höhen und Tiefen. Es gibt Umwege, Retardierungen, Plateaubildungen. Das ist bei nichtbehinderten Kindern nicht viel anders als bei den behinderten. Man darf jedoch nicht den Fehler machen, die Entwicklung der nichtbehinderten Kinder unmittelbar auf die behinderten zu übertragen. Behinderte Kinder brauchen im Rahmen ihrer Retardierung mehr Übungsphasen, die frei von Zeit- und Leistungsdruck sein müssen. Die Vermittlung soll möglichst anschaulich, sinnlich erfahrbar, klar, konkret und mit der aktiven Beschäftigung verbunden sein. Die Montessori-Pädagogik bietet hierfür besondere Hilfen. Das Lernen ist weitgehend individualisiert, es gibt keine normorientierte Leistungsbeurteilung. In der sozialen Situation der Freiarbeit ist Helfen und Helfenlassen unter den Kindern jederzeit möglich und selbstverständlich. Durch die Anerkennung von geistigem Lernen in Verbindung mit Bewegung hat Maria Montessori eine wichtige Korrelation von Geist und Körper erkannt. Die Anschaulichkeit des Montessori-Materials ermöglicht allen Kindern, behinderten und nichtbehinderten, ein »Begreifen«, sie kommen über konkrete Handlungen zur Abstraktion. Dadurch kann das Kind die Welt ordnen und sich in ihr zurechtfinden. Das ist für behinderte und nichtbehinderte Kinder gleichermaßen notwendig. Wir können behinderten Kindern durchaus mehr zutrauen (und mehr zumuten), als allgemein angenommen wird. Der Weg zum abstrakten Lernen muß nur konkret genug für das Kind sein, die Materialien sind für alle Kinder der »Schlüssel zur Welt«.

Die Integration ist natürlich nicht nur in den Schulen und bildungspolitischen Einrichtungen anzustreben. Integration ist nur mit Hilfe von humanem Denken, Fühlen und Tun möglich – auf allen Ebenen des menschlichen Zusammenseins. Die Leistungsebene darf nicht der Maßstab für Anerkennung sein. »Der Maßstab für die Beurteilung eines Menschen darf niemals Leistung an sich, sondern immer nur die Leistung nach Vermögen sein. Auch der unverschuldet begrenzten Leistung gebührt uneingeschränkte Anerkennung.«[50]

Integration ist aber auch etwas ganz individuelles und kann nicht per Gesetz jedem Lehrer aufoktroyiert werden. Die Schule braucht besondere Hilfen, um soviel Integration wie möglich und nötig leben zu können. Hilfen bietet hier die besondere Pädagogik Maria Montessoris und so nehmen eine Reihe von Montessori-Schulen auch behinderte Kinder auf.

Das Montessori-Material

Maria Montessori unterscheidet zwischen verschiedenen Materialbereichen:

1. Material zu den Übungen des praktischen Lebens
2. Sinnesmaterial
3. Mathematikmaterial
4. Sprachmaterial
5. Material zur kosmischen Erziehung

Montessori-Materialien bewirken durch manuelle Tätigkeit, Wiederholung und Sinneserfahrung eine geistige Entwicklung der Kinder. Die Kinder haben die Möglichkeit, mit den aufeinander aufbauenden oder zumindest aufeinander bezogenen Materialien selbständig, allein oder mit anderen zu arbeiten. Durch eine im Material liegende Fehlerkontrolle kann das Kind sich selbst korrigieren. Montessori entwickelte ihre Materialien aus ihrer pädagogischen Praxis heraus. die meisten sind heute noch genauso aktuell, wie zu ihren Lebzeiten und bilden mit dem Lehrer zusammen die Grundlage der vorbereiteten Umgebung. Mittlerweile sind einige neue Materialien entwickelt und aktualisiert werden.

Montessori selbst hat ihre Materialien als den »Schlüssel zur Welt« bezeichnet und Wert darauf gelegt, daß sie nicht die eigentliche Welt sind. Sie sind ein Ordnungsgefüge, durch das die Kinder Zusammenhänge erkennen, durch Greifen zum Be-greifen kommen.

Der trinomische Kubus, der die Dreidimensionalität be-greifbar macht

Übungen des praktischen Lebens

Im Zusammenleben mit Eltern, Geschwistern und Freunden erlebt das Kind täglich, daß die Menschen für sich und andere sorgen und die Dinge der Umgebung pflegen. Damit das Kind Selbständigkeit, Verantwortung und Bereitschaft zur Mithilfe erlernt, sollte ihm die Gelegenheit gegeben werden, kleine Aufgaben und Pflichten zu übernehmen. Für die »Übungen des praktischen Lebens« sollten alle Dinge (zum Beispiel Besen, Eimer, Schüsseln, Gießkanne etc.) der Größe des Kindes angepaßt sein. Material, Form und Farbe der Gegenstände sollen für die Kinder einen Aufforderungscharakter haben. Außerdem gibt es spezielle Rahmen (zum Knöpfen, Schleifen binden, mit Haken und Ösen, Druckknöpfen, Klettverschlüssen, Sicherheitsnadeln, Schnallen), an denen die Kinder üben können.

Die Übungen betreffen drei Bereiche:

a) Sorge für die eigene Person, zum Beispiel Hände waschen, Schuhe reinigen, aus- und anziehen...

b) Sorge für die Umgebung, zum Beispiel Gartenarbeit, Wäsche waschen, Abwaschen, Abstauben, Kehren, Fenster putzen, für Tiere sorgen...

c) Übungen, die das Zusammenleben in der Gemeinschaft betreffen, zum Beispiel einen Gast begrüßen, einen Platz anbieten, den Tisch decken, einschenken...

Die Erzieherin achtet dabei auch auf Einzelheiten der Durchführung. Sie selbst macht diese Tätigkeiten dem Kind sehr bewußt vor. Montessori bezeichnet das als »Analyse der Bewegungen«. »Jede komplexe Handlung hat aufeinanderfolgende, jedoch voneinander sehr verschiedene Momente. Die Analyse der Bewegungen besteht darin, zu versuchen, diese aufeinanderfolgenden Schritte zu erkennen und dann exakt und getrennt auszuführen.«[51]

Die exakte Ausführung der Übungen hat den Sinn, daß das Kind die Bewegungen und Sinneserfahrungen aufmerksam verbindet und koordiniert. Über die Wiederholung der Übungen lernen die Kinder Konzentration und Vervollkommnung. Die Übungen des praktischen Lebens sind der Grundstock

– die Kinder lernen hier schon bereits Ausdauer, Konzentration, Bewegungskoordination und Selbständigkeit – jeder Montessori-Materialarbeit, wobei sie vor allem das kleine Kind (etwa dreijährige) betreffen. Ältere Kinder haben nicht mehr so großes Interesse daran. Aber auch sie werden in der Schule dazu angeleitet, ihrer Umgebung verantwortungsvoll zu begegnen.

Sinnesmaterial

Die »Materialarbeit« der Montessori-Pädagogik bedeutet eine grundlegende physiologische Erziehung, wobei das Sinnesmaterial eine entscheidende Rolle spielt. Wie bei den Übungen des praktischen Lebens auch, achtet der Erzieher bei den Darbietungen exakt auf die ausgeführten Bewegungen. Das kleine Kind beachtet und imitiert auch Details. Es liegt am Erzieher, die vielen Varianten des Sinnesmaterials zu ermöglichen. Auf keinen Fall sollte er das Ausprobieren der Möglichkeiten, die im Material stecken, verhindern, weil das Kind sonst nicht schöpferisch mit dem Material umgehen kann. Das Material ist so gestaltet, daß immer ein Sinn besonders angesprochen wird. Dadurch wird die Wahrnehmung intensiver und konzentrierter. Montessori spricht von der »Isolie-

**Der »rosa Turm«:
ein elementares Montessori-Sinnesmaterial**

Spielen, experimentieren und kombinieren

rung der Eigenschaften«. Bestimmte Eigenschaften wie Farbe, Größe, Form, Gewicht, Oberflächenbeschaffenheit oder mathematische Größe erkennt das Kind als Eigenschaften. Diese Erfahrung über die Sinne führt nach Montessori zur »materialisierten Abstraktion«. Das Kind kommt wegen der klaren und geordneten Eindrücke zu der inneren Ordnung, von der Montessori immer wieder spricht. Durch die Einfachheit hat das Sinnesmaterial meditativen Charakter, durch das Wiederholen der Übungen kommen die Kinder zur Ruhe und Konzentration. Montessori selbst sagt dazu: »Was diese Arbeit auszeichnet, das ist eine besondere Kraft der Konzentration, die den Geist in einer Art Meditation, dem charakteristischen Merkmal des Genies, auf dem Gegenstand verweilen läßt; daraus entspringt ein ungemein starkes Innenleben, wie die Keimzellen die Frucht von ganzen Existenzen sind. Man könnte sagen, daß sich eine solche Geistesverfassung von der gewöhnlichen nicht durch die Form, sondern durch die Intensität unterscheidet.«[52]

von rosa Turm und brauner Treppe

Es handelt sich bei den Übungen mit dem Sinnesmaterial nicht um isolierte Sinneseindrücke. Das Kind schafft in der Praxis unbewußt Verbindungen zu den anderen Materialbereichen. So erlebt das Kind zum Beispiel das bewußte Hantieren mit den Gegenständen, das Einschenken und Aufteilen von Flüssigkeiten bei den Übungen des praktischen Lebens indirekt als Vorübung für die Arbeit mit dem Sinnesmaterial, welches wiederum eine Vorstufe und indirekte Vorbereitung für das Mathematik- und Sprachmaterial ist. Durch die Klarheit der abstrahierenden Materialisation schafft sich das Kind eine Grundlage für die schulischen Bereiche. Es gibt zum Beispiel ein Sinnesmaterial, das aus zehn roten Stangen von 10 bis 100 cm Länge besteht. Das Kind erlebt die Längenunterschiede, die Form bleibt gleich. So lernt das Kind die Begriffe »kurz« – »lang« konkret am Material, lernt Längen schätzen. Im Mathematik-Material gibt es das gleiche Stangenmaterial, lediglich mit einer blau-roten Aufteilung im Rhythmus von jeweils 10 cm (numerische Stangen). Diese numerischen Stangen stellen Mengen (von 1 bis 10) dar, dazu werden Ziffern auf Holztäfelchen kombiniert.

Das Sinnesmaterial selbst weist Grenzen auf. Dieses Erkennen der Grenzen und die Möglichkeit, innerhalb dieser Grenzen schöpferisch etwas zu gestalten, ist nach Montessori die eigentliche Freiheit des Menschen. »Jedes geschaffene und existierende Ding ist von der Tatsache gekennzeichnet, daß es Grenzen hat. Unsere psycho-sensorielle Organisation selbst beruht auf einer Wahl. Was tun die Sinne anderes, als auf eine bestimmte Serie von Schwingungen zu reagieren und nicht auf andere? Deshalb begrenzt das Auge das Licht, und das Ohr die Töne. Um den Inhalt des Geistes zu bilden, ist daher der erste Schritt eine notwendig materiell begrenzte Ansammlung. Der Verstand jedoch begrenzt die den Sinnen mögliche Ansammlung noch mehr, indem er diese durch eine innere Auslese formt. So geschieht es, daß sich die Aufmerksamkeit bestimmten Gegenständen zuwendet und nicht allen; und daß der Wille die wirklich zu vollbringenden Handlungen aus einer Vielzahl von möglichen Handlungen auswählt.«[53]

Das Sinnesmaterial ist also nicht primär für die Kreativitätserziehung gedacht, sondern bietet dem Kind konkrete Möglichkeiten, eine genauere, geordnetere und bewußtere Wahrnehmung zu erfahren. Die Fähigkeit der Unterscheidung entwickelt sich, und das Kind erlebt über die sensorischen Eindrücke die Gesetze, das Wesen der Dinge. Das Kind erfährt eine »bestimmte Ordnung in seinem Geist«.

»Jeder überlegene Geist unterscheidet die wesentlichen Dinge von den überflüssigen, weist letztere zurück und kann so zu seinen charakteristischen klaren, schönen und lebendigen Schöpfungen gelangen. Er ist fähig, das für sein schöpferisches Leben Nützliche herauszuziehen und so im Kosmos die Mittel seiner Gesundheit zu finden. Ohne diese charakteristische Aktivität kann sich die Intelligenz nicht bilden; sie wäre sonst wie eine Aufmerksamkeit, die von einem Ding zum anderen übergeht, ohne sich jemals auf eines zu konzentrieren, und wie ein Wille, der sich zu keiner Aktion entscheiden kann.«[54]

Der Vorwurf von Montessori-Gegnern, das Sinnesmaterial sei zu einengend und systematisch, ist sicherlich dann berechtigt, wenn das Sinnesmaterial mechanisch und starr verwendet wird. Meiner Meinung nach hat es nur dann den pädagogischen Sinn, den ihm Maria Montessori zuschreibt, wenn die Kinder über die Geordnetheit des Materials, über die Gesetze und Strukturen, die im Material liegen, freie Entdeckungen und Experimente machen können. So kann die Gestaltungskraft des Kindes zum Tragen kommen.

Mathematikmaterial

Wie die vorherigen Ausführungen über die Montessori-Materialarbeit schon gezeigt haben, werden durch die Übungen mit dem Material die Sinne des Kindes angesprochen, und das Kind hantiert mit konkreten Dingen. Hat das Kind über die konkrete Materialarbeit die Grundfähigkeiten ausgebildet, ist es nicht mehr vom konkreten Material abhängig, sondern zur wirklichen Abstraktion fähig. Das Kind wird durch das Material schrittweise zu kognitiven Lei-

Bruchrechenkreise

stungen geführt. Dies ist auch bei einem »kopflastigen« Fach wie der Mathematik hervorragend möglich. Von allen Materialien der Montessori-Pädagogik ist das Mathematikmaterial wohl das Interessanteste. Die Kinder sind durch die Übungen des praktischen Lebens indirekt schon auf das Mathematikmaterial vorbereitet. Durch die wiederholten, in einem klaren und logischen Ablauf durchgeführten Übungen haben die Kinder gelernt, ordnend zu denken. Die logische Folge der Übungen des praktischen Lebens findet ihre Fortsetzung im Sinnesmaterial, das bereits eine mathematische Struktur aufweist. Die Kinder haben anschaulich gelernt, abstrakte von konkreten Vorstellungen abzuleiten. Alle Übungen mit dem Montessori-Material verkörpern die gleichen Prinzipien. Die Lernschritte werden dabei nach und nach in logischer Form aufgebaut. Das Lernen mit dem Mathematikmaterial ist ein kinästhetisches Lernen. Durch das Hantieren (Greifen) begreift das Kind schließlich und kann die Aufgabe lösen. Dies ist eine echte Umsetzung des pädagogischen Prinzips von Pestalozzi: Erziehung betrifft drei Faktoren (Kopf, Herz und Hand)!

Wurzelbrett

Die meisten Kinder haben schon im Vorschulalter ein Interesse für Zahlen. Dieses »bis hundert zählen können« erleben die Kinder mit Stolz. Die Schwierigkeiten tauchen jedoch meist auf, wenn es nicht mehr um einfaches Nachzählen geht. Dann, nämlich in der Schule, stehen viele Kinder mit der Mathematik auf Kriegsfuß, weil die Welt der Zahlen für sie Kinder kompliziert und unüberschaubar ist. Die Mathematik ist ein Denksystem, das nach Regeln aufgebaut ist. Durch das Montessori-Material sind diese Regeln und Gesetzmäßigkeiten so anschaulich nachvollziehbar, daß die Schwierigkeiten be-greifbar gemacht werden und sich der »mathematische Geist« des Kindes entwickeln kann.

Ein sehr bekanntes Mathematik-Material sind die »Goldenen Perlen«. Es besteht aus goldfarbenen Glasperlen, die einzeln (lose), in 10er (Stangen), 100er (Quadrate) oder 1000er (Würfel) dargeboten werden. Das Kind erlebt, daß alle Gruppen aus höchstens neun Einzeleinheiten bestehen. Die zehnte Perle zum Beispiel ermöglicht den Wechsel zur Zehnerstange und das Kind erfährt die Struktur des Dezimalsystems.

Sprachmaterial

Was als »Lernwunder« zur Zeit der ersten *Casa dei Bambini* von Maria Montessori um die Welt ging, war auf die Tatsache zurückzuführen, daß kleine Kinder aus analphabetischen Familien spontan lesen und schreiben lernten, nachdem sie mit dem Montessori-Material gearbeitet hatten.

Auch beim Sprachmaterial finden die Kinder grundlegende Übereinstimmungen mit dem Sinnesmaterial. Kleine Kinder, vor allem im frühen Kindergartenalter, haben einen großen Worthunger, eine Freude daran, ihren Wortschatz zu vergrößern. Sie befinden sich in der sensiblen Phase des Spracherwerbs.

Das Dezimalsystem wird mit dem »goldenen Perlenmaterial« verständlich

Der Montessori-Pädagoge wird bewußt versuchen, den Kindern eine klare, reichhaltige und differenzierte Sprache, die auch Gefühle ausdrückt, zu vermitteln.

Über das konkrete Sprachmaterial wird der Sprachschatz und das Bewußtwerden der Muttersprache oder auch einer fremden Sprache Schritt für Schritt erweitert.

Typisch ist, daß das Sprachmaterial eine systematische Einführung in das Wesen der Sprache bietet. Das Lesen und Schreiben wird indirekt vorbereitet, es gibt konkrete Übungen zum Lesen und Schreiben, Wortspiele, Lesespiele, einfache grammatikalische Übungen. Auch hier ist die Begriffsbildung, wie sie in eindeutiger Art und Weise bei Arbeiten mit dem Sinnesmaterial erlebt wird, von Bedeutung.

Das bekannteste Sprachmaterial sind wahrscheinlich die Sandpapierbuchstaben. Es sind rote Konsonanten und blaue Vokale, die aus rauhem Sandpapier auf Holztafeln geklebt sind. Durch Abtasten und Nachfahren mit den sensiblen Fingerkuppen erlebt das Kind ertastend und kinästhetisch die Form des Buchstabens. Montessori spricht vom »Muskelgedächtnis«. So lernen Kinder manchmal schreiben, bevor ihnen die Bedeutung des Buchstabens bekannt ist. Die Montessori-Methode zum Lesen- und Schreibenlernen ist eine synthetische Methode. Es werden zuerst

die einzelnen Buchstaben »erfahren«, die dann zu Wörtern und Sätzen zusammengesetzt werden.

Montessori möchte mit ihrer Methode das, wie sie es nannte, »totale Lesen« lehren. Sie meinte dabei, das Kind sollte zum einen inhaltlich verstehen, was das Gelesene bedeutet, zum anderen aber auch die Gesetzmäßigkeiten des Gelesenen be-greifen. Dazu ist das »Unterrichten durch die Lehrkraft« sekundär.

Das Kind bekommt über das sensorische Material einen differenzierten Zugang zur Sprache, die sich Schritt für Schritt erweitert. Über den »Schlüssel zur Welt« erhalten die Kinder einen Kontakt zur Welt, zu den anderen Menschen.

Aufgrund des autodidaktischen Charakters des Materials können Kinder ihrem Entwicklungsstand entsprechend lernen.

Vor allem im Eintrittsalter in die Grundschule haben Kinder einen ganz unterschiedlichen Entwicklungsstand in bezug auf das Lesen und Schreiben. Manche können schon fließend lesen, für andere sind die Buchstaben noch ein »Buch mit sieben Siegeln«. Manchmal reagieren Eltern besorgt, wenn sich Kinder schon im Kindergartenalter fürs Lesen interessieren. Sie haben Angst davor, das Kind könnte sich in der Schule langweilen, weil »es das alles schon kann«. Da der Unterricht in der Grundschule normalerweise so gestaltet ist, daß alle Kinder gleichzeitig einen Buchstaben lernen, sind

natürlich manche Kinder über-, andere unterfordert.

In der Montessori-Schule wird der individuelle Entwicklungsstand und das unterschiedliche Lern- und Arbeitstempo der Kinder berücksichtigt. Durch das praktische Arbeiten mit dem Material, das viele Differenzierungen erlaubt, ist es zu schaffen, daß Kinder auch in der ersten Grundschulklasse das lernen, was sie wirklich brauchen, was ihrem wirklichen individuellen Entwicklungsstand entspricht.

Material zur kosmischen Erziehung

Maria Montessori entwickelte außer den klassischen Materialbereichen auch spezielles Material zur kosmischen Erziehung, später wurde dieser Materialbereich von Montessori-Pädagogen durch Neuentwicklungen ergänzt. Es sind dies zum Beispiel Globen, deren Länder und Ozeane auch haptisch zu erfassen sind. Die geologischen Grundbegriffe veranschaulicht der Geologie-Baukasten. Außerdem gibt es vielfältige Anschauungs- und Arbeitsmittel in der Montessori-Klasse: Bildbände, Zeitleisten, Atlanten, Experimentierkästen, Mineralien-Sammlungen usw.

Maria Montessori möchte mit diesen Hilfsmitteln den Kindern einen Zugang zur Welt ermöglichen. Dies jedoch nicht durch Anhäufen von Einzelwissen, sondern durch anschauliches, interdisziplinäres Lernen, Er-

forschen und Erkennen der Zusammenhänge von Geographie, Geologie, Chemie, Biologie, Physik, Astronomie, Geschichte usw. Grunderfahrungen und Grundwissen sollen im Kind und Jugendlichen die Welt und den Kosmos in ihrem Zusammenwirken verständlich machen. Aus diesem Verständnis soll Verantwortung gegenüber der Natur und Kultur entstehen – ein Beispiel für dieses Miteinander von Welt und Kosmos erfahren die Kinder im Schulgarten, wo sie gärtnerisch arbeiten, gleichzeitig aber auch die in der Natur wirksamen Lebensgesetze kennenlernen.

Bewegungserziehung

Mit jedem neuen Schritt erobert das Kind die Welt! Damit sind nicht nur die Entwicklungsschritte gemeint, sondern auch die Schritte des Kindes selbst. Montessori hat die Bedeutung des Bewegungsaspekts erkannt und die Motorik des Kindes in ihre Pädagogik fundamental einbezogen.»
Dieses Prinzip müßte vor allem heute in die Erziehung einbezogen werden, da die Menschen so wenig laufen, sondern sich von vielerlei Fahrzeugen transportieren lassen. Es ist nicht gut, das Leben in zwei Teile zu teilen, indem man die Glieder mit dem Sport und den Kopf mit dem Lesen eines Buches beschäftigt. Das Leben muß ein einziges sein, vor allem in den ersten Jahren, wenn das Kind sich selbst nach dem Plan und den Gesetzen seiner Entwicklung schaffen muß.«[55]
Obwohl man durch viele Forschungen weiß, daß die motorische Aktivität mit der Entwicklung des Gehirns zusammenhängt, wird

dieser Aspekt in der schulpädagogischen Praxis oftmals ignoriert: Die sogenannten Lernfächer haben ihren eigenen Raum und ihren Platz in der Stundentafel. Zum Ausgleich gibt es den Schulsport. Nach Montessori sind Lernen und sich Bewegen zwei Elemente eines Prozesses, das Kind begreift »indem es sich bewegt«. Da kleine Kinder unter anderem über Sinneseindrücke und Bewegung lernen, ist dieses sensomotorische Lernen für Montessori eine Einheit, die nicht voneinander zu trennen ist.
Heutige Forschungen nennen diesen Bereich Sensomotorik, wodurch das Kind psychisch-geistig und affektiv-moralische Erfahrungen macht.
Für Montessori ist die Bewegung ein Ausdruck des menschlichen Ichs und gleichzeitig ein Mittel, das Ich in seiner Bewußtheit zu fördern. Bewegung ist eine elementare Funktion zum Aufbau des menschlichen Bewußtseins und ein Bindeglied zwischen Ich und äußerer Realität. Außerdem ist für Montessori die Bewegung eng mit dem Willen verbunden. Sie spricht von einer »direkten Verbindung... zwischen den Bewegungsfunktionen und dem Willen. Die Bewegung ist das Mittel, wodurch der Wille alle Fibern zu durchdringen und sich selbst zu verwirklichen vermag... Das Organ der Willensfunktion ist nicht bloß ein ausführendes Werkzeug, sondern auch ein Werkzeug des Aufbaus.«[56]
Kinder lieben Balanceübungen. Auf jedem Mäuerchen, jedem Baumstamm oder jeder Bordsteinkante versuchen sie zu balancieren. Diesem Wunsch entsprechend ließ Maria Montessori im Kindergarten eine Markierungslinie auf dem Boden befestigen. Sie besteht aus zwei geraden, parallel ver-

laufenden Linien, welche durch zwei Halbkreise verbunden sind. Auf dieser Linie machen die Kinder bewußte Gehübungen. Damit das Gehen auf der Linie nicht zur Routine abrutscht, wird der Erzieher dem Kind kleine Aufgaben stellen. Er kann den Kindern zum Beispiel ein randvoll gefülltes Wasserglas in die Hand geben, eine brennende Kerze, ein kleines Tablett mit Gegenständen usw.

Mit Bewegungsübungen versucht Montessori, das Bewußtsein des wachen Ich zu wecken. Die Bewegungsabläufe müssen oft wiederholt werden, denn durch die Wiederholungen erreicht das Kind die Fähigkeit, im Unbewußten seine Bewegungen zu koordinieren. Die geordnete Bewegungskoordination ist für Montessori eine Grundlage und Voraussetzung zur Förderung aller Ich-Funktionen.

Montessori ermöglicht dem Kind nicht nur Entwicklungsfreiheit, sondern auch Bewegungsfreiheit. Freiheit ist für Montessori nicht nur eine Grundlage für die menschliche Entwicklung, sondern auch ein pädagogisches Ziel. Um das zu erreichen, muß das Kind freie und geordnete Übungsmöglichkeiten haben: in der Bewegung, im Tun, mit sachlichen Dingen, Materialien und deren Regeln, im sozialen Zusammenleben und im ethisch-moralischen Bereich.

Montessori spricht davon, daß Kinder sich vor allem mit anderen und unter anderen Kinder bewegen sollen. Die soziale Situation der Gruppe ist für Montessori besonders wirksam. »Es gibt nur ein Mittel, um dieses Ziel zu erreichen: Das Kind muß sich inmitten anderer Kinder betätigen, und im alltäglichen Leben eine solche Willensgymnastik betreiben.«[57]

Selbsterziehung und Bewußtheit ist für Maria Montessori ein Prozeß, der von außen nur indirekt zu fördern ist. Die Bewegung spielt in diesem Prozeß eine große Rolle.

Stilleübungen

Die vorigen Kapitel schildern auf verschiedenen Ebenen die Bemühungen Maria Montessoris, Voraussetzungen zu schaffen, damit Kinder Aktivität, Gestaltungsmöglichkeiten und Gesetzmäßigkeiten ihrer Umwelt erfahren und praktizieren können. Ein Laie mag sich dieses Gefüge, in dem Kinder sich so unbekümmert, aktiv und engagiert bewegen können, als etwas »Bienenhausartiges« vorstellen, das auch mit einem gewissen Lärmpegel verbunden ist. Das kann in manchen Montessori-Klassen so aussehen, ist jedoch eher der Ausdruck von Spannung und Disharmonie.

Wenn Freiarbeit »richtig« gestaltet ist, wählen die Kinder aus ihrem inneren Bedürfnis heraus ihre Tätigkeit und gehen vollkommen darin auf. Montessori spricht ja von dem Phänomen der Polarisation der Aufmerksamkeit, das dann auftritt, wenn Kinder sich einer Aufgabe konzentriert zuwenden. Diese Aktivität schafft so etwas wie eine meditative Grundhaltung, die mit Ruhe (trotz des Tätigseins), Konzentration und Hingabe einhergeht.

Die Kinder sprechen in der Freiarbeit leise miteinander, um sich nicht gegenseitig zu stören. Wird es in der Klasse zu laut, gibt der Lehrer ein (mit der Klasse vereinbartes) Zeichen.

Es gibt jedoch auch spezielle Übungen zur Stille, die Montessori »Lektionen des

Schweigens« nannte. Diese Übungen machen viele Montessori-Pädagogen tagtäglich mit ihren Kindern, und wer die »Stilleübungen« aus der Praxis heraus kennt, weiß, wie sehr (auch die unruhigsten) Kinder danach verlangen.

Maria Montessori erkannte in den Kindern - beim Menschen auch grundsätzlich - das Bedürfnis nach meditativer Versenkung. Sie war sich auch der Bedeutung der Balance zwischen aktivem und kontemplativem Tun bewußt. Zur lebendigen Aktivität der Freiarbeit gehören nach Montessori auch das in seine Sache versunkene Kind und die Übungen der Stille. Sie berichtet in ihren Vorträgen, daß sie dieses Bedürfnis der Kinder nach Stille zuerst zufällig entdeckte. Diese »zufällige« Situation war für sie und die Kinder so beeindruckend, daß sie von dieser Stunde an die Kinder die Stille immer wieder erleben ließ.

Montessori schildert dieses Erlebnis oftmals: »Und diese Stille war eine Offenbarung. Ich hätte doch nicht gedacht, daß diese kleinen Kinder diese geheimnisvolle, einfache Sache, welche die Stille ist, derart lieben würden. Jetzt begann ich zu verstehen, daß darin etwas verborgen lag... es war ein Phänomen eingetreten. Da begann ich zu fragen, ob sie die Stille da an diesem Tage liebten, und sie sagten alle: ›Ja‹! Und dann sagte ich: ›Wollen wir sie halten‹? Und sie wünschten es sehr. Vielleicht waren sie glücklich gewesen bei diesem Schweigen...«.[58]

Sie macht eine Reihe von Vorschlägen für die Praxis. So schreibt sie etwa, daß die Kinder bei den Stilleübungen ihren eigenen Körper bewußt erleben sollen und daß dies auch einer Vorbereitung bedürfe. Die Kinder sollen ihren Arbeitsplatz aufgeräumt haben, ehe sie die Übungen durchführen. Montessori definiert dies mit: »alles leer machen«. Danach sollen die Kinder eine bequeme Haltung einnehmen können und die Übungen möglichst mit geschlossenen Augen durchführen.

Wenn diese Vorbereitungen getroffen, die Kinder ganz ruhig und entspannt sind, flüstert der Lehrer, der den Stilleübungen eine gewisse Feierlichkeit gibt, ganz leise die einzelnen Namen der Kinder. Eine andere Übung ist, mit den Kindern Geräusche und Klänge, die in der Stille auftauchen und langsam wieder verschwinden, zu identifizieren. Montessori regt die Lehrer und Erzieher an, die »Sensibilität für Geräusche mit der Liebe zur Stille«[59] zusammenzubringen. Das Eigentliche dieser Übungen ist, die Stille zwischen dem Gehörten wahrzunehmen. Jeder, der diese Stille dazwischen erfahren hat, weiß, daß Stille mehr ist, als Abwesenheit von Lärm. Maria Montessori sagt dazu: »man befindet sich fast in einer verfeinerten subtileren Welt«.[60]

Für Maria Montessori sind die Lektionen der Stille kollektive Übungen, welche das Einverständnis, die Rücksichtnahme und die Aufmerksamkeit aller brauchen. Kinder sollten die Stille tagtäglich und bewußt erleben können. Diese Übungen brauchen nur einige Minuten lang durchgeführt werden. Die Anregungen Maria Montessoris können nicht nur im Kinderhaus und in der Schule ihre praktische Umsetzung erfahren, sondern auch in der familiären Situation eine Anregung und Hilfe sein.

Religiöse Erziehung

Gerade unter den Reformpädagogen ist eine Haltung erkennbar, die sich nicht nur in der Abkehr von alten Strukturen der Erziehung ausdrückt, sondern ebenso in einer Abkehr von der Institution Kirche. Auch unter den Montessori-Pädagogen finden sich solche, denen Religion »nicht so wichtig ist«, die den Unterricht im Fach Religion einem Fachlehrer überlassen. Daneben gibt es aber auch eine große Gruppe von Montessori-Pädagogen, die der religiösen Unterweisung des Kindes einen großen Stellenwert zuweisen.

Diese Unterweisung ist grundsätzlich nicht mit der Zugehörigkeit zu einer bestimmten Konfession verbunden. Maria Montessori selbst war praktizierende Katholikin. Ihre Schriften zeugen von einer tiefen inneren Gläubigkeit, so daß sie immer wieder als katholische Pädagogin angesehen wurde und wird. Von seiten der katholischen Kirche bekam Maria Montessori volle Unterstützung, mehrere Päpste sprachen ihr Segenswünsche aus, und sie bekam die kirchliche Druckerlaubnis für alle ihre religionspädagogischen Schriften. Sie hatte sogar vor, einen Frauenorden zu gründen, »der sich mit pädagogischer Arbeit beschäftigen sollte«[61]. Über die Gründe, warum es bei diesem Plan blieb, gibt es eine Reihe von Vermutungen. Wahrscheinlich kam sie, nicht zuletzt auf Anraten anderer, davon ab, um die Universalität ihrer Lehre zu wahren.

Während des 2. Weltkriegs lebte und arbeitete Maria Montessori einige Jahre in einer Theosophischen Gesellschaft in Indien, wo sie mit ihrem Sohn Mario aufgrund der Kriegswirren interniert war. Viele ihrer Anhänger beschäftigte und beschäftigt die Frage, ob sie Theosophin sei, hierzu gibt sie aber eine eindeutige Antwort: »Ich bin eine Montessorianerin«[62]. Obwohl Maria Montessori also vielfach als katholische Pädagogin betrachtet wird, ist ihre religiöse Haltung doch eine so grundsätzliche, daß ihre pädagogischen Prinzipien überall auf der Welt und innerhalb der verschiedensten Glaubensrichtungen Anwendung finden.

Neben der grundsätzlichen religiösen Haltung hat Maria Montessori eine eigenständige religionspädagogische Praxis und methodisch-didaktische Strukturen und Materialien entwickelt. Maria Montessori weist auf eine »sensible Phase für religiöses Empfinden« hin. So wie sie von einer angeborenen Potentialität für Sprache oder, anders ausgedrückt, von einer »Sprach-Nebula«[63] schreibt, erwähnt sie auch eine Nebula im Hinblick auf das religiöse Empfinden des kleinen Kindes.

Diese »Nebulae« sind Kräfte im Kind, die auf Erweckung warten. Sie sind nicht instinktgesteuert, sondern können sich nur in einer entsprechenden Umgebung entfalten. In dieser Wechselwirkung bilden sich die »geistigen Organe«[64]. Religion gehört (neben der Sprache) für Montessori zu den Ur-Gegebenheiten des kulturellen Menschseins.

Für Montessori beginnt die religiöse Unterweisung des Kindes mit der Geburt. Sie regt an, kleine Kinder bei allen religiösen Feiern und beim Beten teilhaben zu lassen. Sie spricht davon, daß das kleine Kind diese Erlebnisse gleichsam absorbiert, daß sich die erlebten Bilder tief ins Unbewußte der Kinder einprägen.

Für Maria Montessori entsteht so die religiöse Grundgestimmtheit, die sie als ungeheuer wichtig für die Entwicklung des Kindes ansieht. Die entscheidende Phase zur Bildung dieses Grundgefühls liegt bei Maria Montessori in der frühen Kindheit (0 - 6 Jahre). Wichtig ist dabei die Liebe und der Schutz der Erwachsenen (Eltern). Das Kind muß sich geborgen, geschützt und getragen fühlen. »Deshalb liebt das kleine Kind das Bild, daß Engel um uns sind und über es wachen.«[65]

Den Kindern sollen mit der Zeit neben der religiösen Grundstimmung auch sinnlich-anschauliche Hilfsmittel gegeben werden. Maria Montessori schlägt vor, das Zimmer des kleinen Kindes mit religiösen Bildern und Symbolen auszustatten. Außerdem sollen den Kindern Biblische Geschichten, Gleichnisse und Erzählungen über die Erschaffung der Welt erzählt werden. Konkrete Handlungsmöglichkeiten haben die Kinder in der Mitvorbereitung der kirchlichen Feste und der Jahresfeste.

In Maria Montessoris Kinderhaus in Barcelona gab es den sogenannten Atriumraum. Dies war ein Raum der Stille und Feierlichkeit. In ihm befanden sich (in verkleinerter Ausführung), Gegenstände aus dem kirchlichen Bereich. Die Kinder konnten in diesem Raum beten und den Kultus des Gottesdienstes und der Liturgie nachvollziehen.

Maria Montessori unterteilt das religiöse Element in zwei Bildungsphasen, die Empfindungs- und die Unterweisungsperiode. Der Empfindungsperiode angemessen sind die religiöse Grundgestimmtheit der Umgebung des Kindes, der familiäre Lebensraum, die Teilhabe der Kinder an Handlungen, die mit Religion zu tun haben. In der Unterweisungsperiode lernen die Kinder kleine Gebete auswendig und finden im Atriumraum ihre Betätigung. Die Unterweisungsperiode setzt Maria Montessori etwa ab dem fünften Lebensjahr an.

Da der Atrium-Raum in vielen Montessori-Einrichtungen aus räumlichen und finanziellen Gründen nicht zu realisieren ist, schlägt Maria Montessori eine andere Lösung vor: die »stille Ecke«. Dies kann ein Tisch in einer Ecke sein, der von der Erzieherin und den Kindern mit besonderer Sorgfalt geschmückt wird: frische Blumen befinden sich in einer Vase, ein Gebetbuch oder biblisches Kinderbuch liegt dort, eine Kerze brennt. Der Tischschmuck kann sich nach den Festen oder Jahreszeiten richten. Außerdem kann die »Stille-Übung« mit einer Meditation und einer Sensibilisierung der Sinneswahrnehmung verbunden werden. Durch vielerlei Angebote erwacht die religiöse Dimension, die für Montessori in jedem Kind existentiell vorhanden ist.

Religiöse Unterweisung ist bei Montessori nicht unbedingt mit dem Religionsunterricht gleichzusetzen. Maria Montessori gibt vielmehr grundsätzlich pädagogische, methodisch-didaktische Anregungen. Auch in der Wiederholung der Material-Übungen finden die Kinder eine Konzentration (Polarisation der Aufmerksamkeit), die mit Meditation gleichzusetzen ist. Darüber hinaus schätzt Maria Montessori die Kraft der Symbole, der Gleichnisse als sehr hoch ein. Maria Montessori macht zur religiösen Erziehung Angebote in der Art von einfachen Übungen, Unterweisungen und symbolhaften Elementen. Diese Übungen sind immer mit dem kindlichen Bedürfnis nach Bewegung ver-

bunden und wirken über die Einbildungskraft des Kindes auf tiefe seelische Schichten, um in nicht rational erklärbarer Art auf
die Kinder positiv einzuwirken.

Kosmische Erziehung

Maria Montessori geht von dem Gedanken
aus, daß sich die gesamte Schöpfung nach
einem göttlichen Plan entwickelt. In diesem
Plan hat jedes Lebewesen, jedes einzelne
Element seine spezifische Bestimmung und
Aufgabe. Durch das harmonische Zusammenwirken der einzelnen Teile formt sich
der gesamte Kosmos, der wiederum auf die
Teile einwirkt. In dieser kosmischen Wechselwirkung hat der Mensch eine Sonderstellung. In der Natur finden wir die Determi-
niertheit, die Abhängigkeit voneinander.
Der Mensch hat die Möglichkeit der Freiheit
und des Bewußtseins. Damit kann er auf
die Entwicklung in einem gewissen Rahmen
Einfluß nehmen und in die Natur eingreifen.
Umweltkatastrophen und ökologische Probleme machen deutlich, mit welchen Ge-
fahren dieses »sich die Welt untertan machen« verbunden ist. Unsere Einstellung zu
einer vermeintlich steuerbaren Welt und zur
Natur wird sich ändern müssen. Im Sinne
Maria Montessoris sind wir ein Teil des
Ganzen.
Der Begriff »kosmische Erziehung« taucht
in ihrem Werk relativ spät auf, nämlich
1935, so daß manche Kenner der Montessori-Pädagogik hier eine Affinität zur Theosophie sehen. Da dieser Gedanke einer »Ge-
samtweltschau« aber von jeher auch im
Westen (zum Beispiel in der Pädagogik
Johann Amos Comenius') vertreten wurde,

läßt sich hieraus keine Abhängigkeit von
der Theosophie konstruieren.
Die kosmische Theorie findet ihren Nieder-
schlag in der pädagogischen Praxis Maria
Montessoris. Maria Montessori schreibt:
»Wenn das Kind von Geburt an sein Schöpfungswerk auf Kosten der Umgebung verrichten soll, muß es mit der Welt in Kontakt
gebracht werden.«[66] Diesen Kontakt mit der
Welt braucht bei Maria Montessori schon
das kleine Baby, und dies auch schon so
früh wie möglich - nach nur wenigen Wochen des ausschließlichen Kontaktes mit
seiner Mutter.
Da für Maria Montessori Ordnung ein Struk-
turgesetz des Kosmos ist, ist das kleine Kind
für Eindrücke, die eine innere und äußere
Ordnung verkörpern, besonders empfäng-
lich. In ihrem Material, dem Schlüssel zur
Welt, gibt Maria Montessori den Kindern
nicht nur Anregungen, sondern auch die
Möglichkeit, die Wechselbeziehungen zwischen den Dingen und sich selbst zu erfahren
und zu üben.
Für Maria Montessori ist die »kosmische
Erziehung« keine rein naturwissenschaftliche Betrachtungsweise, sondern im Erkennen und Achten der kosmischen Gesetze
liegt so etwas wie ein religiöser Charakter.
Die Achtung vor der Schöpfung, die sich
in jedem Lebewesen zeigt, hat für Maria
Montessori grundlegende Bedeutung.
Die kosmische Erziehung ist bei Maria Montessori an kein bestimmtes Lebensalter gebunden, beginnt aber schon beim ganz kleinen Kind, läßt das Kindergarten- und Schulkind praktische Erfahrungen machen, regt
dabei schon zum Experimentieren und Forschen an, was sich beim Jugendlichen und
Erwachsenen in einer bewußten, höheren,

geistigen Form zeigt. Diese Erziehung resultiert in einer grundsätzlichen Einstellung des Menschen zum kosmischen Schöpfungsplan.

Der Bezug zum praktischen Erleben ist aber auch bei der kosmischen Erziehung von entscheidender Bedeutung. Konkret kann hier der Schulgarten genannt werden, der von den Kindern nicht nur gärtnerisches Arbeiten und Pflege verlangt, sondern in dem die Lebensgesetze erlebt und erfahren werden können. Der Weizen wird ausgesät, braucht gute Erde, Licht, Wärme und Wasser, wird dann geerntet, vermahlen und zu Brot gebacken. Diese Tätigkeiten, die aufeinander bezogen und voneinander abhängig sind, schaffen für Montessori nicht nur einen Erkenntnisprozeß, sondern befriedigen auch das kindliche Bedürfnis nach konkreten Handlungen in der Gemeinschaft.

Kreativitätserziehung

Der Montessori-Pädagogik wird oft zum Vorwurf gemacht, sie enge die Phantasie und Kreativität der Kinder ein. Ob dies so ist, zeigt im Einzelfall immer die Praxis. Wie fast in keinem anderen Fachbereich ist der Kunstunterricht von der künstlerischen Persönlichkeit des Erziehers abhängig. Fraglich ist dabei allerdings, ob der Kunstunterricht immer nur in den Händen des Fachlehrers bleiben muß. In die Freiarbeit kann er weitgehend integriert werden. Den Kindern müssen jedoch die nötigen Mittel zur Verfügung gestellt werden.

In der Montessori-Grundschule Reutbergerstraße der Aktion Sonnenschein in München leitete ich einige Jahre die Montessori-Kin-derwerkstatt. Diese Kinderwerkstatt unterschied sich schon äußerlich von den an Schulen sonst üblichen Werkräumen. Es war ein großer, heller Raum, der über zwei Fensterfronten verfügte. Durch zwei große Türen war er zum einen mit dem Weg zu den Klassenzimmern, zum anderen mit einem »Vorraum« verbunden, der zu einem großen Innenhof führte. Dadurch war auf der einen Seite der räumliche und persönliche Kontakt mit den Klassen und deren Lehrern gut möglich. Zum anderen boten Vorraum und Innenhof viele Gelegenheiten für große Gruppenarbeiten. Der Raum der Kinderwerkstatt selbst war als »vorbereitete Umgebung« für die Kinder geschaffen. Es gab auch eine Nische für das Montessori-Sinnesmaterial, jedoch befanden sich im gleichen Regal verschiedene Tast-, Geschicklichkeits-, Kombinations- und Konzentrationsspiele. Zum Bauen gab es regelmäßig und unregelmäßig geformte Holzblöcke, Fröbel-Baukästen und eine Reihe guter Holzspielsachen. Der Raum selbst war hufeisenförmig in verschiedene »Nischen« aufgeteilt. Diese Nischen wurden durch stabile und formschöne Holztische mit großer Tischfläche von einer großen Freifläche, die sich in der Mitte befand, getrennt. Die Nischen selbst waren durch Regale unterteilt. An eine Wand war eine große Dämmplatte montiert, an der die Kinder stehend zeichnen konnten. Außerdem gab es eine echte Malerstaffelei. Dadurch hatten die Kinder die Möglichkeit, zwischen verschiedenen »Arbeitspositionen« zu wählen. Konzentriert allein oder in kleinen Gruppen in einer »Nische«, sitzend oder stehend am Tisch, liegend am Boden oder stehend an der Wand oder Staffelei. Die große Fläche in der Mitte schuf Möglichkeiten für Rollen- und Bewegungsspiele und den Sitzkreis. Für Puppenspiele (Hand-, Stab-, Marionetten- und Schattenspiel) gab es eine große Bühne, die mit wenigen Handgriffen für einen bestimmten Typus des Puppenspiels umfunktioniert werden konnte. In den Nischen, die den Raum nach drei Seiten eingrenzten, befanden sich die verschiedenen Materialbereiche. So gab es zum Beispiel die Töpferecke, eine Schreinerwerkstatt, eine Druckerei, eine Papierwerkstatt mit Papierschrank und Regalen, in denen sich die verschiedenen Zeichen- und Malutensilien befanden, eine Textilwerkstatt, einen Nebenraum für Materialien, Keramikbrennofen und Fotolabor, eine Kuschelecke mit einer Kinderbibliothek und eine Sammlung guter Kunstdrucke. Der Raum war mit hellen, stabilen Holzmöbeln und kräftigen Farbakzenten gestaltet.

Auch wenn der Raum reichhaltig und differenziert strukturiert war, wirkte er durch seine Ordnungsprinzipien nicht nur anregend und motivierend für die Kinder, sondern auch klar und übersichtlich.

In einer Art »Epochenunterricht« führten wir die Kinder in die verschiedenen Materialbereiche ein und kamen so schrittweise zu dem, was wir »freie Ateliersituation« nannten. Dies ist ein Bereich, in dem sich die Kinder ihre bildnerischen Mittel und Arbeitstechniken selbst wählen, ihre Themen frei gestalten dürfen und der Lehrer persönlich beratend und begleitend immer zur Seite stehen muß.

Die ersten Hilfsmittel, die den Kindern zur Verfügung gestellt wurden, waren elementar und einfach. Allmählich wurden sie erweitert, differenzierter und auch komplizierter.

Ein Beispiel möge dies verdeutlichen. Die ersten Farben, welche die Kinder bekamen, waren die Grundfarben (gelb, blau, rot), dazu kam weiß (zum Aufhellen) und schwarz (zum Abdunkeln). Durch Experimentieren mit Farben und Üben mit einem speziell dafür hergestellten Sinnesmaterial begannen die Kinder zu mischen. Die Farben wurden mit den Händen, Fingern, Füßen, selbstgefertigten und gekauften Pinseln (Stupf-, Haar-, Borstenpinsel in dünn und dick), Walzen, Schwämmen, Fell, Spachteln usw. aufgetragen. Mit Farbpigmenten und verschiedenen Bindemitteln stellten Kinder ihre Farben selbst her. Außerdem sammelten die Kinder verschiedenfarbige Erden, Kräuter, Blüten, Steine, die zerrieben oder gekocht zu einem Farbbrei oder -sud wurden. Es gab verschiedene Papierqualitäten und -größen und in der Papierwerkstatt wurde mit den Kindern Papier geschöpft. Den älteren Kindern standen verschiedene Farbkästen (Gouache-, Aquarell-, Tempera-, Acryl- und Ölfarben) zur Verfügung.

Es ist ganz klar, daß dies ideale Bedingungen sind, die sich nicht jede Schule leisten kann. Es sollte aber möglich sein, im Gruppenraum eine Ecke abzuteilen, in der die Kinder plastizieren, zeichnen, malen, drucken... können. Eine Werkzeugkiste mit einer »Grundausstattung« darf nicht fehlen. Durch entsprechende phantasievolle, sensible und orginelle Anregungen kann aber auch die gesamte Schule für die Kinder zu einem »Erfahrungsreich der Sinne« werden.

Der Kunstunterricht an einer Montessori-Schule bedeutet jedoch nicht nur eine für das Kind speziell vorbereitete Umgebung, sondern berücksichtigt mit Hilfe dieser Umgebung und der Möglichkeit zur freien Wahl die Individualisierung des Kindes.

Dies ist für die Kinder enorm motivationsfördernd und verhindert Lösungen, in denen sich lediglich die Vorstellung des Lehrers ausdrückt. In der freien Ateliersituation zeigen Kinder Interesse, Neugier, Experimentierfreude und den Wunsch nach Tätigsein. Die Wahl der Mittel und Techniken ermöglichen persönlichen Ausdruck und das Aufspüren eigener Themen. Der Zwang zur Konformität dagegen ist kreativitätshemmend, verhindert die persönliche Auseinandersetzung mit einer Aufgabe und erschwert originelle und ungewöhnliche Lösungen.

In der freien Wahl lernt das Kind sich zu entscheiden, lernt flexibel zu sein. Es hat die Möglichkeit, nach Lösungen zu suchen; Fehler sind kein Versagen, sondern kleine Schritte im Experiment auf der Suche nach besseren Lösungen. Kinder müssen auch utopisch denken dürfen! Es gibt kein »richtig« und »falsch«, sondern individuelle Gestaltungen. Über vielfältiges Selbsttätigsein, Nachdenken, Experimentieren, Verändern, mit anderen Kindern und dem Lehrer Aufgaben besprechen, sensibel und mutig sein, lernt das Kind, sich in seinen Arbeiten auszudrücken.

Die freie Wahl im kreativen Ausdruck darf sich nicht auf die Bastelecke reduzieren. Eigenverantwortung und Rücksichtnahme, Spontaneität und Reflexion, das Erleben von Chaos und Ordnung, Nachahmen und Neues Schaffen, sind Erfahrungen, die das Kind braucht - und es braucht einen Erzieher zur Seite, der nicht nur die verschiedenen Werkstoffe und Techniken kennt, sondern eine wirkliche Beziehung zu ästhetischem Gestalten hat.

Die Beziehung zwischen Kind und Kunsterzieher muß ein pädagogischer Austausch sein, der lebendig und anregend ist. Es geht nicht darum, daß die Kinder vorzeigbare Bilder produzieren, es gilt vielmehr, Verhaltensweisen mit Hilfe der Kunst zu fördern. »

Wir dürfen nicht im Reich der Phantasie bleiben... Wir dürfen auch nicht durch das Reich der Phantasie gehen und dann in unsere Realität zurückkehren. Wir müssen die Phantasie verwenden, um diese Realität zu verändern und uns mit ihr, das ist die Aufgabe.«[67]

Die Montessori-Pädagogik hat hier sicherlich noch viel Entwicklungsarbeit zu leisten, da dieser Bereich von Maria Montessori eher stiefmütterlich behandelt wurde. Sie hat sich nicht allzuoft und auch nicht immer positiv zu den Themen Phantasie und Kreativität geäußert, und auch die Kreativitätserziehung selbst steckte damals noch in den Kinderschuhen.

Maria Montessori hielt nicht viel von der Kinderzeichnung als seelisches Ausdrucksmittel und erkannte die Bedeutung des kindlichen Gestaltens nicht voll, war selber auch ein eher mathematisch orientierter Mensch. Maria Montessori hat jedoch schon früh den Wert des sinnlichen Erfassens der Welt erkannt und ordnet der Vorstellungskraft oder Phantasie einen großen Wert zu. Geschichten können nach Maria Montessori eine Übung für die aufbauende Einbildungskraft sein: »Wir können keine Entdeckungen machen, ohne daß wir uns zuerst vorstellen können, was wir suchen. Wir dürfen nicht denken, die Einbildungskraft wirke nur durch Märchen. Der ganze Intellekt arbeitet in der Art der Einbildungskraft. Alle Entdekkungen sind Früchte der Einbildungskraft des Menschen. Einbildungskraft ist die wirkliche Substanz unseres Geistes. Alle Theorie und aller Fortschritt kommen von der Fähigkeit des Geistes, etwas zu rekonstruieren...Wir dürfen das Wissen nicht kalt geben. Wenn wir das tun, wird es langweilig, besonders, wenn die armen Kinder auswendig lernen sollen. Wir müssen alles in einer lebendigen Weise darbieten.«[68]

Maria Montessori erkannte schon früh den Wert des sinnlichen Erfassens der Welt und maß der Vorstellungskraft oder Phantasie einen großen Wert zu. Im Bereich der Kreativitätserziehung haben die nach den Prinzipien von Maria Montessori arbeitenden Pädagogen deren Gedanken aber noch erheblich weiterentwickeln können, da die Vorgaben hier weniger präzise ausgeprägt waren als in anderen pädagogischen Bereichen. Nach wie vor gilt es, hier die Erkenntnisse moderner Kreativitätsforschung mit den Prinzipien der Montessori-Pädagogik zu verbinden, um die Kinder in ihrem »Begreifen« der Welt noch besser als bisher zu unterstützen.

Ein Vormittag in einer Montessori-Schule
Gudrun Krebs

Als ich 1985 nach zwanzigjähriger Tätigkeit in der Regelschule an die Montessori-Schule kam und plötzlich mit der Freiarbeit konfrontiert wurde, dachte ich in den ersten Wochen manchmal verzweifelt und sehnsüchtig: »Wenn doch einmal noch alles so überschaubar und leicht zu kontrollieren wäre wie früher!« Inzwischen aber fasziniert mich gerade die Vielfalt des Lernens, der individuellen Entfaltungsmöglichkeiten, des vertrauten, liebevollen Umgangs miteinander und läßt mich nicht mehr los. Geschenkt aber bekommt man dieses pädagogische Erlebnis nicht, man muß täglich darum ringen. Wenn meine Schulanfänger in ihren ersten Schulwochen die Freiarbeit kennenlernen, arbeiten die meisten zunächst einmal möglichst gleichzeitig an einem Programm oder Arbeitsheft, so als gäbe ihnen dieses Gleiche Halt und Sicherheit in all dem Neuen, das sie plötzlich umgibt. Einem kleinen Teil der Kinder aber - das sei nicht verschwiegen - gelingt es nicht, sich an diese Situation anzupassen. Sie entziehen sich mit merklichem Widerstand jeder Aufforderung zum Tätigsein, ein Verhalten, das meist schon im Kindergarten beobachtet werden konnte, und möchten fortsetzen, was dort für sie Beschäftigung war, nämlich Spiel und Bewegung. Sie sind es vor allem, die zum Nachdenken zwingen und immer neue Motivationen einfordern. Ich bin aber fest davon überzeugt, daß viele der hier angesprochenen Probleme in einer gemischten Altersstruktur, wie sie Montessori zwingend fordert, und in einer geeigneten, kindgemäß vorbereiteten Umgebung, die nicht nur auf die Vermittlung sog. schulischen oder verschulten Lernens zielt, gar nicht oder so nicht auftreten würde.

In der bei uns eingeführten Schulstruktur altersgemäßer Jahrgangsklassen stellen sich mir zunächst für die Gruppe der Arbeitswilligen zwei vordringliche Aufgaben. Einmal muß ich die Kinder an die vielfältigen Beschäftigungsmöglichkeiten mit den verschiedenen Materialien führen und zudem muß sich zur Einzelarbeit eine möglichst rege und wechselvolle Partner- und Einzelarbeit gesellen. Davon können alle Kinder profitieren, einige aber brauchen noch zusätzliche Hilfen.

Es ist ein langsamer Prozeß, der der Geduld, der Ausdauer, des Mutes und der eigenen unverrückbaren Überzeugung zum Widerstand gegen überkommene Meinungen bedarf, bis sich schließlich Vielfalt und Kreativität beim sachbezogenen Handeln vom Greifen zum Begreifen einstellt. Dieser Prozeß kann sich nur in Freiheit vollziehen. Ich möchte deshalb, zumindest für die ersten drei Grundschuljahre, wie Montessori selbst von der »Freien Arbeit« sprechen. Sie sollte möglichst alle Bereiche kindlicher Entwicklung umfassen, zum Beispiel Freiheit der Bewegung, Freiheit zum Spiel, zur Sachbegegnung, zur Wahl der Arbeitsform und des Materials, damit das Kind »Baumeister seiner selbst« werden kann. Sie wird jedoch von der Organisation heutigen Schullebens stark eingeengt und reglementiert. Da ist es wichtig, die Nischen aufzuspüren, die noch nicht besetzt sind.

Schulanfänger haben ein ungeheures Bewegungsbedürfnis, das unbedingt befriedigt werden muß, soll die körperliche, aber auch seelische und intellektuelle Entwicklung nicht schwerwiegend gestört werden (Montessori: »Durch Bewegung baut das Kind seine Intelligenz auf.«) Ich nutze deshalb jede freie Stunde in der Turnhalle für die selbstbestimmte Bewegung. Die Kinder nehmen sich einfache Geräte, wie Pedalos, Rollbretter, Kastenteile, Schaumgummi-Quader, Seile, Bälle, Rhönrad, Matten, etc., um damit zu spielen und sie auszuprobieren, zunächst noch etwas laut und chaotisch, dann allmählich ordnen sich einige Kinder durch das Spiel. Sie lernen sich kennen, probieren sich gegenseitig aus, wo, wie und für was sie zusammenpassen. Beim üblichen Turnunterricht werden die Guten durch die allgemeine Aufmerksamkeit zwar häufig immer besser, die Gehemmten und Ängstlichen dafür aber immer schlechter und schüchterner. Hier dagegen merken die Unsicheren bald, daß sich niemand darum kümmert, ob sie einer Leistung entsprechen oder nicht, denn jeder ist mit sich selbst beschäftigt und alle machen mit. Im Klassenzimmer habe ich eine Bewegungskiste, aus der sich die Kinder nach Absprache untereinander bedienen dürfen. Es sind Kleingeräte, die sich zum Einsatz im Haus eignen, wie Jonglierbälle und -teller, Diabolos, Moonhopper etc. Wie selbstverständlich dehnt sich

der Aktionsraum der Kinder über das Klassenzimmer auf Gänge und Nebenräume aus. Das kann Probleme mit anderen Klassen mit sich bringen und ist Anlaß zum Aufstellen von Regeln.

Im Klassenzimmer stehen Materialien zum Basteln, Malen, Kleben und Flechten bereit, außerdem Spiele zum Konstruieren von Raumkörpern - und alles wird begierig benutzt.

Vor vier Jahren konnte ich in meinem sehr engen Klassenzimmer noch eine winzige Küche einrichten. Sie wurde von den Kindern begeistert aufgenommen und kann gar nicht so oft benutzt werden, wie sie es gerne möchten. Ich habe dabei erfahren, daß kaum ein Ort so viel praktische Erfahrung und sachliches Wissen vermitteln kann, wie die Küche. Da auch eingekauft werden muß, lernen die Kinder mit Gewichten, Preisen, Zeitspannen und Wärmegraden umgehen. Sie lernen Lebensmittelnamen kennen und lesen, entziffern aber schon bald Rezepte, halbieren und verdoppeln mit Hilfe des Mathematikmaterials, weil sie zum selbstgekochten Essen einladen wollen. Sie lernen Zustandsänderungen verschiedener Stoffe unter Hitzeeinwirkung kennen und vieles mehr. Ihre Selbständigkeit verblüfft viele Besucher unserer Schule und sogar ihre Eltern. In der 4. Klasse wollte eine Gruppe einmal wieder kochen, aber die Kochplatte war verschwunden. Das Vorhaben schien bereits gescheitert, da kamen die Kinder zurück und meinten, sie hätten eine andere Lösung gefunden, sie wollten einen Salat machen. Sie stellten dazu alle benötigten Zutaten alleine zusammen und kauften total selbständig ein, nur aus der Ferne beobachtet von der aus versicherungstechnischen Grün-

den notwendigen Begleiterin. Im Geschäft wurden sie wegen ihres vernünftigen und angepaßten Verhaltens vom Filialleiter als beispielhaft gelobt. Wieder in der Schule erstellten sie ohne fremde Hilfe einen hervorragenden gemischten Salat. Aus Raumnot mußten wir uns leider oft beschränken, und die Organisation war nicht immer einfach. Manchmal war es auch ein wenig chaotisch, aber dafür lebendig, und ich bereue die Mühen und Anstrengungen nicht, denn die Kinder und ich haben viele unschätzbare Erfahrungen gesammelt.

Bei den Kindern aller Jahrgangsstufen in der Grundschule ist das freie Spiel sehr beliebt. Es ist in seiner Bedeutung nicht zu unterschätzen, denn hier verarbeiten sie alle Gefühle und Spannungen, die sie belasten oder auch erfreuen. Sie erweitern dabei ihre sprachliche Kompetenz, trainieren ihre Phantasie und üben verschiedene Rollen des Erwachsenenlebens ein.

Nun werde ich sicher gefragt, wann eigentlich die Kinder lernen, wann das gewohnte schulische Lernen endlich stattfindet? Wer meint, daß Kinder so nichts lernten, oder anders ausgedrückt, weil dieses Lernen Spaß mache, darum sei es keines oder zumindest kein richtiges, der ist befangen oder noch geprägt von seiner eigenen Schulzeit. Natürlich formuliert der Lehrplan etwas anders und die Leistungsergebnisse lassen sich

nicht sofort mit denen der nächsten Grundschule um die Ecke vergleichen. Dennoch werden viele der Kenntnisse auch im traditionellen Unterricht vermittelt, weil man ohne sie nicht auskommt, sie kulturimmanent sind. Zur Beruhigung: In der 1. und 2. Klasse verlange ich täglich eine schulbezogene Arbeit, wobei ich stets auf den Einsatz von Material achte. Starke Widerstände nehme ich wahr und zwinge, wenn möglich, nicht. In der 3. Klasse erweitere ich den gebundenen Unterricht, und in der 4. Klasse versuche ich die Montessori-Pädagogik mit dem Regelschulsystem zusammenzuführen.

Die Kinder, die nach Abschluß der Grundschule das Gymnasium besuchen möchten, erhalten nun als Vorbereitung auf die Aufnahmeprüfung Einblick in die Anforderungen des Lehrplans, ebenso wie in die Inhalte und Beurteilungskriterien der Prüfungsaufgaben vergangener Jahre. Sie entscheiden sich weitgehend selbständig für ihre Arbeit und wissen um ihre eigene Verantwortung für ihr späteres Leben. Alle Probleme, alle Planungen für die Klasse werden gemeinsam besprochen und gemeinsam wird auch eine Lösung gesucht. So lernen sich die Kinder zudem selber kennen.

Ich wünsche mir sehr, daß ich den begon-
nenen Weg, die Entwicklung der mir anvertrauten Kinder in Freiheit, unterstützt durch
Liebe und Respekt, geschehen zu lassen,
noch konsequenter verfolgen könnte. Wohl
weiß ich aus meiner langen Erfahrung, daß
es auch andere Wege gibt, nach außen hin
erfolgreich zu lehren. Aber ich denke, zur
Lösung der Probleme der Zukunft, die wir
als Hypothek der künftigen Generation hin-
terlassen werden, bedarf es nicht des angepaßten, erfolgreichen Lernens, sondern der
Menschen, die aus der Stabilität ihrer Person
schöpferisch, auf nicht schon ausgetretenen
Pfaden, zu neuartigem Vorgehen und zu
überzeugenden Ergebnissen kommen können.

Die »kosmische Mission« des Menschen

Immer mehr dringt es ins Bewußtsein der Menschen, daß wir in einer ökologischen Krise stecken. Ozon, Smog, Verminderung der Artenvielfalt, Waldsterben, saurer Regen, umgekippte Gewässer, Unfälle in der Industrie..., jeden Tag erreichen uns über die Medien Nachrichten, die uns ängstigen müssen. Umweltbedingte Zivilisationskrankheiten nehmen zu. Unsere Perspektiven und die unserer Kinder sind alles andere als beruhigend. An dem Zustand unserer Erde sind wir maßgeblich beteiligt und auch verantwortlich!

Ein Umdenken ist erforderlich! - auch in der Pädagogik, die sich durch das Bewußtwerden der ökologischen Krise zunehmend mit ökologischen Themen auseinandersetzt. Umweltfragen beschäftigen schon kleine Kinder und das ist - im angemessenen Rahmen - auch wichtig. Theoretische und praktische Ansätze, die zum Teil auch kontrovers sind, finden sich in Begriffen und Richtungen wie »Ökopädagogik«, »Umwelterziehung«, »ganzheitliches Lernen«, »ökologisches Lernen« ...

Bei Maria Montessori taucht der Begriff der »kosmischen Erziehung«, wie schon ausgeführt, erst 1935 auf und wurde von ihr in den darauffolgenden Jahren konsequent weiterentwickelt. Grundlagen zu ihren dort formulierten Ideen sind aber schon in früheren Schriften Montessoris zu finden.

Maria Montessori spricht von der Sonderstellung des Menschen und diese Sonderstellung kann Hindernis, Chance, Krise und Überwindung zugleich sein. Der Mensch ist für Maria Montessori ein Teil der »kosmischen (göttlichen) Ordnung«. Für Maria Montessori ist das Universum kein Zufall, kein Chaos, sondern ein ganzheitlich aufeinander bezogenes System. »Alle Dinge sind verbunden und haben ihren Platz im Universum. Die Sterne, die Erde, die Gesteine, alle Formen des Lebens bilden in enger Beziehung untereinander ein Ganzes; und so eng ist diese Beziehung, daß wir keinen Stein begreifen können, ohne etwas von der großen Sonne zu begreifen! Keinen Gegenstand, den wir berühren, ein Atom oder eine Zelle, können wir erklären ohne Kenntnis des großen Universums.«[69]

Der Mensch kann kraft seiner Intelligenz die Welt mitgestalten - mitverändern. Maria Montessori spricht von der angelegten »Harmonie des Kosmos«, vom göttlichen Ursprung des Lebens, der Welt, des Kosmos. Der Mensch jedoch, hat in diesem »göttlichen Plan« die Aufgabe, das Schöpfungswerk fortzusetzen, zu vollenden.

Sie ist überzeugt davon, daß der Mensch eine »kosmische Mission« zu erfüllen hat. Diese ist nicht einfach mit einem pädagogischen Konzept des Umweltschutzes gleichzusetzen. Im durchaus religiösen Sinn soll der Mensch bewußt und nicht nur im Einvernehmen mit der Natur, sondern sie überhöhend, in der Kultur und mit seinem Verstand die Welt zu einer »Supra-Natur«

gestalten. So wird der Mensch zu einem »ersten Stellvertreter Gottes auf Erden«[70]. Damit das Kind sich in diesem Sinne entwikkeln kann, lernt es in der Montessori-Pädagogik auf die »Stimme der Dinge zu hören«[71]. Das Material wird nicht »nach Lust und Laune« verwendet, sondern im Sinne einer bestimmten Gesetzmäßigkeit. Aus einer solchen Art der Nutzung und Benutzung der vorbereiteten Umgebung entwickelt sich im Kind auch eine Liebe zur Umgebung, nicht um sie zu nutzen und auszunutzen, sondern um sie konstruktiv und harmonisch zu gestalten.

Maria Montessori meint jedoch nicht nur dingliche Gestaltung, sondern denkt auch in sozialen Kategorien, an die Beziehungen der Menschen untereinander. Diese Entwicklung mündet nach Maria Montessori in der »nazione unica«, der Weltfriedensgesellschaft, deren Basis die Liebe ist. »Die neuen Generationen müssen verstehen, daß in dieser Union jeder Mensch abhängig ist von anderen Menschen und jeder zur Existenz aller beitragen muß. Wir hängen nicht länger direkt von der Natur ab, sondern von allem, was der Mensch in den verschiedenen Teilen der Welt produziert und das allen durch wechselseitigen Austausch zur Verfügung steht. Für unser materielles Leben hängen wir von dem arbeitenden Menschen ab, von dem, der für alle Notwendigkeiten des Lebens produziert. Und wir hängen genauso ab von den intellektuellen Arbeitern in jeder Einzelheit des Fortschritts, der unser Leben leichter und reicher macht.«[72] Der Mensch selbst zählt für Maria Montessori zu den »großen kosmischen Kräften«[73]. Er ist zum einen Teil der Welt, hat jedoch die Freiheit und die Intelligenz, in die Entwicklung der Welt einzugreifen. »Wenn Gott die Wesen intelligent bewegt, so gibt Er dem Menschen die Intelligenz selbst.«[74] Maria Montessori sieht die Realisierung des kosmischen Planes erst unter der Einwirkung des Menschen, der allerdings die Gesetzmäßigkeiten des Kosmos berücksichtigen muß. Erst dann ist für Maria Montessori der Mensch der »König des Universums, König der Erde und des Himmels, König der sichtbaren Dinge und der unsichtbaren Energien«[75].

Maria Montessori sieht trotz ihres großen Zieles der kosmischen Mission auch ihre Gegenwart, in der der Mensch lebt, in die er sich selbst gebracht hat. »Das Übel, an dem unsere Zeit krankt, kommt aus dem gestörten Gleichgewicht, das aus dem unterschiedlichen Entwicklungsrhythmus des Menschen und der Maschine resultiert. Die Maschine hat sich beschleunigt entwickelt, während der Mensch im Rückstand verharrte. So lebt der Mensch in Abhängigkeit von der Maschine, obwohl er sie beherrschen müßte. Der Fortschritt muß nicht den Triumph des Materialismus bedeuten. Er muß im Gegenteil den Menschen auf eine höhere Stufe heben.«[76] In den vierziger Jahren mutete dies noch als eine Vision an, deren schnelle Realisierung viele bezweifelten. Heute ist dies bereits Realität geworden. Eine Realität, mit der unsere Kinder leben (lernen) müssen.

Für Maria Montessori ist die kosmische Mission des Menschen nicht nur als äußerer Fortschritt zu verstehen, sondern als ein innerer Fortschritt des Menschen, der zutiefst moralisch zu sehen ist. Dieser Fortschritt muß innerlich und äußerlich in einem Gleichgewicht vonstatten gehen. »Mit dem

Verstand muß das Gewissen in Harmonie gebracht werden.«[77] Dann entsteht für Maria Montessori eine Welt, die sich mit Hilfe der Menschen zu einer besseren für alle entwickelt. Die wirkliche kosmische Mission des Menschen ist es, eine Welt des Friedens zu schaffen. Maria Montessori spricht bei aller nationalen Eigenheit und Verschiedenartigkeit von der »Einzigen Nation«[78]. In Freiheit wächst die Anerkennung des anderen. »Er muß wachsen, ich aber muß abnehmen!«[79] Aus der wirklichen Liebe entsteht die Harmonie von Freiheit und Bindung. »Der Weg der Freiheit aber geht für Maria Montessori über die sich ergänzenden und sich überhöhenden Stufen der Bindung: Der Bindung an das Gesetz der Dinge, das Gesetz des Mitmenschen und schließlich an das Gesetz Gottes.«[80] In der Liebe, der »universalen kosmischen Liebe«[81] münden die Stufen der Entwicklung. Die Verkörperung dessen ist für Maria Montessori das Kind, das sie als »Baumeister des Menschen« bezeichnet.

Diese Ideen Maria Montessoris mögen für manchen zu idealistisch, ja utopisch wirken. Das Paradies auf Erden - wenn es das wirklich geben mag - kann sicher nicht nur durch Erziehung geschaffen werden. Glückliche Kindheit allein ist keine Garantie für ein glückliches, sinnerfülltes Leben als Erwachsener. Wir werden - auch in der Erziehung - mit Widersprüchlichkeiten, Ausnahmen, Glück und Pech, vielleicht Schicksal leben müssen.

Maria Montessori mag für manche zu optimistisch sein, jedoch ist Optimismus einer der Grundvoraussetzungen für Erziehung.

Wir dürfen diesen Ursprung, Weg und Ziel nicht aus den Augen verlieren. Es ist nicht nur ein pädagogisches, sondern vor allem ein religiöses und politisches Ziel. Die »kosmische Mission des Menschen« ist für Maria Montessori kein Modebegriff, sondern als grundsätzlich existentielle Gegebenheit und Aufgabe zu verstehen.

Anmerkungen

1) Anna Maccheroni, A True Romance, S. 12
2) Aus Maria Montessoris letzter Botschaft, einen Tag vor ihrem Tod verfaßt. Die Botschaft war gerichtet an die eben gegründete katholische englische Montessori-Gilde in London, hier zitiert nach: Günther Schulz-Benesch, Der Streit um Montessori, S. 118
3) Maria Montessori, Das kreative Kind, S. 46
4) Maria Montessori, Kinder sind anders, S. 35
5) Maria Montessori, Kinder sind anders, S. 57
6) Maria Montessori, Kinder sind anders, S. 56
7) Maria Montessori, Kinder sind anders, S. 56
8) Maria Montessori, Das kreative Kind, S. 23
9) Maria Montessori, Das kreative Kind, S. 23f.
10) Maria Montessori, Kinder sind anders, S. 61
11) Dieter E. Zimmer, So kommt der Mensch zur Sprache, S. 25
12) Maria Montessori, Kinder sind anders, S. 66f.
13) Maria Montessori, Kinder sind anders, S. 77f.
14) Maria Montessori, Die Entdeckung des Kindes, S. 193
15) Maria Montessori, Das kreative Kind, S. 246
16) Maria Montessori, Das kreative Kind, S. 246
17) Maria Montessori, Von der Kindheit zur Jugend, S. 99

18) Winfried Böhm, Maria Montessori. Texte und Diskussionen, S. 24
19) Maria Montessori, Die Entdeckung des Kindes, S. 12ff.
20) Maria Montessori, Kinder sind anders, S. 92
21) Maria Montessori, Kinder sind anders, S. 12
22) Maria Montessori, Frieden und Erziehung, S. 32f.
23) Maria Montessori, Das kreative Kind, S. 126f.
24) Maria Montessori, Die Entdeckung des Kindes, S. 193
25) Maria Montessori, Das kreative Kind, S. 128
26) Maria Montessori, Das kreative Kind, S. 129
27) Maria Montessori, Das kreative Kind, S. 129
28) Maria Montessori, Kinder sind anders, S. 138
29) Maria Montessori, Das kreative Kind, S. 132
30) Maria Montessori, Das kreative Kind, S. 133
31) Helene Helmig, Montessori-Pädagogik, S. 96
32) E. Standing, Maria Montessori. Her life and work, S. 218f.
33) Maria Montessori, Erziehung für Schulkinder, S. 73
34) Maria Montessori, Das kreative Kind, S. 180
35) Maria Montessori, Schule des Kindes, S. 96f.
36) Maria Montessori, Das kreative Kind, S. 244f.

37) Maria Montessori, Kinder sind anders, S. 169

38) Helene Helmig, Montessori-Pädagogik, S. 65

39) Maria Montessori, Die Entdeckung der Kinder, S. 53

40) Maria Montessori, Das kreative Kind, S. 199

41) Maria Montessori, Das kreative Kind, S. 204

42) Maria Montessori, Grundlagen meiner Pädagogik, S. 274

43) Maria Montessori, Grundlagen meiner Pädagogik, S. 274

44) Maria Montessori, Die Entdeckung des Kindes, S. 166

45) Maria Montessori, Das kreative Kind, S. 237

46) Maria Montessori, Die Entdeckung des Kindes, S. 167

47) Hildegard Holtstiege, Der Erzieher in der Montessori-Pädagogik, S. 54

48) Maria Montessori, Grundlagen meiner Pädagogik, S. 9

49) Maria Montessori, Kinder sind anders, S. 273ff.

50) Peter Paulig, unveröffentlichtes Vortragsmanuskript

51) Maria Montessori, Die Entdeckung des Kindes, S. 98

52) Maria Montessori, Erziehung für Schulkinder, S. 212

53) Maria Montessori, Schule des Kindes, S. 200

54) Maria Montessori, Schule des Kindes, S. 200

55) Maria Montessori, Das kreative Kind, S. 147

56) Maria Montessori, Kinder sind anders, S. 135 - 139

57) Maria Montessori, Schule des Kindes, S. 164

58) Maria Montessori, Spannungsfeld Kind – Gesellschaft – Welt, S. 66ff.

59) Maria Montessori, Spannungsfeld Kind – Gesellschaft – Welt, S. 66ff.

60) Maria Montessori, Spannungsfeld Kind – Gesellschaft – Welt, S. 66ff.

61) Günther Schulz-Benesch, Der Streit um Montessori, S. 118

62) Rita Kramer, Maria Montessori. Biographie, S. 421

63) Maria Montessori, Das kreative Kind, S. 73

64) Maria Montessori, Über die Bildung des Menschen, S. 81

65) Maria Montessori, Spannungsfeld Kind – Gesellschaft – Welt, S. 56

66) Maria Montessori, Über die Bildung des Menschen, S. 90

67) Rudolf Seitz, Kreativität, S. 60

68) Maria Montessori, Die Macht der Schwachen, S. 145f.

69) Maria Montessori, Kosmische Erziehung, S. 42

70) Maria Montessori, To Educate the Human Potential, S. 67

71) Maria Montessori, Die Entdeckung des Kindes, S. 95

72) Maria Montessori, Kosmische Erziehung, S. 27ff.

73) Maria Montessori, Das kreative Kind, S. 46

74) Maria Montessori, Vortrag, London 13. 9. 1935

75) Maria Montessori, Frieden und Erziehung, S. 84

76) Maria Montessori, Von der Kindheit zur Jugend, S. 116

77) Maria Montessori, Kosmische Erziehung, S. 6

78) Maria Montessori, Frieden und Erziehung, S. 27

79) Maria Montessori, Kinder sind anders, S. 155

80) Paul Oswald, Vortragsmanuskript

81) Maria Montessori, Frieden und Erziehung, S. 98ff.

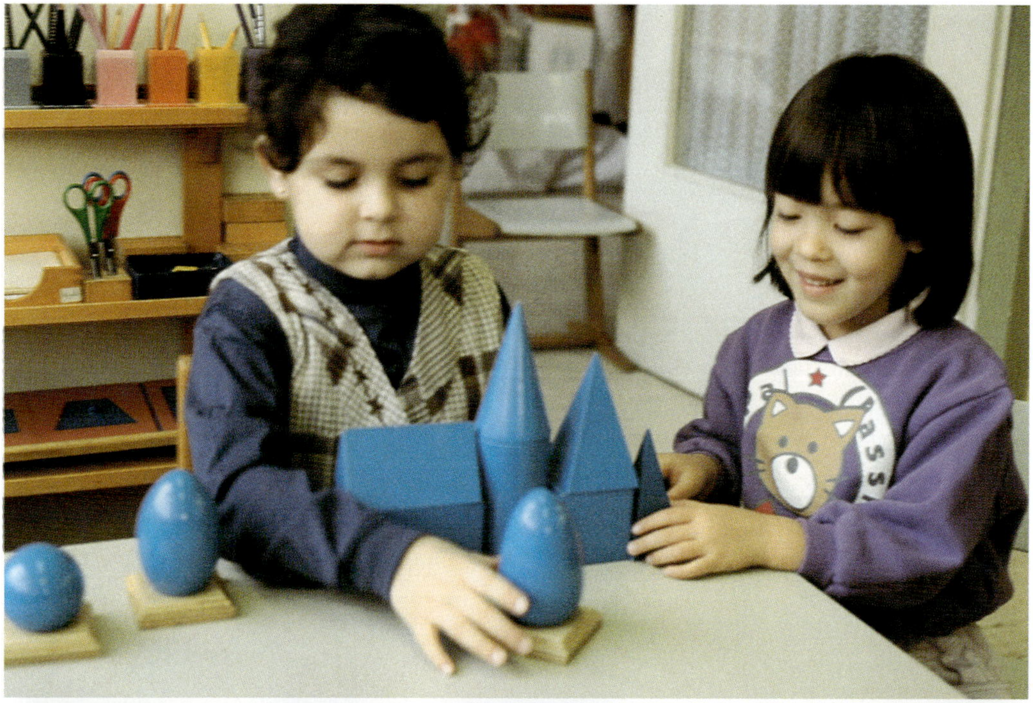

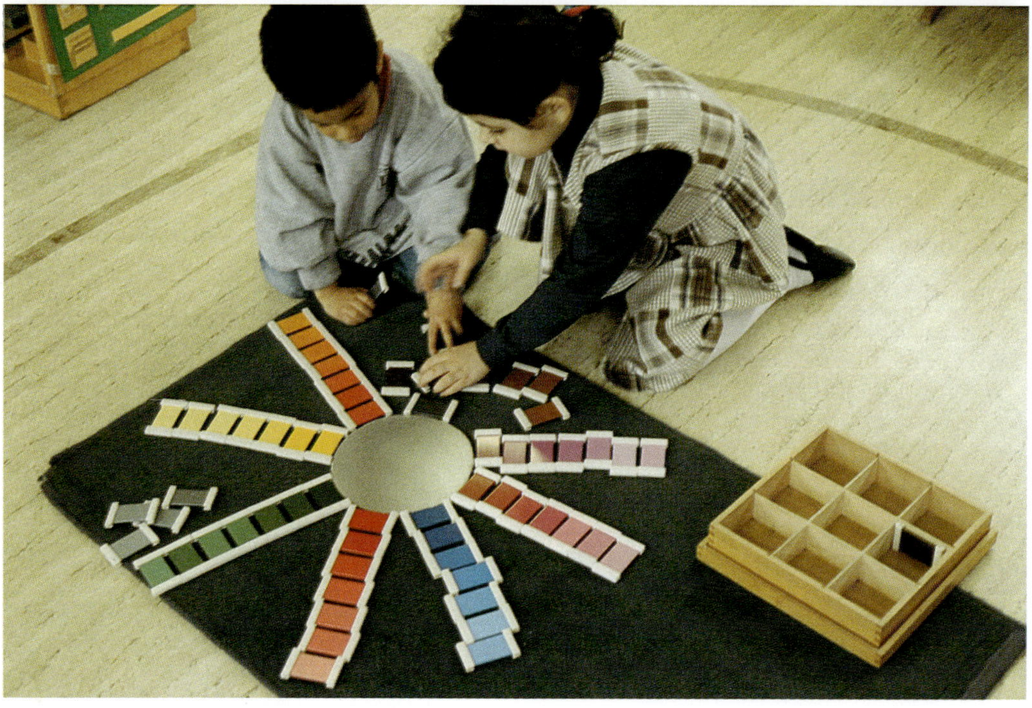

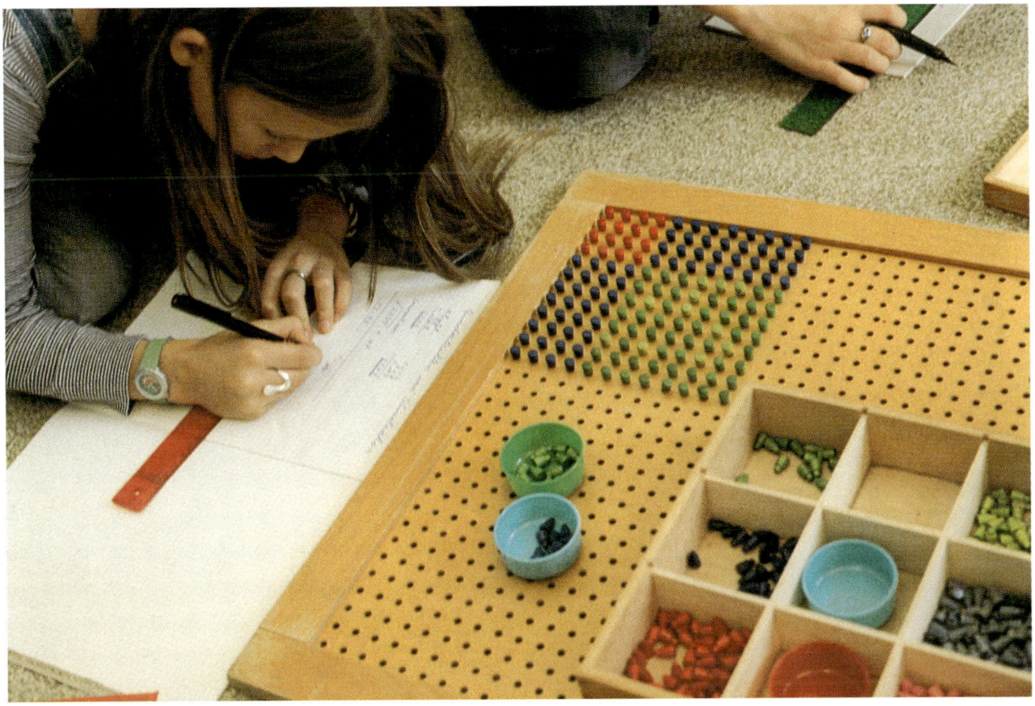

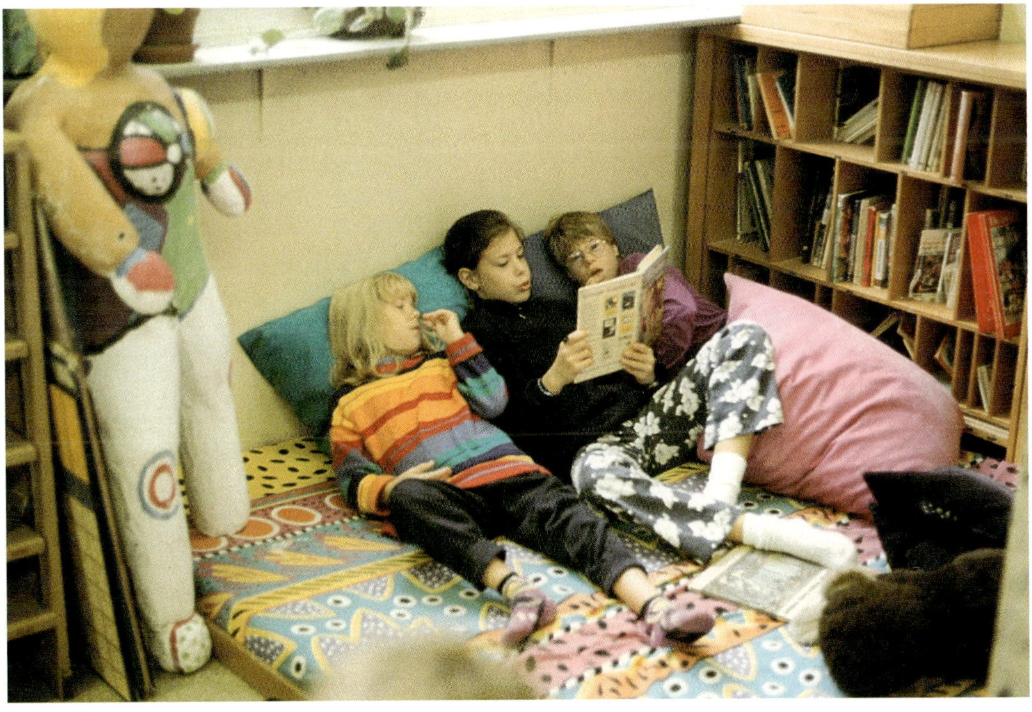

die braune Kuh
das rosa Schwein
der schwarze Hahn

M
O
N
T
E
S
S
O
R
I

W
A
L
D
O
R
F

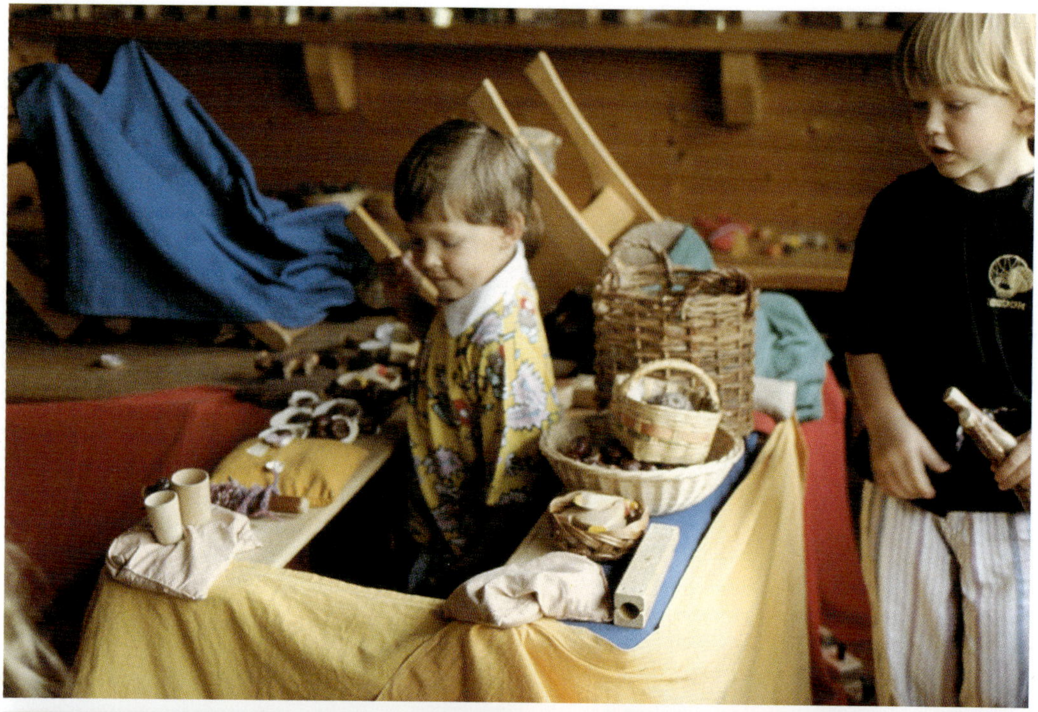

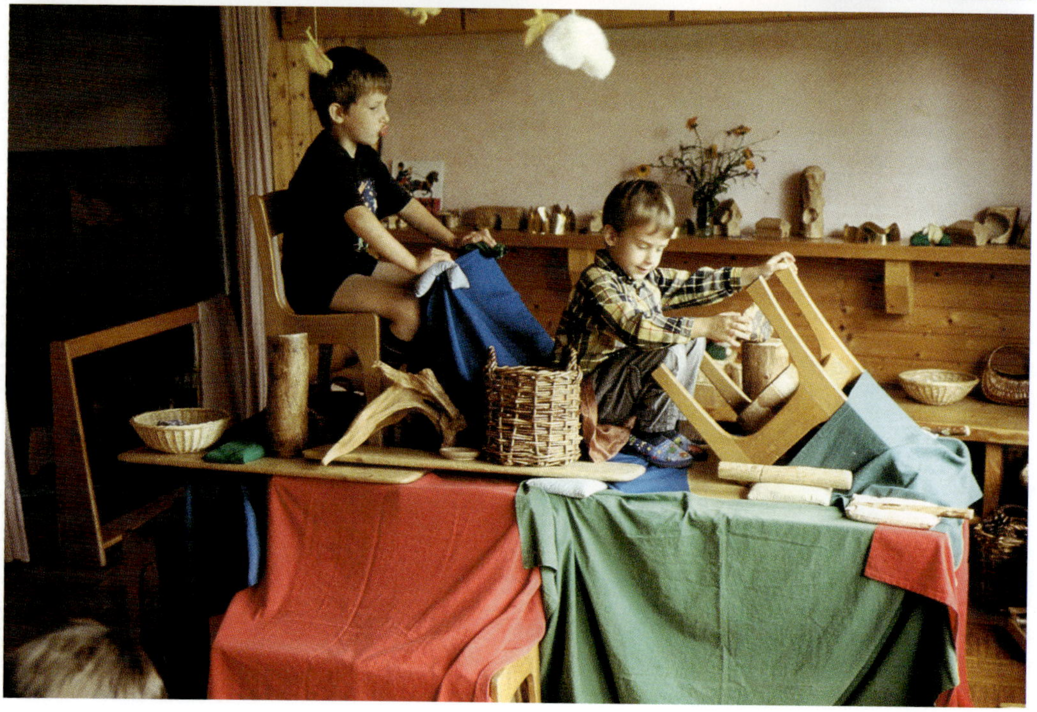

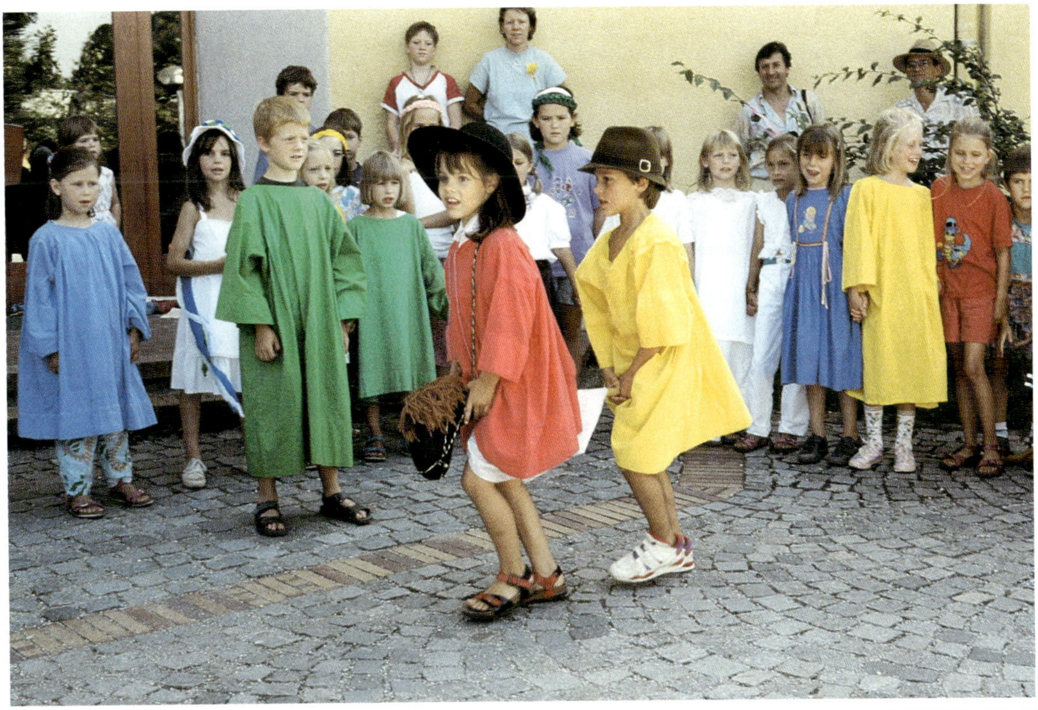

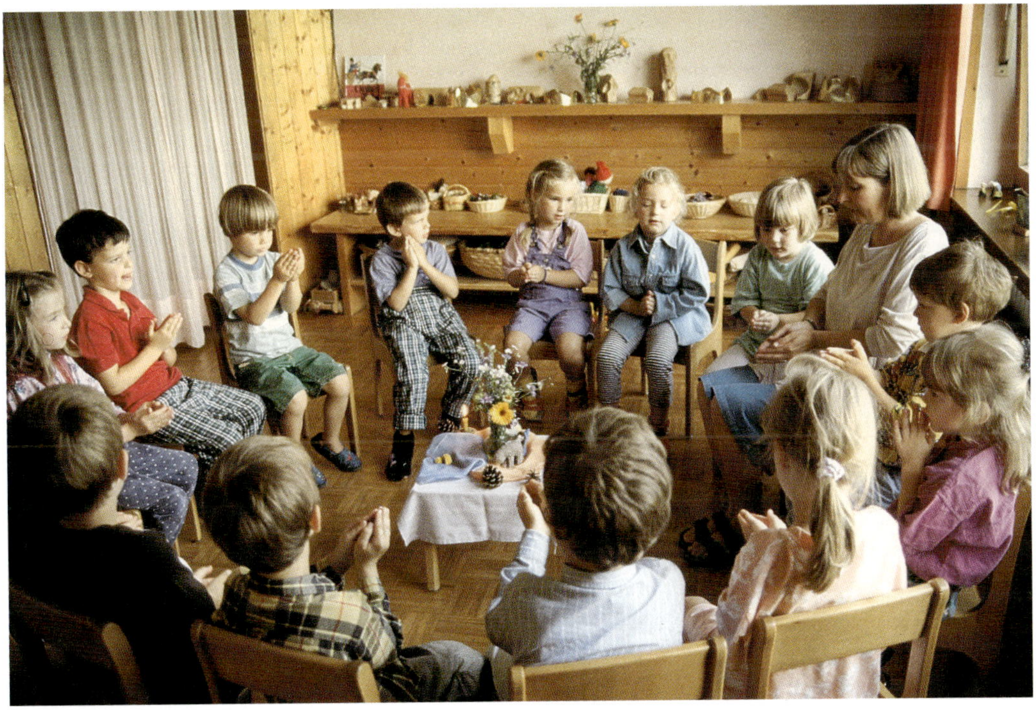

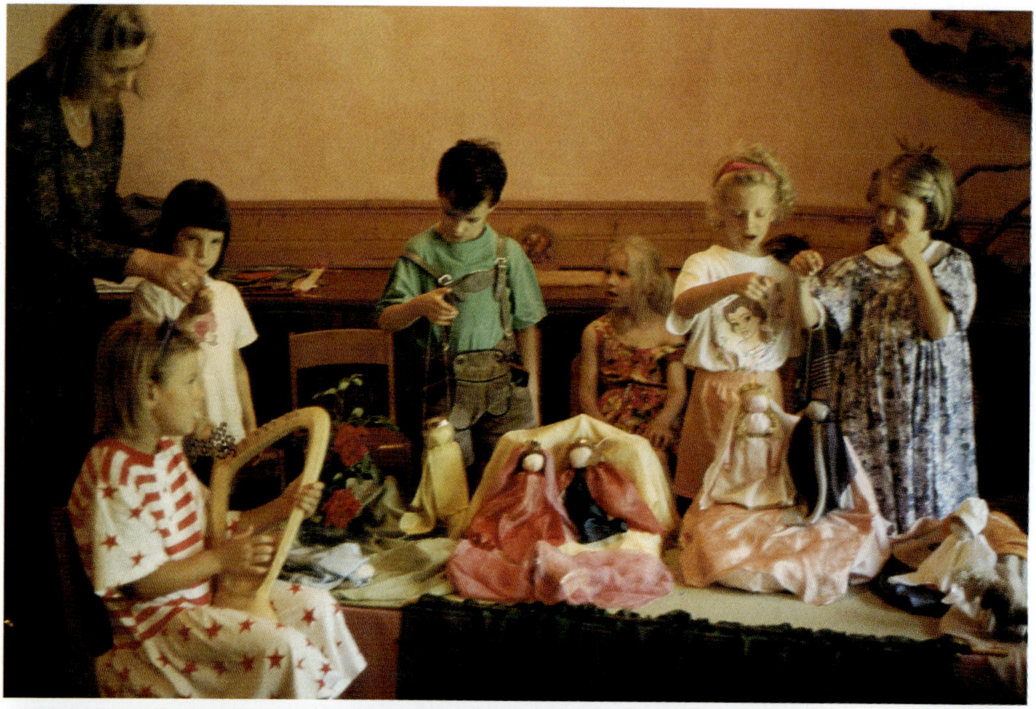

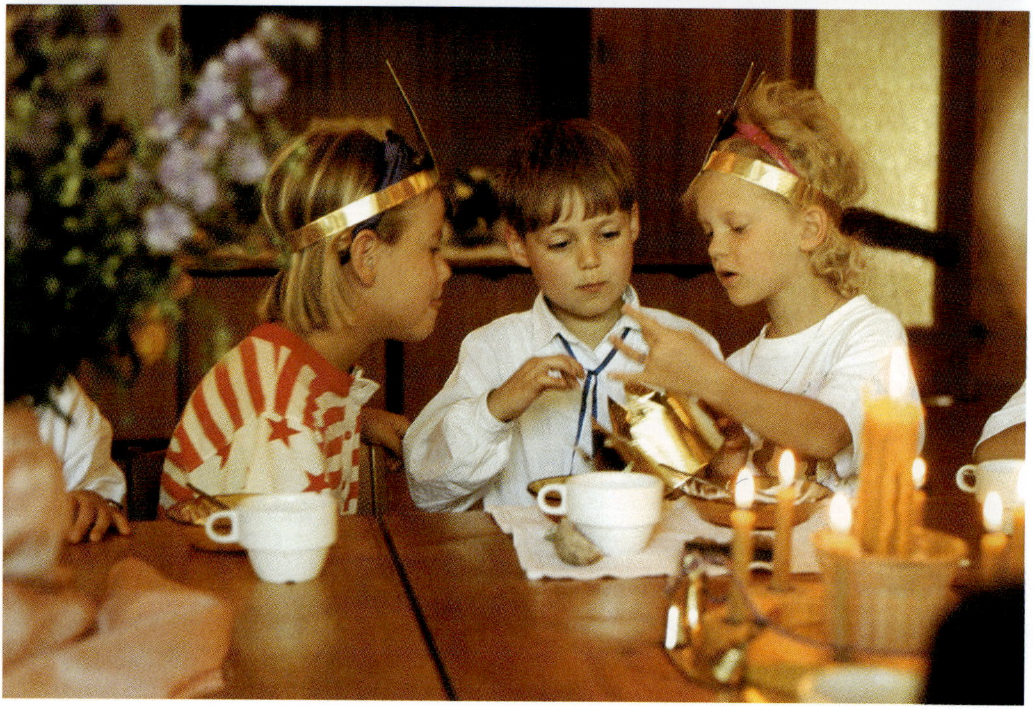

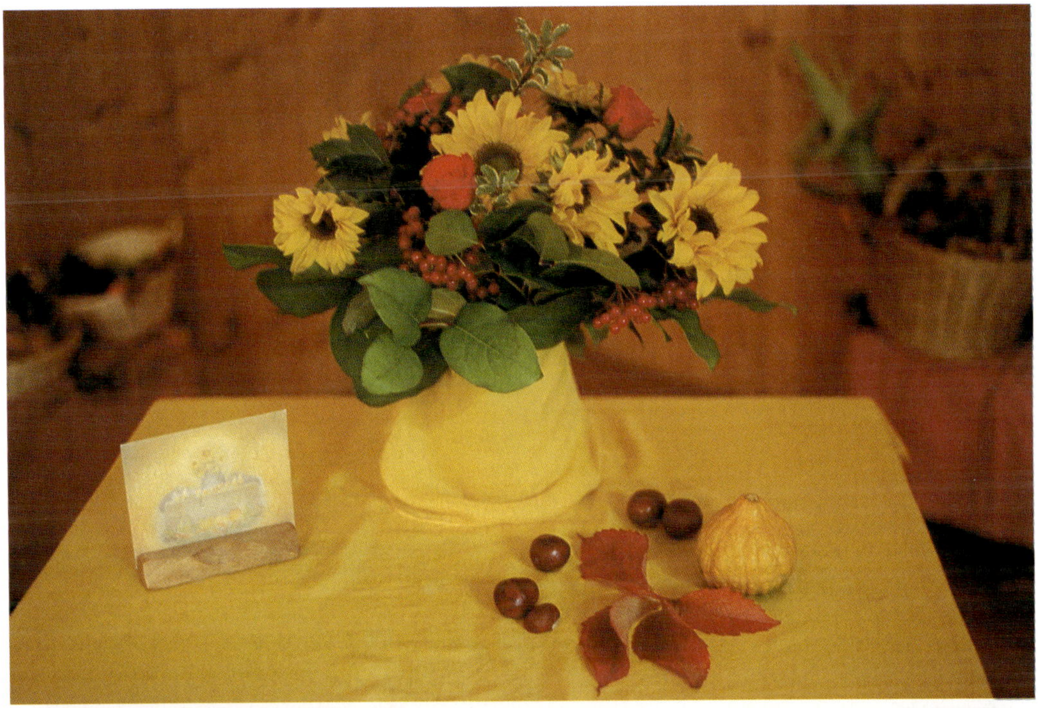

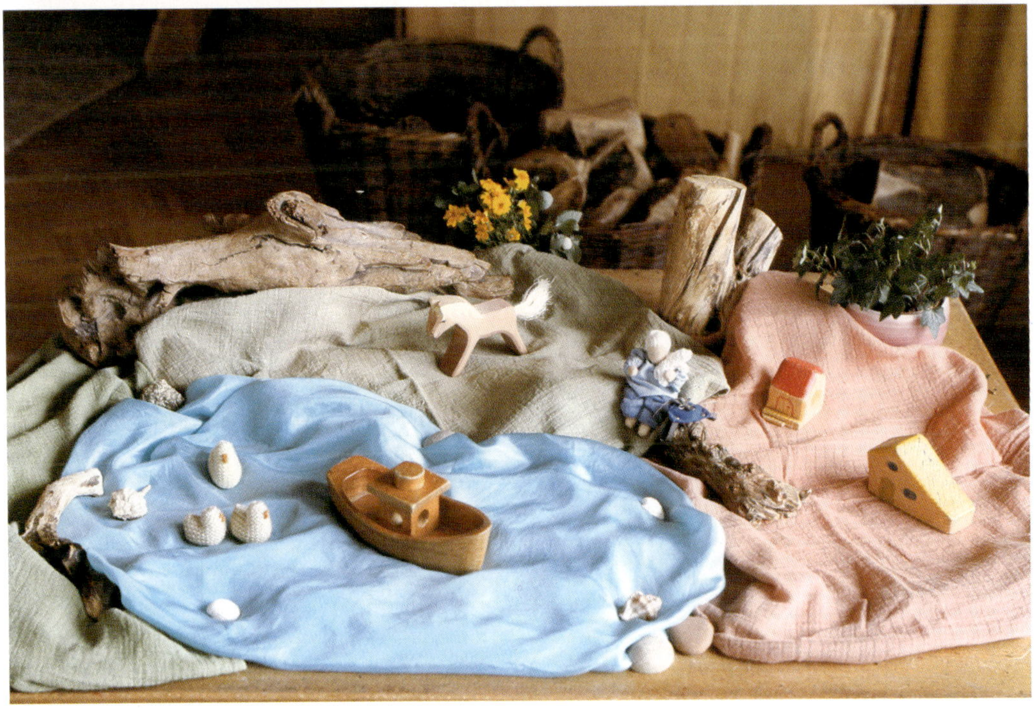

Rudolf Steiner 1923

Waldorf-Pädagogik

Zur Biographie Rudolf Steiners

Weit über den deutschsprachigen Raum hinaus ist Rudolf Steiner heute vielen Menschen als Begründer der Waldorf-Pädagogik ein Begriff. Er war aber nicht nur Pädagoge: als Naturwissenschaftler, Philosoph, Künstler und Literat strebte er nach einer ganzheitlichen Betrachtungsweise der Welt und des Menschen jenseits wissenschaftlicher Einzeldisziplinen.

Geboren wurde Rudolf Steiner 1861 in Kraljevec (Österreich-Ungarn) als ältester Sohn eines Eisenbahnbeamten (er bekam später noch eine Schwester und einen Bruder). In den folgenden Jahren bestimmte die technisch-nüchterne Umgebung wechselnder Bahnhöfe seine Kindheit. Er liebte den Bahnhofsbetrieb weit mehr als etwa die Schule, mit der er zu Anfang erhebliche Schwierigkeiten hatte. So entwickelte er früh eine praktische Lebenstüchtigkeit; daneben hatte er etwa ab dem siebten Lebensjahr »übersinnliche« Erlebnisse in der Natur, die er den Erwachsenen aber instinktiv verschwieg.

Zum Kultus der katholischen Kirche fühlte sich der Junge sehr hingezogen; sein »freigeistiger« Vater ließ ihn aber nicht firmen. Da er beruflich in die Fußstapfen seines Vaters treten sollte, war seine Schulbildung vorwiegend naturwissenschaftlich geprägt (Realschule in Wiener Neustadt). Das erste Fach, das ihn in der Volksschulzeit begeistert hatte, war die Geometrie gewesen. Ein befreundeter Pfarrer hatte ihn zudem in die Anfangsgründe des kopernikanischen Weltbildes eingeführt. Daneben befaßte er sich schon ab seinem 14. Lebensjahr mit philosophischen Werken, vor allem mit Kants »Kritik der reinen Vernunft«.

Nach der Reifeprüfung (1879) studierte Rudolf Steiner in Wien Biologie, Chemie und Physik. Auf der Bahnfahrt dorthin lernte Steiner in einem einfachen Kräutersammler zum ersten Mal einen Menschen kennen, mit dem er über seine geistig-übersinnlichen Erlebnisse frei sprechen konnte. So erfuhr er, daß solche geistigen Wahrnehmungen in der Menschheitsgeschichte eine große Tradition haben. In dieser Zeit lernte der 18jährige auch den »geistigen Lehrer« kennen, von dem er in seiner Autobiographie »Mein Lebensgang« berichtet, und der ihm als wesentlichsten Impuls für sein zukünftiges Leben und Arbeiten den Anstoß gab, sich intensiv mit der mathematisch-naturwissenschaftlichen Betrachtungsweise der Welt zu befassen.

Steiner litt unter der Diskrepanz zwischen

den naturwissenschaftlichen Welt-Erklärungsversuchen seiner Studienfächer und seinem eigenen geistigen und ur-religiösen Erleben. Im Werk Goethes, vor allem in dessen naturwissenschaftlichen Schriften, sah er eine mögliche Brücke zwischen Natur- und Geisteswissenschaft. Karl Julius Schroer, Professor für Literaturgeschichte an der TH Wien empfahl den damals 22jährigen Studenten an Prof. Joseph Kürschner, der ihn mit der Herausgabe von Goethes naturwissenschaftlichen Schriften im Rahmen der »Deutschen Nationalliteratur« beauftragte.

Nach dem Abschluß seines Studiums fand Steiner zunächst eine Anstellung als Erzieher eines hydrocephalen 10jährigen (ein Kind mit einem sog. »Wasserkopf«). Schon nach zwei Jahren konnte der Junge, der zunächst als nicht schulfähig galt, ins Gymnasium aufgenommen werden (er wurde später Arzt!).

Für Steiner war dies eine Zeit intensiver menschenkundlicher Studien, ja er sagt selbst: »Da machte ich mein eigentliches Studium in Physiologie und Psychologie durch.«[1] Die Beschäftigung mit der Pädagogik sollte ihn nie mehr loslassen.

1890 wirkte Rudolf Steiner in Weimar an der sog. »Sophien-Ausgabe« von Goethes Schriften mit. Über eine authentische Textausgabe hinaus wollte er Goethes Naturanschauung in ihrer Ganzheit darstellen. Dieses Vorhaben stieß auf Unverständnis, denn den Weimarer Wissenschaftlern war mehr daran gelegen, Traditionen zu bewahren. So schrieb er die Gedanken, die er noch nicht öffentlich aussprechen konnte, in seinen ersten philosophischen Schriften nieder: »Grundlinien einer Erkenntnistheorie der

Goetheschen Weltanschauung«, »Wahrheit und Wissenschaft«, und vor allem die »Philosophie der Freiheit« (1883). Sein wichtigstes Ziel: den Nebel aus Mystizismus und Spiritismus zu lüften, der die Welt des Geistes für den modern denkenden Menschen verschleierte. Für geisteswissenschaftliches Forschen forderte Steiner ebenso scharfe und genaue Beobachtungsmethoden wie sie in der Naturwissenschaft selbstverständlich waren.

Steiner lernte Nietzsche und Haeckel persönlich kennen, setzte sich in verschiedenen Veröffentlichungen mit ihren Werken auseinander und griff so aktiv in die – vor allem von kirchlicher Seite – vehemente Bekämpfung der beiden Philosophen ein. Offensichtlich kritisierte Steiner zu dieser Zeit die Verleugnung der Naturgesetze durch die herrschende kirchliche Auffassung mehr als den »Atheismus« dieser beiden großen Geister.

1899 heiratete er Anna Eunike, eine Witwe mit fünf Kindern, bei der er in seiner Weimarer Anfangszeit als Untermieter gewohnt hatte. Frau Steiner-Eunike starb 1911 nach mehreren Jahren der Trennung von Rudolf Steiner.

Ab 1900 betätigte sich Rudolf Steiner hauptsächlich in Berlin als Vortragender und freier Schriftsteller in der »Arbeiterbildungsschule« Liebknechts, im Giordano-Bruno-Bund und in einem Kreis junger Berliner Künstler, Literaten und Wissenschaftler, der sich »Die Kommenden« nannte. Vor Mitgliedern der Theosophischen Gesellschaft hielt er seinen ersten Vortrag über »Das Christentum als mystische Tatsache«. Steiner stellte seinen Zuhörern die mechanistische Weltauffassung nicht nur als einseitiges Denkmodell, sondern als das Wirken menschenfeindlicher, dämonischer Mächte dar. Dem setzte er sein kosmisches Christusbild entgegen, das – geprägt vom katholischen Kultus seiner Kindheit und dem gleichzeitigen Einfluß seines Vaters unkonfessionell, universell war. Damit stellte er sich in krassen Gegensatz zur herrschenden theosophischen Anschauung, die Christus nur als einen geistigen Lehrer unter vielen ansah. Und doch bestach seine klare Darstellung die gebildeten Zuhörer, die zunehmend von der nebulös-spiritistischen Art der führenden Theosophen (Helene Petrowna Blavatsky, Annie Besant) abgestoßen waren, so sehr, daß man ihn bat, Generalsekretär der neu zu gründenden deutschen Sektion der Theosophischen Gesellschaft zu werden. Unter Vorbehalten für sein freies Wirken nahm Rudolf Steiner an, da er diese Gesellschaft zum damaligen Zeitpunkt als das einzige Forum für sein Gedankengut sah.

Mit 35 Jahren erlebte er einen inneren Lebensumschwung: Er, der sich in der geistigen Welt immer zu Hause gefühlt hatte, mit der konkreten Beobachtung der äußeren Welt aber seine Schwierigkeiten hatte, erkannte nun im intensiven Anschauen der sinnlich wahrnehmbaren, physischen Dinge einen wichtigen Zugang zu geistigen Tatsachen. Jetzt, als gleichberechtigter »Bürger beider Welten«, konnte er mit seinen Erkenntnissen den zeitgenössischen Anschauungen gegenübertreten. Er übernahm in Berlin die Herausgabe des »Magazins für Literatur« und trat in der »Freien Literarischen Gesellschaft« (Hartleben, Wedekind, Scheerbarth) als Schriftsteller und Vortragender auf.

1902 wagte er die erste öffentliche theosophische Kundgebung vor dem Giordano-Bruno-Bund, die er später als »Geburtsstunde der Anthroposophie« bezeichnete. Der Begriff »Anthroposophie« ist nicht von Rudolf Steiner neu geprägt worden. Er wurde seit dem 16. Jahrhundert verwendet (mit dem Schwerpunkt der Spiritualisierung der Wissenschaften und des sozialen Lebens), und Immanuel Hermann Fichte, der Sohn Johann Gottlieb Fichtes, schreibt 1856: »... Diese gründliche Erfassung des Menschenwesens erhebt nunmehr die Anthropologie in ihrem Endresultate zur Anthroposophie.«[2]

Schriftlich legte er seine grundlegenden Gedanken zur Anthroposophie 1904 in dem Buch »Theosophie« nieder. Zentrale Themen sind der dreigliedrige Mensch (Leib, Seele und Geist), Reinkarnation und Karma. Den anthroposophischen Übungsweg beschrieb Steiner in »Wie erlangt man Erkenntnisse der höheren Welten?«. Ab 1909 veröffentlichte er »esoterisches«, das heißt bis dahin wenigen Eingeweihten vorbehaltenes Gedankengut in der »Geheimwissenschaft« und in den Evangelienvorträgen.

1913 kam es zum Bruch mit der Theosophischen Gesellschaft und zur Gründung der Anthroposophischen Gesellschaft.

Neben seinen wissenschaftlichen und philosophischen Arbeiten trug Rudolf Steiners künstlerisches Schaffen viele Früchte: Er schrieb die Mysteriendramen, die auf verschiedenen Münchener Bühnen aufgeführt wurden. Christian Morgenstern bezeichnete sie in einem zeitgenössischen Brief als »eine neue Stufe, eine neue Epoche der Kunst«[3]. Die ersten Pläne für einen eigenen Bau in München für Aufführungen und als Zentrum anthroposophischer Arbeit entstanden und wurden wieder verworfen. In Dornach in der (vom Weltkrieg fast gänzlich verschonten) Schweiz fand man ein geeignetes Grundstück, auf dem ab 1913 das erste Goetheanum entstand. Die von Steiner weitgehend selbst bildhauerisch in Holz gestaltete Gruppe (mit Luzifer, Ahriman, und Christus als dem Menschheitsrepräsentanten) blieb leider unvollendet. Zur Zeit des Goetheanum-Baues entwickelte er zusammen mit seiner zweiten Frau, Marie Steiner-von Sivers die Bewegungs- und Ausdruckskunst der Eurythmie.

Rudolf Steiner zog sich aber nicht etwa in einen künstlerisch-schöngeistigen Schonraum zurück.

Zu Beginn der Revolution in Deutschland 1918 sprach er in vielen Vorträgen über die »Kernpunkte der sozialen Frage«, womit er vor allem in Württemberg die Arbeiterschaft erreichte. Daraus entstand der »Bund für Dreigliederung des sozialen Organismus«. Der zentrale Gedanke der Dreigliederung ist die Entflechtung von Staat, Wirtschaft und Kultur. Freiheit im Geistesleben, Gleichheit im Rechtsleben und Brüderlichkeit im Wirtschaftsleben: Mit diesen alten Idealen der Französischen Revolution gab Steiner einen – wenn auch leider politisch kaum aufgegriffenen – Impuls zur Neuordnung des sozialen Lebens.

Für Steiner war die soziale Frage untrennbar mit dem Menschenbild und damit mit der Pädagogik verbunden. Pädagogisches Handeln und Denken zieht sich durch seine ganze Biographie, angefangen vom Nachhilfeunterricht, den er seinen Mitschülern in den naturwissenschaftlichen Fächern gab über die Tätigkeit als Privatlehrer für den hydrocephalen Knaben bis hin zu seinem Kommentar der Lehren Jean Pauls. Steiners grundlegendes pädagogisches Werk »Die Erziehung des Kindes vom Gesichtspunkt der Geisteswissenschaft« entstand 1907. Die Arbeiter der Waldorf-Astoria-Zigarettenfabrik, vor denen Steiner Vorträge über soziale und pädagogische Themen gehalten hatte, beschlossen spontan, diese Pädagogik für ihre Kinder in die Tat umzusetzen. Mit Hilfe des Firmenchefs Emil Molt wurde 1919 in Stuttgart die erste Waldorfschule gegründet. In Stuttgart entstand auch das erste Seminar zur Ausbildung von Waldorflehrern, in dem Steiner bis 1924 in 15 Vortragszyklen die Grundideen seiner »Erziehungskunst« und Menschenkunde vermittelte.

Zahlreiche Tochterbewegungen wurden von den Erkenntnissen und Arbeitsweisen der Anthroposophie befruchtet: Vor allem die geisteswissenschaftlich erweiterte Medizin, die Heileurythmie und Heilpädagogik (Pädagogik für »Seelenpflege-Bedürftige«) haben sich bis heute weltweit bewährt. Aus der Waldorfschulbewegung entstanden durch Caroline von Heydebrand die Waldorfkindergärten mit einer entsprechenden Ausbildungsstätte.

Rudolf Steiners christologischer Ansatz gab der »Bewegung für religiöse Erneuerung« (ein Kreis von jungen Berliner Theologen unter Führung Friedrich Rittelmeyers) die Impulse zur Gründung der »Christengemeinschaft«

Aus der naturwissenschaftlichen Arbeit Steiners entstanden seine Schriften über den biologisch-dynamischen Landbau, eine naturgemäße Form der Landwirtschaft unter Berücksichtigung rhythmischer und kosmischer Prozesse, heute vor allem bekannt durch die »Demeter«-Produkte.

Rudolf Steiner hielt Vorträge in vielen Städten Deutschlands vor ausverkauften Sälen. Auch im Ausland, vor allem auf einer Erziehertagung in England fanden seine Ideen großen Beifall; aber er erfuhr auch immer wieder Anfeindungen, denn seine Anschauungen waren unbequem und paßten vielen Zeitgenossen nicht ins Konzept. Die Welle der Feindseligkeiten gipfelte an Sylvester 1922: Das erste Goetheanum, an dem Menschen aus 17 Nationen mitgearbeitet hatten, fiel einem Brand zum Opfer.

Aber Steiner gab nicht auf: 1923 wurde die Allgemeine Anthroposophische Gesellschaft gegründet, und die Hochschule für Geisteswissenschaften nahm ihre Arbeit auf. Als 1925 mit dem Goetheanum-Neubau in Dornach begonnen wurde, war Steiner bereits schwerkrank. Auch auf dem Krankenlager beriet er noch täglich Besucher, schrieb seine Autobiographie »Mein Lebensgang« und die anthroposophischen »Leitsätze«.

Am 30. März 1925 starb Rudolf Steiner in Dornach.

Das geisteswissenschaftliche Menschenbild als Grundlage der Pädagogik Rudolf Steiners

Jeder Form der Pädagogik liegt – ausgesprochen oder unausgesprochen – ein Menschenbild zugrunde. Die Pädagogische Anthropologie hat sich seit den 60er Jahren intensiv mit solchen, meist aus der Philosophie »entliehenen« Bildern befaßt. Dabei sind im Laufe der Zeit geisteswissenschaftliche Denkmodelle gegenüber den naturwissenschaftlichen ins Hintertreffen geraten.

Auch diejenigen wissenschaftlichen Disziplinen, deren ureigenstes Objekt der Mensch ist, wie Anthropologie, Soziologie, Medizin und Psychologie reduzieren den Menschen mit ihrem einseitig naturwissenschaftlichen Instrumentarium und Vokabular allzu leicht auf eine intelligente »Maschine«. Und obwohl sich diese Vorstellung heute in allen wissenschaftlichen Disziplinen, im gesamten politischen und sozialen Leben immer wieder als nicht tragfähig erweist, prägt sie noch weitgehend die pädagogische Praxis. Das Kind wird als »Noch-nicht-Erwachsener« betrachtet, der zu konditionieren und zu »programmieren« ist, damit er später einmal voll »funktionstüchtig« im Sinne der Gesellschaft wird.

Dabei ist das Wissen, daß der Mensch ein kosmisches Wesen ist, dessen Qualitäten und Erfahrungen weit über die Sinneswelt und die Gesetze der ihn umgebenden Natur hinausgehen, so alt wie die Menschheit selbst. Aber Begriffe wie Geist und Seele werden vom modernen Menschen dem metaphysischen Bereich von Theologie und Philosophie zugeordnet und damit in einen von der Naturwissenschaft nicht ganz ernstgenommenen Randbereich gedrängt.

Geisteswissenschaft schildert den Menschen als ein ganzheitliches, kosmisches Wesen, dessen Kern aus einer geistigen Welt stammt, anders als die naturwissenschaftliche Auffassung, die im Menschen nur das Zählbare, Meßbare, das sinnlich Wahrnehmbare sehen will, anders aber auch als der extreme Spiritualismus (zum Beispiel Fichtes), der alles Materielle nur als Ausfluß des Geistes auffaßt.

Rudolf Steiner, der ja von seiner Ausbildung her Naturwissenschaftler ist, kritisiert nicht etwa die Genauigkeit und Gründlichkeit in der naturwissenschaftlichen Methode. Im Gegenteil: die Methode kann ihm auch auf dem Gebiet der Geisteswissenschaft gar nicht exakt genug sein. Nur die Meinung der Naturwissenschaft, daß der Mensch bei genügend intensiver Entwicklung der Forschungsmethoden sich irgendwann als völlig nach den Naturgesetzen steuer- und vorhersagbar, als erklärlich allein durch Drüsenfunktionen, Erbanlagen, Hormone und gesellschaftliche Konditionierung erweisen werde, lehnt er als unzulänglich ab.

»Wer einen tieferen Blick ins Leben zu werfen vermag, der wird sich ... eines Gefühles nicht erwehren können. Es besteht darinnen, daß unsere Zeit den Anforderungen, welche an die Menschen gestellt werden, vielfach mit unzulänglichen Mitteln gegenübertritt. ... Unsere Zeit ... beschäftigt sich mit dem, was an der Oberfläche erscheint und glaubt ins Unsichere zu kommen, wenn sie zu demjenigen vordringen soll, das sich der äußeren Beobachtung entzieht.«[4]

Dabei weiß er sich in der Ablehnung einer rein materialistischen Auffassung vom Menschen mit herrschenden religiösen Vorstellungen einig; aber im Gegensatz zu den dogmatischen, traditionsgebunden nicht hinterfragten Aussagen der Kirchen schöpft Steiner seine Aussagen über die geistige Wirklichkeit und die geistige Wesenheit des Menschen aus einer direkten »Schau«. Wobei man sich darunter keine nebulösen mystischen Erlebnisse vorzustellen hat, sondern einen wissenschaftlich exakten, nachvollziehbaren Übungsweg, erläutert in dem Werk »Wie erlangt man Erkenntnisse der höheren Welten«. Das Menschenbild der Anthroposophie ist also nicht philosophische Spekulation, mystischer Idealismus, sondern Ergebnis intensiver geistiger Forschungsarbeit.

Reinkarnation und Karma

Besonders wichtig zum Verständnis des Menschen ist die Frage nach dem Woher und Wohin. Steiner beschreibt, aufbauend auf der langen Tradition unter anderem der Theosophie, wie sich die menschliche Seele aus ihrer geistigen Heimat heraus in einen physischen Körper begibt, um einen Auftrag auf Erden zu erfüllen. Nach dem physischen Tod durchläuft sie eine Läuterungs- und Lernphase in der geistigen Welt und verkörpert sich dann wieder in einem ausgesuchten irdischen Körper.

Der Gedanke der Reinkarnation gehört nicht etwa nur altem orientalischen Gedankengut an; über die Jahrhunderte hinweg haben große Geister wie Goethe, Novalis, Lessing, Herder die Kontinuität dieser Idee trotz der immer stärker werdenden Konzentration auf die äußere, materielle Welt gewahrt. Und der Amerikaner Henry Ford sagt: »Was einige für eine besondere Gabe oder ein Talent zu halten scheinen, das ist nach meiner Ansicht die Frucht langer, in vielen Leben erworbener Erfahrung. ...Ich bin, wie Sie wissen, von dem Gedanken der Wiedergeburt überzeugt.«[5]

Aber der Mensch bringt nicht nur seine gesammelten Erfahrungen aus den verschiedenen Inkarnationen (und aus dem Aufenthalt in der geistigen Welt) mit, sondern er wird in bestimmte Schicksalszusammenhänge hinein geboren. »Menschen, mit welchen die Seele in einem Leben verbunden war, wird sie in einem folgenden wiederfinden müssen, weil die Taten, welche zwischen ihnen gewesen sind, ihre Folgen haben müssen.«[6] »Der Leib unterliegt dem Gesetz der Vererbung; die Seele unterliegt dem selbstgeschaffenen Schicksal. Man nennt dieses von dem Menschen geschaffene Schicksal mit einem alten Ausdrucke sein Karma. Und der Geist steht unter dem Gesetz der Wiederverkörperung, der wiederholten Erdenleben.«[7] Karma beinhaltet die Lebensaufgabe, der sich der Mensch in einer bestimmten Inkarnation zu stellen hat; und Karma führt den Menschen so lange immer wieder vor diese Aufgabe, bis er sie bewältigt hat. Steiners Karmabegriff ist nicht fatalistisch wie der traditionelle indische; aber er geht ebenso davon aus, daß zum Beispiel ein schweres Schicksal in einer gegenwärtigen Inkarnation karmische Hintergründe hat, das heißt durch Schuld oder Versagen in einem vorhergehenden Erdenleben verursacht wurde.

Christus als zentrale Kraft – Ur-Religiosität

»Man hat die Geisteswissenschaft angeklagt des Buddhismus, weil sie von den wiederholten Erdenleben spricht«, das war Steiner wohl bewußt[8]. Aber mit dem Buddhismus hat das anthroposophische Welt- und Menschenbild höchstens die Wortwahl gemeinsam. Im Zentrum steht nämlich die Figur des Christus, der durch seine Menschwerdung und den Opfertod einen wesentlichen Einschlag in die unerbittliche Gesetzmäßigkeit des Karma bedeutet: Indem dieses göttliche Wesen wirklich Mensch wurde, haben die Menschen seitdem einen Mitstreiter, einen Retter in der geistigen Sphäre. Zum Karma kommt der Begriff der Liebe, der Gnade und Erlösung hinzu. Das Rad der Wiedergeburten ist nicht endlos; am (weit entfernten) Ziel steht das Einswerden mit der Gottheit, aus deren Paradiesgarten der Mensch einst auf die Erde gekommen ist.

Sehr deutlich sagt Steiner: »Geisteswissenschaft, wie sie hier gemeint ist, strebt nicht an die Begründung irgendeiner neuen Religion« und: »Geisteswissenschaft will nicht das Christentum ersetzen, aber ein Instrument zum Ergreifen des Christentums will sie sein.«[9]

Im praktischen Teil wird noch zu zeigen sein, wie diese zentrale Christus-Figur dem Erzieher zum Leitbild wird; wie aller Unterricht (nicht nur der so bezeichnete »Religions«-Unterricht) der Waldorfschule von Grund auf christlich orientiert ist. Da das Kind aus der geistigen Welt auf die Erde kommt, bringt es eine ursprüngliche Religiosität mit, die vom Erwachsenen nur gehütet und gepflegt, nicht aber zerredet und »erzogen« werden darf.

Diese Ur-Religiosität drückt sich vor allem darin aus, daß der Mensch durch seine kosmische Herkunft untrennbar mit der ganzen Schöpfung und deren Schöpfer sich verbunden fühlt; eine Botschaft, die vielleicht erst in unserer heutigen Zeit der Umwelt- und Naturkatastrophen so recht in ihrem Wert gewürdigt werden kann.

»Dreigliederung« des Menschen in Leib – Seele – Geist

Alle Religionen lehren seit eh und je, daß der Mensch aus mehr als nur seiner sinnlich wahrnehmbaren Physis besteht: das »Mehr« nannten sie »Seele« und »Geist«. Im katholischen Bereich wurde diese Dreiteilung per Konzilsbeschluß abgeschafft, so daß heute zwischen den Begriffen Geist und Seele im normalen Sprachgebrauch eine beträchtliche Verwirrung herrscht.

Rudolf Steiner teilt nun den Menschen genau in diese drei alten »Glieder«: mit dem physischen Körper gehört der Mensch der irdischen Sphäre an, mit dem Geist reicht er in seine alte geistige Heimat hinein und die empfindende Seele ist das notwendige Bindeglied, ohne das der Mensch ständig zwischen beiden Welten hin- und hergerissen wäre.

Diese Dreiheit zieht sich durch alle Gebiete menschlichen Lebens und Handelns hindurch. So ist der menschliche Organismus gegliedert in das Nerven-Sinnes-System, das rhythmische System (Blut, Atem) und das Gliedmaßen-Stoffwechselsystem. Damit hängen die drei Lebensäußerungen des Menschen zusammen: Das Denken mit dem Nerven-Sinnes-Bereich, das Fühlen mit dem mittleren Bereich und das Wollen mit dem Gliedmaßen-System. Diese Dreigliederung wird besonders anschaulich beschrieben von dem Arzt Dr. Walther Bühler in seinem Buch »Der Leib als Instrument der Seele«. In seinem Werk »Theosophie« und in der »Erziehung des Kindes...« schildert Rudolf Steiner die »Wesensglieder« des Menschen: mit der materialistischen Lebensauffassung erfaßbar ist nur der physische Leib. Was aus den Zellen der Materie diesen Leib baut und formt, was ihm Kraft und Dauer verleiht, ist die Lebenskraft oder der Ätherleib. »Diesen Äther- oder Lebensleib hat der Mensch mit Pflanzen und Tieren gemeinsam. Er bewirkt, daß die Stoffe und Kräfte des physischen Leibes sich zu den Erscheinungen des Wachstums, der Fortpflanzung, der inneren Bewegung der Säfte usw. gestalten. Er ist also der Erbauer und Bildner des physischen Leibes, dessen Bewohner und Architekt.«[10] Das dritte Wesensglied ist der Empfindungs- oder Astralleib. »Er ist der Träger von Schmerz und Lust, von Trieb, Begierde und Leidenschaft usw.«[11] Diesen Astralleib hat der Mensch nach Steiners Auffassung nur mit dem Tier, nicht aber mit der Pflanze gemeinsam. Als einziges Lebewesen aber hat der Mensch über diese Dreiheit hinaus das Ich.

Eine wichtige Anmerkung Rudolf Steiners zu diesen geschilderten »Leibern«: »Man darf nicht in den Fehler gewisser theosophischer Kreise verfallen, und sich den Äther- und Empfindungsleib einfach aus feineren Stoffen bestehend denken, als sie im physischen Leib vorhanden sind. Das hieße diese höheren Glieder der menschlichen Natur vermaterialisieren. Der Ätherleib ist eine Kraftgestalt; er besteht aus wirkenden Kräften, nicht aber aus Stoff; und der Astral- oder Empfindungsleib ist eine Gestalt aus in sich beweglichen, farbigen, leuchtenden Bildern.«[12]

Diese vier Wesensglieder sind nicht alle von Anfang an gleichmäßig ausgebildet. Steiner schildert, wie sich die menschliche Entwicklung in 7-Jahres-Schritten vollzieht. Er spricht von drei Geburten des Menschen, die jeweils ein neues Jahrsiebt einleiten, und denen pädagogisches Handeln Rechnung tragen muß: Zunächst ist beim Neugeborenen nur der physische Leib ganz anwesend. Alles was an Sinneseindrücken aus der Umgebung kommt, wirkt daher ungefiltert bis tief in die Leiblichkeit hinein. Das Neugeborene und Kleinkind nimmt mit dem ganzen Leib wahr und ahmt alles, was vom Erwachsenen kommt, vertrauensvoll nach. Jeder Versuch, das Kind in diesem Alter über den Kopf zum Lernen zu bewegen, behindert den Ätherleib bei der Ausgestaltung des physischen Leibes und kann bis in die Organbildung hinein schädigen. Das bedeutet eine große Verantwortung für den Erzieher.

Mit dem Zahnwechsel, also am Beginn des zweiten Jahrsiebtes wird der Ätherleib von seiner organbildenden Aufgabe frei, das heißt er wird »geboren« und steht nun dem Kind als Instrument des Lernens zur Verfügung. Nachdem er seine innere bildnerische Aufgabe abgeschlossen hat, kann er jetzt äußere Bilder und Gleichnisse aufnehmen und dem Gedächtnis einprägen. Aber: »Nicht abstrakte Begriffe wirken in der richtigen Weise ..., sondern das Anschauliche, nicht das Sinnlich-, sondern das Geistig-Anschauliche.«[13] Die reine Nachahmung wird abgelöst davon, daß das Kind einer geliebten Autorität (hier dem Lehrer) nachfolgt.

Und ebenso, wie der Ätherleib im vorhergehenden Jahrsiebt noch gebunden war und nicht durch zu frühes kognitives Lernen geschädigt werden durfte, braucht nun der noch nicht geborene Astralleib eine Zeit, in der er noch nicht mit Urteilen und Entscheidungen überfordert wird. Das Kind vor der Pubertät muß noch von den Urteilen und Entscheidungen des Erwachsenen geleitet werden. Dazu gehört natürlich, daß der Erwachsene sich dem Kinde gegenüber moralisch so verhält, daß es Achtung (ja Steiner spricht sogar von Verehrung) für ihn empfinden und seine Autorität als echte geistig-moralische Instanz (und nicht als Machtdemonstration) erleben kann.

Im Übergang zum dritten Jahrsiebt tritt die sogenannte »Erdenreife« ein. Der Astralleib wird nun ebenso frei wie zuvor der Ätherleib. Nach dieser »Geburt« kann der junge Mensch eine innerliche Beziehung zum anderen Geschlecht entwickeln, kann sich ein eigenes Urteil bilden und selbstbestimmtes, verantwortliches Handeln entwickeln. Erst jetzt ist eine wirkliche innere moralische Gewissensentscheidung möglich. »Mit der Geschlechtsreife ist die Zeit gekommen, in der der Mensch auch dazu reif ist, sich über die Dinge, die er vorher gelernt hat, ein eigenes Urteil zu bilden. ... Denn ein jedes Urteil, das nicht auf der gehörigen Grundlage von Seelenschätzen aufgebaut ist, wirft dem Urteiler Steine in seinen Lebensweg. Denn hat man einmal über eine Sache ein Urteil gefällt, so wird man durch dieses immer beeinflußt, man nimmt ein Erlebnis dann nicht mehr so auf, wie man es aufgenommen hätte, wenn man sich nicht ein Urteil gebildet hätte...Das, was der Verstand über eine Sache zu sagen hat, sollte erst gesagt werden, wenn alle andren Seelenkräfte gesprochen haben.«[14]

Die Geburt des »Ich« setzt Rudolf Steiner mit etwa dem 21. Lebensjahr an. Erst jetzt ist der Mensch wirklich Steuermann auf dem eigenen Lebensschiff. Bis dahin wird er von seinem mitgebrachten Karma und den Menschen seiner Umgebung und den Wahrnehmungen der Welt geführt; ab der Geburt des »Ich« aber ist er Gestalter seines eigenen Schicksals (auch des zukünftigen!). In der weiteren Entwicklung durch die kommenden Jahrsiebte (die ich hier nicht im einzelnen aufführen will) hat das Ich die Aufgabe der Veredlung und Förderung aller anderen Wesensglieder und vor allem der Verbindung mit dem Geist des Menschen.

Die wichtigsten pädagogischen Prinzipien Rudolf Steiners

Ehrfurcht vor der geistigen Herkunft des Kindes

Wenn man das neugeborene Menschenwesen als eine kontinuierliche Individualität begreift, die sich aus der geistigen Welt heraus bewußt bei einem bestimmten Elternpaar und in bestimmte Schicksalszusammenhänge hinein inkarniert, kann man es unmöglich als das »biologische Mängelwesen« sehen, als das es die moderne Naturwissenschaft so gerne schildert. In den menschenkundlichen Vorträgen für die Lehrer der ersten Waldorfschule in Stuttgart beschreibt Steiner, wie die geistigen Wesensglieder des Menschen (von ihm als Seelengeist beziehungsweise Geistseele bezeichnet) aus dem Vorgeburtlichen sich sozusagen mit der Leiblichkeit (aus dem Vererbungsstrom) umkleiden. Und er sagt: »Die Aufgabe des Erziehers und des Unterrichters ist das Zusammenstimmen dieser zwei Glieder.«[15]

Da das Kind noch so nahe an den Erlebnissen der jenseitigen Welt ist, kann ihm ein sensibler, unvoreingenommener Beobachter nur ehrfürchtig staunend gegenüberstehen. Er wird nicht versucht sein, nach eigenen Plänen dem Kind irgend etwas an Erziehung überzustülpen, sondern lauschen auf die wahre Natur des Kindes. Ellen Key drückt das (für den Anfang unseres Jahrhunderts

revolutionär!) so aus: »Das eigene Wesen des Kindes zu unterdrücken und es mit dem anderer zu überfüllen, ist noch immer das pädagogische Verbrechen, das auch die auszeichnet, die laut verkünden: daß die Erziehung nur die eigene individuelle Natur des Kindes ausbilden solle! ... Ruhig und langsam die Natur sich selbst helfen zu lassen und nur zu sehen, daß die umgebenden Verhältnisse die Arbeit der Natur unterstützen, das ist Erziehung.«[16]

Über jegliche Erziehungstheorie und über alle persönlichen Fähigkeiten (und Schwierigkeiten) hinaus kann der Geist des Erziehenden in eine überpersönliche Verbindung mit dem Geistigen im Kind treten.

Erziehung aus dem »Mitgebrachten«

Als man in der Aufbruchsstimmung der 60er Jahre begann, Mensch und Welt vor allem soziologisch beziehungsweise sozialkritisch zu betrachten, tobte in der Pädagogik eine heiße Diskussion, ob die Entwicklung eines Kindes mehr durch seine Erbanlagen oder durch die soziokulturelle Umgebung beeinflußt werde. (Letzteres vehement vertreten zum Beispiel durch den Pädagogen und Dozenten an der Pädagogischen Hochschule München Heinz-Rolf Lückert unter anderem

in der Schrift: »Begabungs- und Bildungs-
förderung im Vorschulalter«, in der er systematische Frühförderungsprogramme im
Kindergartenalter propagiert. (Schon ein
Jahrzehnt später zeigte sich, daß die scheinbaren »Erfolge« solcher Frühförderungs-
maßnahmen zum einen schnell nivelliert
wurden, zum anderen durch Verfrühungen
sogar schädlich wirkten.)

Dem gesunden Menschenverstand müßte
ohne weiteres klar sein, daß das Kind nicht
völlig durch Erbanlagen determiniert sein
kann, denn dann könnte man ja jegliche
Erziehung von vornherein einstellen und
statt dessen intelligente Kinder »züchten«
(ein Horror-Gedanke, der aber beim Stand
der heutigen Genforschung gar nicht mehr
so weit hergeholt erscheint); andererseits ist
deutlich zu sehen, daß dieselbe Art der
Erziehung und Ausbildung bei verschiedenen Kindern unterschiedlichste Resultate
hervorbringt. Wie würden sich nach einem
dieser beiden gegensätzlichen pädagogischen Modelle herausragende Begabungen
bei Kindern völlig durchschnittlicher Eltern
erklären lassen? Oder wie kommt es, daß
gerade hochbegabte Kinder so oft am Leben
scheitern (siehe hierzu zum Beispiel Alice
Miller, »Das Drama des begabten Kindes«)?
Die Menschenkunde Rudolf Steiners zeigt,
wie zwischen dem Ererbten und den umgebenden Verhältnissen das mitgebrachte Geistige vermittelt. Mit dieser Anschauung vom
Menschen werden Umwelt und Vererbung
auf die wahre Bedeutung ihrer Wirksamkeit
reduziert. Aus solchem Wissen heraus läßt
sich erklären, wie es der Waldorf-Pädagogik
immer wieder gelingen kann, auch bei
scheinbarem Talentmangel (ja sogar bei einer Einstufung als »geistig behindert«) ei-

nem jungen Menschen auf einen sinnvollen
Lebensweg zu helfen. Und ein begabtes
Kind wird aus dieser Erkenntnis heraus nicht
einseitig zum »Genie« gefördert, sondern
eher dahin gelenkt werden, seine sozialen
Kräfte im Sinne eines ganzheitlichen
Menschseins zu entwickeln.

So viel und so detailliert Rudolf Steiner über
Erziehungs- und Unterrichts-Methoden
auch gesprochen und geschrieben hat, steht
doch eines immer im Vordergrund: die richtigen pädagogischen Schritte und Maßnahmen können sich in der Waldorf-Pädagogik
niemals aus irgendeinem Programm, einer
Theorie entwickeln, sondern allein dadurch,
daß der Erziehende seine Intuition schult,
daß er dem Kind ablauscht, welchen Lebensplan, welche zu entwickelnden geistigen Anlagen es mitgebracht hat.

Die Temperamente

Die Tatsache, daß in gut einem Drittel der
»Seminarbesprechungen und Lehrplanvorträge«, die R. Steiner 1919 parallel zur
menschenkundlichen Arbeit für die Lehrer
der ersten Waldorfschule hielt, ausführlich
über die Temperamente gesprochen wird,
macht den Stellenwert deutlich, den sie in
der Waldorf-Pädagogik einnehmen.

Die Einteilung der Temperamente nach dem
Mischungsverhältnis der vier Elemente
(Feuer, Wasser, Luft und Erde) geht auf den
griechischen Arzt Hippocrates (um 440
v.Chr.) und den Philosophen und Naturfor-
scher Theophrastos (372-278 v.Chr.) zurück. Über den römischen Arzt Galen (ca.
200 n. Chr.) fand sie Eingang in die west-
liche Medizin und Typenlehre. Ähnliche

Charakterisierungen sind auch in anderen Kulturen zu finden (Großes und Kleines Yin, Großes und Kleines Yang in der chinesischen Philosophie und Medizin; die vier hinduistischen Tattva-Elemente; die Anrufung der Vier Elemente bei den Schamanen). Von der modernen psychologischen Forschung wird eine solche Typenlehre verworfen, da sie mit deren Mitteln nicht erforscht werden kann. Die Temperamente oder Charaktere sind auch nicht einfach als Stimmungen oder Befindlichkeiten zu erklären, die man äußerlich am Menschen ablesen kann, sondern sie erklären sich geisteswissenschaftlich aus dem Verhältnis der Wesensglieder zueinander. Rudolf Steiner beschreibt, daß beim Melancholiker (tiefsinnig, innerlich stark, Neigung zum Grübeln) das Ich, beim Choleriker (innerlich stark, leicht erregbar, jähzornig) der Astralleib, beim Sanguiniker (innerlich wenig Stärke, leicht abzulenken, oberflächlich) der Ätherleib und beim Phlegmatiker (innerlich wenig Stärke, ruhig bis faul, neigt zur Unbeweglichkeit) der physische Leib jeweils vorherrschen in ihrer Wirksamkeit. (Das gilt allerdings erst für das Schulkind. Das Kind vor dem Zahnwechsel ist im Wesentlichen Sanguiniker; die Einschläge eigenen Temperamentes bilden sich erst nach und nach heraus). Von der Sitzordnung der Kinder über Kleiderfarben und Wahl des geeigneten Musikinstrumentes bis hin zur Ernährung und Therapie gilt für die Behandlung der Temperamente der Homöopathische Grundsatz: Gleiches wird mit Gleichem behandelt. Das bedeutet, daß dem phlegmatischen Kinde Ruhiges, Langsames entgegengebracht wird, dem cholerischen Kraftvolles, dem sanguinischen Abwechslungsreiches und dem melancholischen Nachdenkliches. Hierauf wird im praktischen Teil noch näher einzugehen sein, denn die Temperamentslehre zieht sich wie ein roter Faden durch die gesamte Waldorf-Pädagogik.

Die Jahrsiebte

Die Einteilung des menschlichen Lebenslaufes in 7er-Zyklen ist keine Erfindung Rudolf Steiners. Heiner Barz zitiert in seinem Buch »Der Waldorfkindergarten« F. Bolls Werk »Die Lebensalter«, in dem anhand von Kunst und Literatur vielfach die 7-Jahreseinteilung nachgewiesen wird[17].

Aus der medizinischen Forschung wissen wir heute, daß auch im rein physischen Bereich solche 7er-Rhythmen gelten: so werden die Zellen eines menschlichen Körpers innerhalb von etwa sieben Jahren einmal ganz ausgetauscht beziehungsweise neu gebildet.

Die 7-Jahreseinteilung der anthroposophischen Pädagogik ist nicht als dogmatisch-starre Phasentheorie zu verstehen, sondern als lebendiger, durch die intuitive Beobachtung des Menschen erlebbarer Rhythmus.

Das erste Jahrsiebt beginnt mit der Geburt des physischen Leibes. Das kleine Kind ist ganz aufsaugendes, nachahmendes Sinneswesen. So, wie in den neun Monaten der Schwangerschaft der physische Leib in der Mutterhülle geschützt war, ist in dieser Phase der ätherische Leib noch umhüllt, geschützt.

Im zweiten Jahrsiebt, wenn der Ätherleib nach dem Zahnwechsel frei geworden ist, kann das Kind von der erlebten und geliebten Autorität des Erziehers lernen. Es nimmt in seinen Lebensleib Gewohnheiten und Rhythmen auf, die ihm später Kraft und Selbständigkeit ermöglichen. Der astralische Leib ist noch »ungeboren«.

Das dritte Jahrsiebt ist bestimmt von der Pubertät, die sich physisch durch erste Menstruation beim Mädchen beziehungsweise Stimmbruch beim Jungen zeigt. Viel bedeutsamer sind aber die astralischen »Geburtswehen«, die sich im Himmelhoch-Jauchzend/Zu-Tode-Betrübt zeigen, im Hin- und-her-Gerissensein zwischen Omnipotenzphantasien und der Unzufriedenheit mit sich und der Welt. Jetzt muß sich das, was das Kind von seinen Vorbildern (Menschen seiner Umgebung und Persönlichkeiten der Geschichte) aufgenommen hat, in eigenem Urteil und selbstbewußtem Handeln bewähren.

Die Geburt des Ich kennzeichnet den Eintritt ins vierte Jahrsiebt. Der junge Mensch ist nun an Leib und Seele gewachsen, hat Phantasie und Urteil entwickelt und kann – auch wenn dies heute juristisch wesentlich früher geschieht – erst jetzt im rechten Sinne als »erwachsen« bezeichnet werden. Die Führung durch das mitgebrachte Karma wird nun abgelöst von der eigenen »Regie«. Und wenn die Erziehung Erfolg hatte, so erweist sich das weniger an rein äußerer beruflicher Karriere, sondern viel mehr an dem Eins-Werden mit dem mitgebrachten Lebensplan, daran, daß der Mensch in sich und in der Welt zu Hause ist.

Auch das weitere Erwachsenenleben teilt Rudolf Steiner in Jahrsiebte ein. Die geistigen Wesensglieder unter Führung des Ich (Geistselbst, Lebensgeist, Geistesmensch) arbeiten in den nächsten Phasen weiter an der Vervollkommnung des Menschen, wo-

bei sich die Jahrsiebte ab der Lebensmitte spiegeln, das heißt die Fähigkeiten, aber auch die Schäden aus den ersten Jahrsiebten wirken sich in späteren Phasen aufbauend oder zerstörerisch aus. Dieser Aspekt gibt der Beachtung der Jahrsiebte noch ein größeres Gewicht. Denn eine Verfrühung zum Beispiel des abstrakten Lernens bewirkt eine verfrühte Sklerotisierung im späteren Leben.

Ganzheitliches Begreifen

Die moderne Naturwissenschaft hat dazu verführt, alles Materielle allzusehr in den Vordergrund der Forschung und Beachtung zu stellen. Gerade moderne Naturwissenschaftler sind es aber heute, die uns die Grenzen dieser materialistischen Weltanschauung im positiven wie im negativen Sinne zeigen. Die Warnung vor dem Ende der unkontrollierten menschlichen Expansion durch den »Club of Rome«, die erschütternden Ergebnisse der Umweltforschung sind negative Fingerzeige, daß wir so nicht weiter denken und handeln können. Die Grenzüberschreitungen zum Beispiel der Atomphysik ins Metaphysische, die wachsende Anerkennung und Erforschung ganzheitlicher Heilweisen (Radiästhesie, Homöopathie, Akupunktur usw.), sind positive Schritte hin zu einem ganzheitlichen Denkansatz.

Neu ist dieses ganzheitliche Denken nicht. Im Gegenteil: in früheren Kulturen, die noch sehr stark von »oben«, das heißt durch Priester und sonstige geistige Führer geleitet waren, gab es nicht diese Trennung von weltlichem und geistigem Wissen, von Natur und Mensch. Alles Denken und Handeln des Menschen war Ergebnis eines Eins-Seins mit einem Höheren.

Die Abnabelung des Menschen von dieser Art der Führung war (ebenso wie die Pubertät des einzelnen Menschen) ein wichtiger Schritt in der Menschheitsentwicklung. Den Gedanken der Einheit von Geist und Materie, der seit dem Beginn der Neuzeit verloren ging (siehe die absolute Trennung von Stoff und Geist zum Beispiel bei René Descartes), gilt es heute auf einer neuen Ebene wiederzufinden. Diese neue Ebene kann kein einfaches »Zurück zur Natur« sein; Regression führt zu keiner Lösung. Steiners Anliegen war, Kunst, Wissenschaft und Religion wieder zu einer höheren Einheit zu führen. Dementsprechend gibt es kaum ein Lebensgebiet, für das er nicht aus seiner geisteswissenschaftlichen Forschung heraus Anregungen und Hilfen gegeben hätte. Seine Arbeit erstreckte sich, wie schon kurz aus dem Lebenslauf zu ersehen war, auf Philosophie und Sozialwesen, auf Medizin und Pädagogik, auf Landwirtschaft und Nationalökonomie, auf Religion und Esoterik, auf Kunst und Geschichte und vieles mehr.

Eine »menschengemäße« (und zeitgemäße) Pädagogik soll Denken, Fühlen und Wollen wieder verbinden. Damit steht Steiner in der Tradition Pestalozzis mit seiner Forderung

nach gleichmäßiger Bildung von »Kopf, Herz und Hand«. Erziehung und Unterricht zerfallen in der Waldorf-Pädagogik nicht in Theorie und Praxis. Es gibt deshalb im schulischen Bereich eigentlich auch keine streng getrennten »Fächer« (selbst wenn sie für den Vergleich mit dem staatlichen Lehrplan als solche ausgewiesen werden müssen): Alles, was das Kind lernt, ist ganzheitliches Erlebnis seiner selbst und der Welt. Alle Erfahrung wird über den Körper, das Gefühl und den Kopf vermittelt.«
So wird etwa die Geometrie im Feldmessen praktisch angewandt, so wird Sprachlernen durch szenische Spiele oder Theateraufführungen in lebendige Situationen gestellt. Umgekehrt wird auch das praktische Tun in Handwerk und Handarbeit durch planendes, berechnendes Entwerfen gedanklich durchdrungen. Schließlich sollte womöglich der Stundenplan so gestaltet sein, daß im Laufe eines Tages in geregelter Folge der ganze Mensch beansprucht wird.«[18] Dieses Zitat bezieht sich auf die Schule. Aber nach dem gleichen Prinzip wird im Kindergarten zum Beispiel ein Gedicht geklatscht, gesprochen, rhythmisch gelaufen, gemalt und im Jahreszeitenreigen dargestellt.

Das Künstlerische durchzieht alle Arbeit mit dem Kind ebenso wie das Religiöse. Nirgends wird reines Faktenwissen vermittelt, denn das kann der Mensch jederzeit aus den verschiedenen Medien bei Bedarf abrufen. Der junge Mensch soll lernen, zu lernen und er soll lernen, zu leben – im Einklang mit sich und dem Kosmos. In der Betrachtung eines keimenden Pflänzchens im Garten des Waldorfkindergartens liegt dieselbe künstlerische Geste der Metamorphose und dieselbe »religiöse« Ehrfurcht vor dem Lebendigen, die auch den naturwissenschaftlichen Unterricht der älteren Schüler noch durchzieht.

Sinnesschulung

Sinne sind die Tore, durch die die Welt an den Menschen herantritt. Wir können uns dies besonders klarmachen am Beispiel fehlender Sinne: was kann dem Blinden Farbe bedeuten oder dem Tauben Musik? Ja, im goetheanistischen Sinne könnte man davon sprechen, daß die Welt in ihrer Realität für uns überhaupt nur durch die sinnliche Wahrnehmung erschaffen wird. Wesentliche Fähigkeiten des Menschen wie Orientierung im Raum, Urteilskraft, Sprache, mitmenschliche Beziehungsfähigkeit stützen sich auf die Informationen der Sinne, ja bilden sich an ihnen erst aus.

Im ersten Jahrsiebt, so sagt Rudolf Steiner, ist das Kind »ganz Sinneswesen«. Es kann seine Wahrnehmungen noch nicht reflektieren. Jede Sinneserfahrung wirkt daher bis ganz tief in die Organbildung und in die Ausbildung seelisch-körperlicher Rhythmen hinein. Alles, was die Sinne an Eindrük-

ken liefern, wird als wahr, gut und schön angenommen und nachgeahmt.

Rudolf Steiner spricht von 12 Sinnen: Ichsinn, Gedankensinn, Wortesinn und Gehörsinn sind dem Denken zugeordnet, Rudolf Steiner bezeichnet sie auch als »äußere Sinne«.

Wärmesinn, Sehsinn, Geschmackssinn und Geruchssinn sind dem Fühlen zugeordnet und werden von Steiner auch »äußerlich-innerliche Sinne« genannt.

Dem Wollen zugeordnet sind Gleichgewichtssinn, Bewegungssinn, Lebenssinn und Tastsinn (auch: »innere Sinne« genannt).

Das Kind in all seinen Sinnen anzusprechen, müßte Ziel ganzheitlicher Pädagogik sein. Der einseitigen Betonung von Intelligenz und Verstand in unserer Gesellschaft entspricht die heute bedrohlich einseitige Beanspruchung von Sehen und Hören als direkte »Zulieferer« zum Gehirn. Die anderen Sinne verkümmern ungenutzt. Wo kann auf dem Großstadt-Schulweg noch der Gleichgewichtssinn geübt werden? Was gibt es für den Geruchssinn noch Anregendes zu riechen bei unserer Luftverschmutzung? Wo darf der Tastsinn noch tätig werden, wenn fast alles, was man braucht, abgepackt eingekauft wird? Ganz zu schweigen von einem Sinn wie dem Wortsinn, der in den Sprechblasen der Comics wenig Nahrung findet. Das »Anhängen« von Malkursen, Töpfern, Ballett oder anderen kreativen Tätigkeiten an den normalen Kindergarten- oder Schulalltag schafft kaum Abhilfe. Die Sinne wollen nicht in künstlerischen »Reservaten« leben; sie wollen im Alltag gepflegt und genährt werden. In der Waldorf-Pädagogik beschränkt sich Sinneserziehung nicht auf eine ästhetische Erziehung im Rahmen des Künstlerischen, sie durchzieht alle Bereiche des Lernens und Erlebens.

Wie muß nun eine Umgebung sein, wie müssen Materialien sein, die den Sinnen entgegenkommen? Vor allem durch die bereits erwähnte Frühförderung und den damit verbundenen Boom der Spielzeugindustrie häuft sich in vielen Kinderzimmern, aber auch in Kindergärten und Schulen eine Menge Material, das angeblich die Sinne anregen soll. Dabei wird übersehen, daß die Reizüberflutung nur ein Abstumpfen zur Folge haben kann. Damit die Sinne wirklich Nahrung erhalten, muß die Umgebung des Kindes so ursprünglich wie möglich sein. Es bedarf eben keiner großen Spielzeugmengen; ja eigentlich braucht das kleine Kind außer seinen Gliedmaßen, dem Wiegenschleier und dem Ton der mütterlichen Stimme erst einmal gar kein Spiel-Zeug! Die Materialien, mit denen das Kleinkind dann spielt, sollten in geometrischen Urformen und Grundfarben gehalten sein, damit die kindliche Seele sie (aufgrund ihrer Eindrücke aus dem Vorgeburtlichen) wie erinnernd wahrnehmen kann. Natürliche Materialien (Holz, Wolle ...), einfache Formen, die der Phantasie schöpferischen Spielraum lassen, und klare Farben ohne Muster sind Merkmale sinnvollen Spielzeuges.

Das Kindergartenkind erfährt vielfache Anregungen seiner Sinne in der Gruppe spielender Kinder (Freispiel), im Reigen, beim Spiel mit der Kinderharfe, beim Singen, in der Kindereurythmie, im Garten draußen oder bei der stillen Beschäftigung mit Puppen, Tieren, Tüchern etc. Das Spielzeug wird jetzt ein wenig ausgeformter (zum Beispiel kann die Puppe jetzt Augen haben), aber es bleibt durchschaubar, freilassend. Prinzipiell sollten dem Kind in dieser Zeit die Geräte

und Maschinen des Erwachsenen mit ihrer Entfremdung zwischen Anschauung und Funktion noch erspart bleiben. Nicht von der Waschmaschine kann das Kindergartenkind Wichtiges Lernen, sondern eher vom Waschen der Puppenwäsche mit Lauge und Waschzuber, nicht vom elektrischen Rührgerät, sondern eher vom Teigrühren mit dem Holzlöffel. An den Grundgesten und -tätigkeiten der Menschheit können die Sinne geschult, kann Kreativität geübt werden.

Ein wesentlicher Aspekt der Sinneserziehung ist der Umgang mit den modernen Medien im Kindesalter. Wenn schon die Waschmaschine weniger zur Sinneserziehung des Kindes beitragen kann als der alte hölzerne Waschzuber, um wieviel weniger spricht dann eine noch so gut gemeinte Sach-Kinderfernsehsendung über das Waschen ein Kind wirklich an? Was die Sinne des Kindes wahrnehmen (und im Kind als Bild von sich und der Welt etablieren), sollte von Wahrhaftigkeit durchzogen sein. Das heißt, was wie Holz aussieht, sollte sich auch so anfühlen – sollte Holz sein. Was pfeift und raucht und wie eine schwere, schwarze Dampflok aussieht, sollte weder ein billiges Plastikspielzeug sein noch ein unreales Fernsehbild. Wir bringen unsere Kinder in unendliche innere Konflikte, wenn sie zu früh mit schein-sinnlichen Eindrücken konfrontiert werden, die sie ungefiltert für Realität nehmen müssen, weil sie ja noch nicht anders können.

In der Schule werden die Sinne auf anspruchsvolle Weise in allen Bereichen angesprochen. Da spielt in der Gartenbauepoche das Riechen der feucht-warmen Erde ebenso eine Rolle wie das zarte Ertasten einer jungen Pflanze, aber auch die höheren Sinne sind beteiligt, indem der junge Mensch zum Beispiel das Leben in der Pflanze wahrnimmt oder sich eine Vorstellung bildet, was aus dem Keimling durch Metamorphose einst entstehen wird. Im Turnen werden Bewegungs- und Gleichgewichtssinn in der Spannung zwischen Statik und Dynamik erlebt. In der Physik werden Experimente so anschaulich gestaltet, daß die Natur mit Geruchs- und Geschmackssinn, mit Tast-, Seh- und Wärmesinn zugleich erfahren wird. Ichsinn, Gedankensinn, Wortesinn leben sich neben dem Seh- und Hörsinn im Theaterspielen aus, indem Sprache nicht tot auf dem Papier, sondern ganz leiblich-seelisch erlebt werden kann.

Selbsterziehung des Erziehers

So lapidar es klingt, daß vor jeder Erziehung Selbsterziehung stehen müsse, so wenig wirkt dieses Prinzip in die Realität des Erziehungsalltags hinein. Es herrscht in der pädagogischen Ausbildung noch weitgehend die Anschauung, man könne ein guter Lehrer, eine gute Kindergärtnerin sein, wenn man nur genug theoretisches Wissen über Kinder habe und die richtigen Methoden fleißig genug lerne und anwende. Das Dilemma der Erziehung, das heute durch die Fachliteratur, vor allem aber in reißerischer Aufmachung in der Presse dargestellt wird (Schlägereien im Klassenzimmer, bedrohte, verzweifelte Lehrer, Drogen und Kriminalität auf dem Schulhof) hat seine Hauptursache gerade in diesem Irrtum.

»In die Unterrichts- und Erziehungsmethoden ist im Laufe der neueren Zeit stark der Intellektualismus eingezogen. ... Die Lehrer empfangen in ihrer eigenen Ausbildung von der Wissenschaft den Geist ihrer Erziehungsmethoden. ... Eine solche Wissenschaft kann die ausgezeichnete Naturerkenntnis ausbilden, die in der neueren Zeit entstanden ist. Sie kann aber nicht eine wahre Pädagogik begründen.«[19] Wer erziehen will, kommt nicht darum herum, sich erst einmal Gedanken über den Menschen und damit über sich selbst zu machen.

Ganz besonders in den ersten beiden Jahrsiebten, in denen das Kind durch Nachahmung beziehungsweise Nachfolge lernt, hat der Erzieher eine große Verantwortung. Wenn er weiß, wie jede unbedachte zornige Äußerung seines eigenen Temperamentes, jede unachtsam-lieblose Handhabung eines

Gegenstandes, jedes melancholische Sich-Gehenlassen das Kind bis ins Leibliche hinein prägen, wird er seinen Charakter, sein Temperament erst kennenlernen und beherrschen müssen, ehe er dem Kind gegenübertritt. Für die Selbsterziehung gibt Rudolf Steiner konkrete meditative und erkenntnistheoretische Übungen an, mit denen der Erzieher sich in der rechten Weise auf seine Aufgabe vorbereiten kann, in denen er auch bei Problemen Hilfe findet. Ein Lehrer, der sich durch solches Üben selbst kennengelernt hat und dem man anmerkt, daß er an sich gearbeitet hat (und immer weiter arbeitet!), wird von seinen Schülern als natürliche Autorität anerkannt. Er wird wesentlich weniger Disziplinprobleme haben als Kollegen, die nach der jeweils neuesten erziehungswissenschaftlichen Theorie den Stoff eines curricularen Lehrplanes »an den Mann bringen« wollen.

Im dritten Jahrsiebt, wenn die jungen Menschen jede Handlung und jedes Wort des Lehrers auf seine Glaubwürdigkeit hin abfragen, wenn sie ihre eigenen Ideen und Anschauungen an denen des Erwachsenen messen wollen, wird der Prozeß der Selbsterziehung auf eine harte Probe gestellt. Jetzt muß sich zeigen, ob der Lehrer sich ganz persönlich voll auf seine Schüler einlassen kann; und er kann dies nur, wenn er auf der überpersönlichen Ebene, die er durch geistiges Arbeiten an sich selbst erreicht hat, zuvor ein geistiges Band zu seinen Schülern knüpfen konnte.

Der Jugendliche will nicht mehr »Kulturtechniken« lernen; er sucht mit seinem aufkeimenden »Ich« das Ich des anderen Menschen. Er stellt höchste Anforderungen an Wahrhaftigkeit, Moralität und Gerechtigkeit seiner Umgebung. Und er will und muß vom Erwachsenen die Kunst der Selbsterziehung lernen, damit er am Ende seiner Schulzeit wirklich selbständig und selbstbestimmt leben kann.

Aus dem Waldorf-pädagogischen Alltag

Kleinkind-Erziehung

Das Neugeborene und das Kleinkind

Die Bedeutung der ersten sieben Lebensjahre kann nicht hoch genug eingeschätzt werden. »Bis zum Zahnwechsel im siebenten Jahre hat der Menschenleib eine Aufgabe an sich zu verrichten, die wesentlich verschieden von den Aufgaben aller anderen Lebensepochen ist. Die physischen Organe müssen in dieser Zeit sich in gewisse Formen bringen ... Später findet Wachstum statt, aber dieses Wachstum geschieht in aller Folgezeit auf Grund der Formen, die sich bis zu der angegebenen Zeit herausgebildet haben.« Und: »Man kann in aller Folgezeit nicht wieder gutmachen, was man in der Zeit bis zum siebenten Jahre als Erzieher versäumt hat.«[20]

Das Neugeborene braucht nach neun Monaten schützender physischer Mutterhülle nun eine ätherische Schutzhülle. Von Natur aus besteht um Mutter und Kind herum eine solche feine Hülle aus Lebenskraft, Wärme und intuitiver gegenseitiger Wahrnehmung. Das Stillen ist – weit über die (inzwischen wissenschaftlich wieder unbestrittene) physiologische Bedeutung der Muttermilch hinaus – die beste Gelegenheit, diese Verbindung aufrechtzuhalten und im Interesse beider Seiten zu stärken. Diese seelische Hülle bewahrt auch die Mutter vor Ängsten und Zweifeln und gibt ihr die Sicherheit, ihrem Instinkt zu trauen, wenn nötig gegen den Rat sämtlicher Erziehungsbücher.

Beim ganz kleinen Kind kann man kaum von »Erziehung« sprechen; wir sollen ja nicht »ziehen« an diesem jungen Pflänzchen, nur es schützen und dem ehrfürchtig staunend gegenüberstehen, was es mitgebracht hat. Die Grundgesten des Einhüllens und Wärmens (als Erinnerung an die Wärme und Geborgenheit im Mutterleib) und des Tönend-Rhythmischen (als Anklang an die kosmischen Harmonien) bestimmen in den ersten Lebensjahren den Umgang mit dem kleinen Kind. Ein zartrosa durchscheinender »Himmel« aus blauer und rosa Seide über Wiege oder Kinderbett hält ihm Fremdes noch eine Zeitlang fern. Störende Geräusche (Straßenlärm, Maschinen, Radio...), aber auch extreme Äußerungen menschlicher Emotionalität (Jähzorn, Geschrei) sollten möglichst aus seinem Lebensbereich ausgesperrt bleiben. Nicht nur im Hinblick auf die heute so verbreiteten Allergien, sondern vor allem aus dem Aspekt des Natürlichen, Lebendigen heraus umgeben Naturmaterialien (Wolle, Seide, Baumwolle) wohltuend das kleine Kind. Auch aus der Ernährung wird alles Künstliche (gedüngtes Gemüse, weißer Zucker etc.), das den kleinen Organismus unnötig belastet und nur einseitig auf ungesunde Weise körperliches Wachstum fördert, möglichst weggelassen. Naturbelassene Nahrung stärkt die Organbildung und unterstützt eine harmonische Entwicklung. In der seelischen »Ernährung« ist das Kleinkind ebenfalls angewiesen auf eine verständnisvolle Erwachsenenwelt. Alle Berieselung von Radio und Fernsehen, alle bunten Illustriertenbilder stören sein träumendes Sich-Hineinleben in die Welt. Wie der Wiegenschleier das Neugeborene abgeschirmt hat, so sollte ein unsichtbarer Schirm aus elterlicher Fürsorge das kleine Kind weiter vor unnötigen und schädlichen Einflüssen bewahren.

Der Körper als erste Spielsache

Die ersten Spielsachen hat das Kind schon bei der Geburt dabei: die kleinen Hände und Füße, die man bewegen kann und die ab und zu überraschend ins Blickfeld geraten, der Mund, der seltsame Töne hervorbringen oder an den kleinen Fingern und Zehen lutschen kann, ja der ganze Leib ist täglich Instrument des Spielens und Lernens, der ersten Begegnung mit der Welt. Diese Erfahrung weitet sich aus auf Stimme, Gesicht und Hände der Eltern, der Geschwister. Die ersten gemeinsamen Spiele sind kleine rhythmisch gesungene oder gesprochene Verse beim Baden, Wickeln, Anziehen usw., wobei es nur auf den Klang der Stimme und den Rhythmus der gemeinsamen Bewegung ankommt, nicht auf Inhalt oder Sinn.

Sinneserfahrung und Materialqualität – Erstes Spielzeug

Mit dem Krabbelalter dehnt sich das »Be-Greifen« auf die nähere Umgebung aus. Nicht die Quantität, sondern die Qualität der Sinneseindrücke ist jetzt von entscheidender Bedeutung: Der weiche Woll-Teppich, das stabile hölzerne Tischbein, das Kleid der Mutter vermitteln erste qualitative Eindrücke von der Welt. Da das kleine Kind all diese Eindrücke ungefiltert bis ganz tief in sich hineinnimmt, muß auf die Qualität der Materialien viel Sorgfalt verwendet werden. Die Eindrücke, die das Kind von der Welt erhält, sollten »stimmen«: Was das Auge zum Beispiel als hölzerne Tischoberfläche sieht, sollte sich beim Betasten auch als Holz herausstellen und nicht als Kunststoff-Furnier, das Fell des Spielhasen sollte beim Streicheln nicht als häßlich knisterndes Polyester erlebt werden. Alle Gegenstände der häuslichen Umgebung haben in diesem Alter Spielwert. Am liebsten ist den Kleinen sowieso das gemeinsame Tun mit dem Erwachsenen, gar nicht die »kindgerecht« eingerichtete Spielecke im Kinderzimmer.

Für das erste Spielzeug gilt als Qualitätsmaßstab: Naturmaterialien in Urformen und Grundfarben. Natürliches Material regt das Kind – wie schon bei Kleidung, Nahrung und sonstiger Umgebung – zum Kennenlernen der Welt an. Geometrische Urformen Kreis, Viereck, Dreieck usw. rufen mitgebrachte geistige Bilder im Kind wach und verbinden es auf archetypische Weise mit der gesamten Menschheit. Reine, unvermischte Farben wirken wohltuend, wo nötig sogar heilend auf die Kinderseele. Muster, Verzierungen, Schnörkel, alles »Niedliche« mögen zwar romantischen Sehnsüchten des Erwachsenen entgegenkommen: das Kleinkind braucht sie nicht.

Wesentliches Spielzeug sind Tier und Puppe. Zunächst kann ein einfaches abgebundenes Tuch, eine »Zipfelpuppe« genügen, die liebevoll in den Arm genommen und geschaukelt wird. »Wenn das Kind die

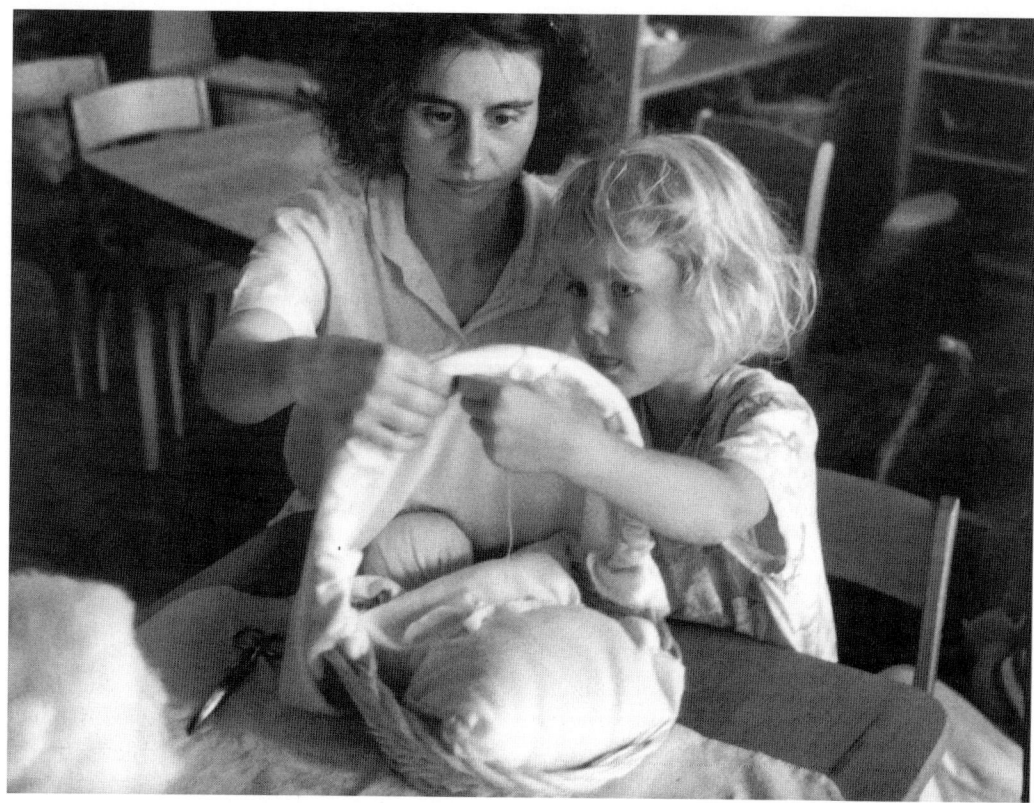

zusammengewickelte Serviette vor sich hat, so muß es sich aus seiner Phantasie heraus das ergänzen, was das Ding erst als Mensch erscheinen läßt. Diese Arbeit der Phantasie wirkt bildend auf die Formen des Gehirns.«[21] Später kommt ein weiches »Schlamperle«, bei dem Kopf und Gliedmaßen noch in einem minimal ausgeformten Fünfstern miteinander harmonieren, dann vielleicht ein kleines Strickpüppchen. Eine ausgeformte Gliederpuppe, die man hinsetzen und anziehen kann, braucht das Kind erst im späteren Kindergarten- beziehungsweise frühen Schulalter. Solange sich das Kind noch nicht aufrichten kann, sollte man mit Tierformen noch warten, damit nicht der Impuls der

menschlichen Aufrechte durch die Nachahmung der tierischen Horizontale gestört wird. Wenn das Kind dann laufen kann, werden hölzerne Nachziehtiere oder weiche Stricktiere zu seinen Lieblingen gehören. Für Puppe und Tier gilt natürlich ganz besonders der Qualitätsmaßstab: so wenig Ausformung wie möglich und gut verarbeitetes natürliches Material. Darüber hinaus sollte jede Form von Karikatur, jede Vermischung von Tier und Mensch, zum Beispiel in Comicfiguren, aber eigentlich auch im niedlichen Teddybären, vermieden werden, da sie das Kind von einem wahren Bild des Menschen und seines »Tierbruders« ablenken.

Was Rudolf Steiner über die einfache Puppe sagt, gilt für alles Spielzeug. Die Phantasie des Kindes will (und muß!) sich betätigen, will ein Holzstück mal in ein Schiff, dann in ein Tier, zuletzt vielleicht in ein Feuerwehrauto oder eine Puppe verwandeln. Dazu sollten die angebotenen Formen elementar und die Oberflächen naturbelassen sein, damit der Seele genügend »Spiel-Raum« für die Ausgestaltung bleibt. Das teure Feuerwehrauto »mit allen Schikanen« ist in diesem Alter dem Spiel eher hinderlich, weil es fertig und in seiner Funktion festgelegt ist. Manchmal kann man beobachten, wie erfinderische Kinder »perfektes« Spielzeug einfach umfunktionieren: sie bauen mit den Duplo-Steinen Türme wie mit Holzbauklötzen, sie machen aus dem elektrischen Puppenbügeleisen ein Auto und benützen den Hörer des bunten Plastik-Babytelefons als Kochlöffel. Aber auf diese Kreativität sollte man sich nicht auf Dauer verlassen. Wird dem Kind lange genug bis ins letzte Detail ausgeformtes Spielmaterial angeboten, so verkümmert die Kraft der inneren Gestaltung, wird die Phantasie träge. Es wäre sinnvoll, die gutgemeinten Weihnachtsüberraschungen der Großeltern, aber auch die eigenen Spielzeugeinkäufe aus Unsicherheit, schlechtem Gewissen (weil man so wenig Zeit für das Kind hat) oder Nicht-Nein-Sagen-Können noch einmal zu überdenken und eventuell »umzulenken« in sinnvollere Anschaffungen oder Unternehmungen. Die ganze Spielzeugflut nützt nur der Spielwarenindustrie, nicht aber unseren Kindern!

Die sogenannte Frühförderung

Das meiste Kleinkindspielzeug wird mit (zunächst recht überzeugend klingenden) Argumenten der Frühförderung an den Mann gebracht: Maßstabgetreue Ausführung und grellbunte Farben sollen die Aufmerksamkeit des Kindes wecken, sein Lernen anreizen, seine Intelligenz fördern. Form- und Zahlenelemente sollen den Grundstock für späteres mathematisches Erfassen legen. Aber das kleine Kind ist ja von Natur aus ganz Aufmerksamkeit. Und seine mathematische Veranlagung lebt in diesem Alter träumend im Rhythmischen, bis sie zur richtigen Zeit (nach dem Zahnwechsel) aufwacht. Das Form- und Zahlenerleben ist als Urtalent in jedem Menschen angelegt. Die natürliche Umgebung und der eigene Körper bieten dem Kind ein ausreichendes Übungsfeld: zwei Hände mit je fünf Fingern, eine geheimnisvolle sphärische Kugel (der Kopf) oder der Vierfüßlerstand, der eine erste Vorstellung von der Stabilität und Verläßlichkeit des Vierecks vermittelt (im Gegensatz zum Unsicherheits-Erlebnis auf zwei Beinen). Diese Urtalente sollten nicht zu »Lernspielen« mißbraucht werden; wenn man sie in Ruhe reifen läßt, entwickeln sie sich zur rechten Zeit zu stabilen Fähigkeiten. Die frühe einseitige Intelligenzförderung ist inzwischen psychologisch und pädagogisch sowieso sehr umstritten.[22] Der zunächst erreichte Vorsprung gegenüber Kindern, die nicht gefördert wurden, verliert sich schon nach kurzer Zeit. Dafür züchtet man durch verfrühtes Lernen – und sei es noch so spielerisch – unangenehme Frühreife und Konzentrationsstörungen heran.

Die Kleinkind-Entwicklung vollzieht sich in drei wesentlichen Schritten: Gehen, Sprechen, Denken. Wir müssen auf körperlichem oder seelisch-geistigem Gebiet, mit Ausnahme heilpädagogischer Maßnahmen bei schwer eingeschränkten Kindern, keine dieser Phasen »fördern«; die Bandbreite etwa, wann ein Kind zu laufen beginnt, wann es das erste Wort sagt, ist riesig. Aber es sollte keine Panik aufkommen, wenn der Junge der Nachbarin mit zehn Monaten schon läuft und das eigene Kind noch krabbelt. Vielleicht erzählt es dafür schon mehr! Der Stolz auf jeden neuen kleinen Entwicklungsschritt ist (besonders beim ersten Kind) verständlich. Denkt man aber an überdüngte Pflanzen, die wäßrig, farblos und anfällig werden, kann man sich vorstellen, was mit den ätherischen Kräften des Kindes passiert, wenn es »trainiert« wird: Es gehen wichtige Lebenskräfte verloren, die dann im nächsten Jahrsiebt, wenn sie für das Lernen gebraucht werden, fehlen.

Eine andere Unsitte unserer Zeit ist es, schon kleinste Kinder von einem Kurs in den anderen, von einer Gruppe in die nächste zu schleppen. Babyturnen, Krabbelgruppe, musikalische Früherziehung, Babyschwimmen: das arme Kleinkind, das vielleicht viel eher noch einen Mittagsschlaf bräuchte, hat schon einen vollen Terminkalender. Dabei brauchen Kinder diese viele »action« eigentlich nicht. Für die Mütter sind solche Aktivitäten in der Zeit der Klein- beziehungsweise Restfamilie oft als Auswege aus der Isolation und als kommunikatives Element notwendig. Als solche sind gut geführte Mutter-Kind-Gruppen legitim, wenn die Kinder dabei genügend Schonraum haben und weitgehend in Ruhe gelassen werden.

Denn miteinander spielen können Zwei- und Dreijährige noch nicht richtig. Sie leben noch viel zu sehr in ihrem eigenen Inneren, um sich auf ein anderes Kind oder gar eine Gruppe einstellen zu können.

Das Zauberwort »Nachahmung«

»Lernmittel« für das kleine Kind ist in erster Linie das Tun des Erwachsenen, und Nachahmung ist das Zauberwort des ersten Jahrsiebtes. Das heißt für uns Erwachsene, daß wir möglichst nur vorleben sollten, was das Kind nachahmen darf. Wenn also die ersten Kraftausdrücke vom Kind kommen, sollten wir einmal darüber nachdenken, ob sie nicht beim gemeinsamen Autofahren aufgeschnappt worden sein könnten. Und lieblos hingeworfenes Spielzeug ist vielleicht ein Spiegel unseres eigenen Umganges mit Sachen. Sosehr dieser Aspekt belasten mag durch das Maß an Verantwortung, das er dem Erzieher aufbürdet, sosehr ist die Nachahmung unsere Chance, ohne viel Worte, Strafen u.ä. zu erziehen. Wenn wir wollen, daß unsere Kinder der Natur liebe- und achtungsvoll gegenübertreten, dann genügt unsere Achtung, die wir den Kindern vorleben im Umgang mit Pflanzen und Tieren, mit Stoffen aus der Natur und mit unserer Nahrung. Auch mitmenschliches Verhalten braucht in diesem Alter nicht »antrainiert« zu werden, sondern wächst von selbst aus der Beobachtung, wie die Erwachsenen miteinander umgehen. Auf demselben Weg bilden sich alle alltäglichen Gewohnheiten und Handlungen als Gerüst für späteres eigenverantwortliches und moralisches Handeln aus.

Das Kind im Nachahmungsalter nimmt jede Geste vom Erzieher-Vorbild ab – ohne Worte!

ldorfkindergarten

resrhythmus

Die Erziehung im Kindergartenalter braucht keinen »Lehrplan«. Das zeitliche und inhaltliche »Gerüst« wird vom Wechsel der Jahreszeiten und ihren Festen bestimmt. Der Erzieher muß sich in die geistigen Hintergründe der jeweiligen Jahreszeit einfühlen, um sie kindgerecht vermitteln zu können. Sinnbildlich spiegelt sich das natürliche und geistige Geschehen der Jahreszeit in Spiel und Reigen, im Wandbild aus Märchenwolle, in den Geschichten, die erzählt werden und auf dem »Jahreszeitentisch« wieder.

Das Kindergartenjahr beginnt mit dem Erntedankfest. Die Kinder tragen die reichen Geschenke der Natur zusammen: Hagebutten, Kürbisse, Äpfel, Nüsse, bunte Blätter,

Kastanien, Eicheln, Zapfen und vieles mehr sammeln sich auf dem Festtisch. Die Kinder drücken in Liedern, Versen und Reigen ihre Dankbarkeit angesichts dieser Fülle aus. Im Mittelpunkt des Spiels stehen jetzt die Berufe des Bauern, der seine Ernte einbringt und das Korn drischt, des Müllers, der es zu Mehl mahlt und des Bäckers, der köstliches Brot daraus bäckt. Die Muskatreiben, mit denen fleißig Kastanienmehl gerieben wird, sind mit das begehrteste Werkzeug in dieser Zeit.

In der Michaelizeit wird das Thema des Drachenkampfes, der Überwindung dunkler Mächte durch das Lichtschwert des Geistes in altersgemäßer Form durchlebt. Eine erste Ahnung von Mut wird in den Kindern angelegt, wenn sie im Reigen als Schmiede das Eisen hämmern oder als feurige Pferde traben.

Figuren aus Knetbienenwachs

Ein leiseres, innerliches Abbild dieses Feuers ist das Licht der Martinslaterne, die das Kind an Martini durch den Abend trägt. Der Jahreszeitentisch wird jetzt nach der Fülle des Herbstes adventlich-blau und still. Im Adventsgärtchen wird der Weg ins Dunkle, an dessen Ende das Licht steht, von jedem Kind einzeln symbolisch auf einer Tannenzweig-Spirale am Boden gegangen und nachempfunden. An diesem Licht in der Mitte zündet jedes seine eigene kleine Kerze an und trägt sie andächtig wieder nach außen.

Das vorweihnachtliche Krippenspiel ist nach der langen dunklen Erwartungszeit, in der die Hirten Tag für Tag ein Stück näher an die Krippe herangerückt sind, ein großes Erlebnis. Die Kinder teilen die freudige Erwartung der Hirten und der Tiere, die sich dann im eigentlichen Weihnachts-Erlebnis am Heiligen Abend im Kreise der Familie erfüllen kann. Zum Fest der Heiligen Drei Könige bringen die Kinder mit den Weisen aus dem Morgenland zusammen dem Christkind Geschenke.

Im Winter, wenn es draußen karg und kalt ist, prägt das verborgene Geschehen unter der Erde den Jahreszeitentisch: Edelsteine, Kristalle und Zwerge haben jetzt ihre Zeit. Sie versinnbildlichen die Arbeit der Elementarwesen an der Natur. Von den Kindern werden diese Wesen ganz besonders geliebt,

er auch in sich selbst so ein ver-
Schaffen und Gestalten wahrneh-
es in der Natur zu spüren ist.
Der ...ching ist dann nach dieser langen
Zeit der Innerlichkeit und Besinnung eine
erlösende Zeit ausgelassener Fröhlichkeit.
Jetzt wird es wieder bunt im Kindergarten.
Der Kasper hat nun seine große Zeit mit
lustigen Sprüchen und neckischen Scherzen.
Aber auch die alte Bedeutung des Faschings,
daß die Wintergeister, die Kobolde und
Trolle ausgetrieben werden, kommt im Rei-
genspiel nicht zu kurz.

Wenn der Winter besiegt ist, werden Samen
in die Erde gelegt, jedes Kind sät Ostergras
in seine Schale, und nun beginnt eine span-
nende Zeit der Erwartung. Auch draußen
im Garten zeigen sich die ersten grünen
Spitzchen der Schneeglöckchen und Kro-
kusse. Der Jubel darüber, daß der lange
Winter zu Ende ist und die Natur wieder
zu leben und zu blühen beginnt, drückt sich
im Osterreigen aus. So wird das Auferste-
hungswunder den Kindern auf elementare
Weise nahegebracht, ohne daß über christliche Inhalte in diesem Alter schon gesprochen werden müßte.

Im Frühjahr steht die Tier- und Pflanzenwelt
im Mittelpunkt des Kindergarten-Gesche-
hens. Die Vögel und Schmetterlinge draußen und viele kleine selbstgebastelte drinnen
symbolisieren das Pfingst-Geschehen, das
ja für manchen Erwachsenen schwer zu
begreifen ist.

Der Garten spielt im Frühsommer und Sommer eine große Rolle. Jetzt blüht, was im
Frühling gesät oder im letzten Herbst gesetzt
worden ist. Das grüne Gras, der blaue Himmel, Vogelkonzert und Sonne laden zu über-
mütigem Spiel ein. Bunte, zarte Blumenel-

fen ziehen durch den Reigen, aber auch
Feuergeister. Es geht auf den Höhepunkt
des Sommers, auf das Johannifest zu. Das
Holzsammeln, schließlich die Lieder und
Tänze am großen Feuer verbinden die Kin-
der mit der jahrhundertealten Tradition der
Sommersonnenwende, dem Gegenpunkt
zum Weihnachtsfest.

Das Kindergarten-Sommerfest mit dem
Dornröschenspiel ist Abschluß und Höhepunkt des Kindergartenjahres. Die Schulkinder werden in einen neuen Lebensabschnitt entlassen und Eltern und Kinder
verabschieden sich bis zum Herbst vom
Kindergarten.

Ein ganz besonderes Fest, das im Kindergarten gefeiert wird, ist natürlich der Geburtstag jedes einzelnen Kindes. Für einen
Tag darf das Kind mit der Geburtstagskrone
auf dem Kopf im Mittelpunkt stehen und
wird von den anderen gefeiert. Aber es
bekommt nicht nur von der Kindergärtnerin
ein kleines selbstgebasteltes Geschenk, sondern es bringt auch kleine Aufmerksamkei-
ten für die anderen Kinder mit, um seine
Freude zu teilen. Egal, was auf dem Spei-
seplan steht: an solch einem Tag gibt es
natürlich einen großen Geburtstagskuchen!

Der Tageslauf

Ebenso wie die Jahresfeste dem Ablauf des
Kindergartenjahres einen Rahmen geben, ist
auch der Tageslauf nach einem bestimmten
Rhythmus gegliedert, der dem Kind helfen
soll, sich in der Zeit zurechtzufinden. Denn
für das Dreijährige ist alles Gewesene Ge-
stern und alles Kommende Morgen. Erst
allmählich prägt sich ein, daß zum Beispiel
der Donnerstag »Maltag« ist, daß das neue

Kindergartenjahr beginnt, wenn die Äpfel reif sind usw. So hat jeder Wochentag seinen eigenen Charakter, geprägt durch eine besondere Tätigkeit wie Wasserfarbenmalen oder Eurythmie oder auch durch eine besondere Art der Brotzeit, wie zum Beispiel freitags das selbstgebackene Brot.

Der einzelne Kindergartentag hat einen rhythmischen Aufbau, der wie Ein- und Ausatmen das Kind abwechselnd zur Konzentration sammelt und zum freudigen, ausgelassenen Spiel freiläßt. Am Morgen, bis alle Kinder angekommen sind und sich ein wenig »eingelebt« haben, ist Freispielzeit. Danach wird gemeinsam aufgeräumt, die Hände werden gewaschen und die Kinder sammeln sich im Morgenkreis zu Sprüchen, Verslein und Reigenspiel. Nach der intensiven Konzentration des Reigens und der stärkenden Brotzeit anschließend genießen die Kinder das Spiel im Garten draußen. Bevor es nach Hause geht, sammeln sich alle noch einmal zum Kreis, die Mittagsglocke läutet, und die Kinder verabschieden sich. An besonderen Tagen wird vor dem Mittagskreis gemalt oder nach dem Freispiel findet die Eurythmie für die »Schulkinder« statt.

Das Freispiel

In der Freispielzeit geht nicht etwa alles drunter und drüber im Kindergarten. Im Gegenteil: die Kindergärtnerin sitzt zum Beispiel am Tisch und näht Puppenkleider, oder sie bessert Spielzeug aus. Die Kinder sammeln sich zum Teil mittuend um den Erwachsenen, andere spielen nachahmend in der Puppenecke Nähstube und Werkstatt oder sie brauchen etwas »Anlauf« und ziehen sich ins Wachskneten oder Malen mit den Kreideblöckchen zurück. Durch die intensive Konzentration der Erwachsenen auf ihre Arbeit erübrigen sich verbale Ermahnungen an die Kinder fast ganz. Sie leben instinktiv diese Konzentration mit, auch wenn sie sich mit ganz unterschiedlichen Dingen beschäftigen. In der Frei-spielzeit wird die Kindergärtnerin aber auch einzelnen Kinder helfen, die vielleicht, vor allem als Einzelkinder, mit der großen Gruppe noch Probleme haben, die noch müde sind oder von einer langen Autofahrt aggressiv ankommen. (Ganz besonders große Probleme mit dem Spielen haben »Fernsehkinder«, bei denen die kindliche Phantasie und Schöpfungskraft bereits eingeschränkt oder geschädigt ist. Sie brauchen viel Hilfe und immer wieder Anregung von der Kindergärtnerin.) Wenn das Freispiel in der richtigen Stimmung verlaufen ist, finden sich am Ende beim Aufräumlied alle Kinder mit ihren unterschiedlichen Temperamenten und Gestimmtheiten wirklich in einer Gruppe zusammen, die sich auf gemeinsames Tun freut.

Der Reigen

Die Hauptinhalte des Reigens richten sich nach den großen Jahresfesten. Über ca. vier Wochen leben die Inhalte der jeweiligen Festeszeit vorbereitend, miterlebend, nachklingend im Reigen. Nichts wird einstudiert, auswendiggelernt. Alles Mittun und Mitsprechen der Kinder geschieht direkt aus der Nachahmung: Wie die Kindergärtnerin spricht, wie sie sich bewegt, wie sie innerlich gestimmt ist, das alles wird übernommen. Jedes Kind kann sich nach seinem Temperament und seinen Möglichkeiten einbringen, indem es zuerst vielleicht nur lauschend im Kreis steht, dann mittut, vielleicht sogar irgendwann eine »Hauptrolle« übernimmt,

zum Beispiel als Königssohn mit einem Spieltuch als Umhang. Aber nie geht es beim Reigen in erster Linie um die Darstellung, sondern um das innere Erleben der Kinder. Auch innerhalb des Reigens, der ja nach dem Freispiel an sich ein konzentrierendes Element ist, wird auf den Rhythmus von Sammeln und Lösen, von laut und leise, sanft und heftig, ernst und heiter geachtet.

Die Malgeschichte und anderes künstlerisches Tun

Während morgens in der Freispielzeit mit den Blöckchen jeder malen kann, wie er mag, wird das Malen mit Wasserfarben von der Kindergärtnerin geführt. Schon das Aus-

Eine »statische« Form des Reigens: der Stuhlkreis

teilen der Malbretter und das Anfeuchten des Papiers mit dem Schwämmchen gehören für die Kinder zu einem festen Ritual. Wie selbstverständlich putzt sich da der »Pinselzwerg« die Füße am Malläppchen ab, ehe er ins saubere Farbglas eintaucht. Gemalt wird mit den drei Grundfarben, aber zu Anfang wird nur ein Farbgläschen vor das Kind hingestellt. Der reine Farbeindruck soll erst intensiv erlebt werden, ehe Mischungen entstehen. Zu der Farbe erzählt die Kindergärtnerin eine »Malgeschichte«, zum Beispiel von der gelben Sonne, dem blauen Wasser usw. Das geschieht nicht in erster Linie aus Disziplingründen, obwohl es natürlich die Konzentration erhöht und wildem Gekleckse vorbeugt; Die Malgeschichte soll den Kindern über den sinnlichen Farbeindruck hinaus etwas von der geistigen Qualität der Farbe vermitteln. Wenn dann zum Beispiel Sonnengelb und Himmelsblau sich auf dem nassen Papier begegnen und das Grün entsteht, dann ist das viel mehr als eine einfache Farbmischung: Dann entwickelt sich vor den Augen des Kindes aus Licht und Feuchtigkeit wirklich Lebendiges.

Alles Tun im Kindergarten ist durch und durch künstlerisch, die Gestaltung des Jahreszeitentisches ebenso wie das Märchenwolle-Bild, das Singen im Reigen ebenso wie das Märchenerzählen, das gemeinsame Gestalten des Raumschmuckes für ein Fest ebenso wie das Brotbacken. Aber neben dem Malen gibt es für die Kinder noch einige Möglichkeiten, sich im engeren Sinne künstlerisch zu betätigen. Das Knetbienenwachs lädt mit seinen reinen Farben und der besonderen Materialqualität zum Formen ganzer Landschaften oder Zwergenfamilien ein. Dabei erleben die Kinder, wie das anfänglich harte, widerspenstige Wachs in der Hand weicher, formbarer wird. Ungesponnene Schafwolle ermöglicht wieder eine ganz andere Art zu formen durch Zupfen und Übereinanderlegen zartester Wollschichten. Das Weben wird in allereinfachster Art erübt. Und mit »richtigem« Werkzeug können die Kindergartenkinder an Holz ihre handwerklichen Fähigkeiten zeigen. Immer aber ist ein Ganzes Ausgangspunkt künstlerischer Betätigung, das geformt, bearbeitet wird. Nie wird aus Einzelteilen etwas konstruiert, zusammengesetzt. Dieser Gesichtspunkt zieht sich auch später als ein ganz wesentliches Element durch die gesamte künstlerische Arbeit in der Waldorfschule.

Raumgestaltung und Spielzeug

Die Kindergartenräume sind – wie auch später die Klassenzimmer in der Schule – nach Rudolf Steiners Farbangaben gestrichen. Im Kindergarten herrscht ein kräftiger Pfirsichblüt-Ton vor, aufgetragen in einer lasierenden Maltechnik, damit die Wand »lebt«. Die »Sixtinische Madonna« an der Wand jedes Waldorfkindergartens erinnert mit den vielen schwebenden Kinderköpfen im Hintergrund immer von neuem an die

geistige Herkunft des Kindes. Ein von der Kindergärtnerin mit den Kindern gestaltetes Bild aus Märchenwolle (bunte ungesponnene Schafwolle) zeigt wechselnde Motive der Jahreszeit oder des gerade erzählten Märchens. Der ganze Raum, besonders aber der Jahreszeitentisch drückt jeweils die Stimmung der Jahres- oder Festeszeit aus.

Garderobe, Küche, Waschräume unterscheiden sich wenig von anderen Kindergärten. Deutlich wird der Unterschied beim Spielzeug: Es gibt nur natürliche Materialien, und diese sind so ursprünglich wie möglich in ihrer Form und Oberflächenbehandlung. Technisches Spielzeug, vor allem Konstruktionsspielzeug fehlt ganz, ebenso alle soge-

nannten »Lernspiele«. Auch Bilderbücher kommen nur ganz ausnahmsweise zum Einsatz. Die Puppen und Tiere, die Holzbauklötze und Naturmaterialien haben ihre festen Plätze in Regalen und Körben. Für das Puppenspiel gibt es den intimen Schutzraum der Puppenecke. Aber auch andere Spiele können mit Spielständern, die eventuell noch mit Tüchern überdeckt werden, vom übrigen Freispiel abgeteilt werden, wenn die Kinder das Bedürfnis dazu haben. Eines der wichtigsten Spiele ab dem dritten Lebensjahr ist ja das Hausbauen, Sinnbild des Ankommens im eigenen Leibes- und Lebenshaus. Aus Tischen, Stühlen, Spielständern, Tüchern werden Häuser, Hütten,

Wohnhöhlen und Königspaläste gebaut, in denen intensiv gespielt wird.

Alles Werkzeug in Küche, Garten oder »Werkstatt« ist »richtiges« Werkzeug. Die Kinder lernen durch Zuschauen und Nachahmung schon mit drei Jahren gefahrlos mit einem normalen Küchenmesser einen Apfel zu schälen, mit einer Säge ein Stück Holz zu zersägen oder einen Nagel einzuklopfen.

Privilegien der »Schulkinder«

Für die Kinder, die im Herbst in die Schule kommen sollen, gibt es in den mir bekannten Münchener Kindergärten besondere Tätigkeiten:

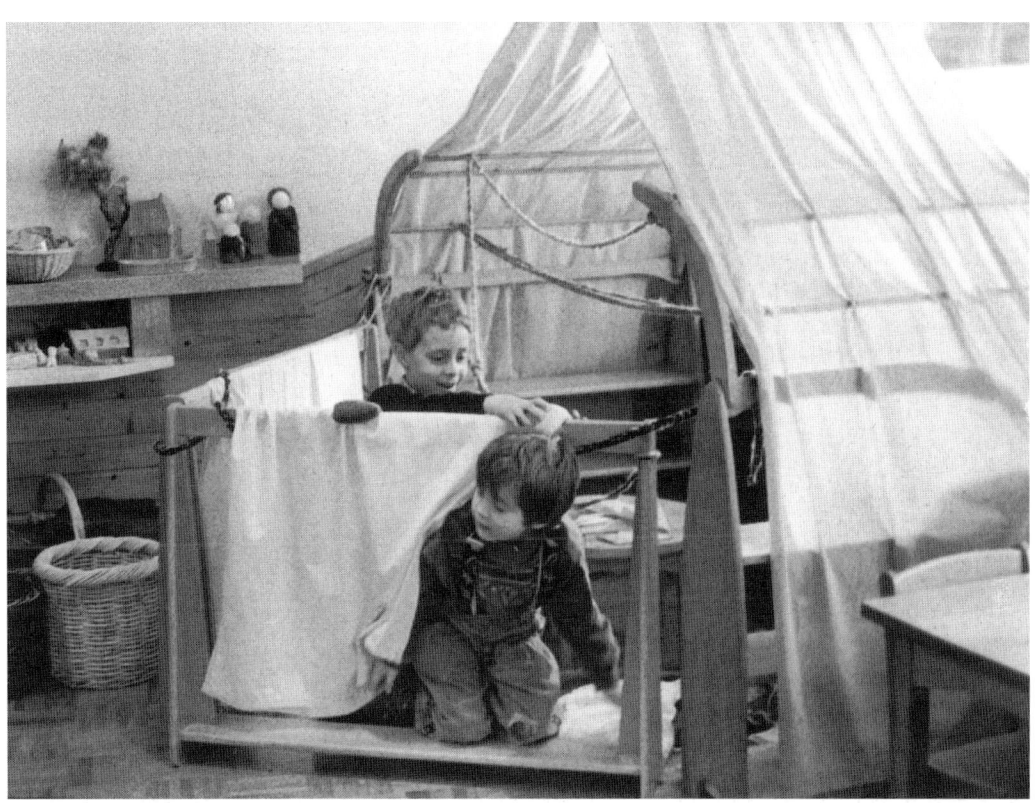

Zum einen dürfen sie auf der pentatonisch gestimmten Kantele oder Kinderharfe mit der Kindergärtnerin erste Melodien spielen. Dabei lernen sie den Schritt vom Lauschen zum eigenen Spiel, aber auch das Aufeinander-Hören in der kleinen Gruppe. Die Töne haben phantasievolle Bezeichnungen, die in einer kleinen Geschichte eingeführt werden, damit man sich verständigen kann, welcher Ton gemeinsam gespielt werden soll, aber vor allem, damit die Töne, wie bei den Farben auch, eine besondere Qualität für die Kinder bekommen. Das Kind lernt genau zu hören, ob der Höhlenton gespielt wird oder der Wiesenton, ohne daß mit Notennamen oder gar mit geschriebenen Noten hantiert werden muß. So lernt das Kind Musizieren vor dem Notenlesen, wie es ja auch Sprechen vor dem Lesen gelernt hat.

Die Schulkinder dürfen sich außerdem einmal in der Woche zur Eurythmie in einem besonderen Raum versammeln. Jeder trägt ein einfarbiges Kittelchen, was die Gemeinsamkeit der Gruppe betont. Den Ton- und Lautgesten der Eurythmistin folgend, leben sich die Kinder ohne jede Erklärung oder verbale Anweisung in diese Bewegungskunst ein.

Die Waldorfschule

Eine Schule für die Sinne

Schon von außen sehen Waldorfschulen meistens anders aus als reguläre Schulen. Im Sinne Rudolf Steiners, der forderte, daß die Art der Tätigkeit in einem Gebäude seinen äußeren Charakter bestimmen müsse, haben sie eine eigene architektonische Formsprache. Diese zeichnet sich unter anderem durch gebrochene rechte Winkel, durch aufwendig verarbeitetes Holz und die besondere plastische Gestaltung von Strukturbeton aus. Flächen und Linien drücken den Rhythmus von lebendiger Bewegung und harmonischer Ruhe aus, wie er in der Waldorf-Pädagogik lebt. Innenwände wirken durch die in Schichttechnik aufgetragene Lasurfarbe transparent. Entsprechend der Metamorphose vom siebenjährigen Erstkläßler im Zahnwechsel zum zwanzigjährigen jungen Erwachsenen, der sein Leben selbst in die Hand nimmt, wandelt sich auch die Raumfarbe der Klassenzimmer in der Reihenfolge des Regenbogen-Spektrums: vom kräftigen Rot der 1. Klasse über zartere Rottöne zum Orange der 4. Klasse, das sich immer stärker mit Gelb mischt, vom reinen Gelb der 7. Klasse über das Grün der 8., Blautöne in der 9. und 10., die schließlich in der 11. und 12. Klasse ins Violett übergehen. So spiegeln die Farben der Klassenzimmer die Entwicklung vom mehr willensbetonten Erstkläßler (Rot) über den »grünen« Pubertierenden zum jungen Erwachsenen, dessen geistige Reife sich im Violett ausdrückt[23].

Die Klassenräume werden der Jahreszeit und der behandelten Epoche entsprechend vom Klassenlehrer und den Schülern liebevoll ausgestaltet. Wenn man ein solches Klassenzimmer zum Beispiel während einer Tierkunde-Epoche betritt, kann es einem Aquarium oder Museum ähneln: Tintenfische schwimmen, in den verschiedensten Maltechniken angefertigt, über die Wände, auch das Tafelbild zeigt ein besonders großes und schönes Exemplar, Sepia-Schalen und Versteinerungen, auch die eine oder andere Abbildung sind auf einem Extra-Tisch arrangiert. Aber auch abstraktere Unterrichtsinhalte wie etwa eine Geometrie-Epoche drücken sich an Tafel und Wänden, in Schaubildern und Modellen (zum Beispiel aus Strohhalmen) aus. So leben die Kinder in einer künstlerisch (mit-)gestalteten Umgebung, die mitwächst und durch ihre vielen Sinneseindrücke zum Lernen und Forschen anreizt.

Neben den Klassenräumen gibt es Werkstätten für handwerkliche Arbeit, spezielle Räume für die Eurythmie und eine Bühne für Monatsfeiern und Theateraufführungen. Jeder dieser Räume ist entsprechend seiner äußerlichen und innerlichen Funktion auf künstlerische Weise ausgestaltet und wirkt auf Lehrer und Schüler (und auf die Besucher der zahlreichen Schulveranstaltungen) anregend und inspirierend.

Architektur und Raumgestaltung sind aber nicht nur Ausdruck der Tätigkeit, sondern auch täglicher Sinnes-Eindruck. Rudolf Steiner geht in seiner Sinneslehre von zwölf Sinnen aus, die für den Menschen das Tor zur Welt bedeuten. Weiter oben wurde geschildert, wie die Sinneseindrücke beim Kleinkind noch bis in die Organbildung hinein wirksam sind. Beim Schulkind bis zur Pubertät setzen sich die Sinneseindrücke im ätherischen Bereich fest, das heißt sie werden zu Erinnerungen, zu lebendigen Bildern und Gewohnheiten, bilden künstlerische und moralische Urteilsfähigkeit, sprachliches Ausdrucksvermögen, Denkfähigkeit und soziales Empfinden aus. In der Qualität und Wahrhaftigkeit der Sinneseindrücke liegt ein wichtiges Erziehungsmittel bis zur Pubertät. Je mehr gute Nahrung die Sinne in diesem Alter bekommen, um so mehr

wird sich das Kind mit Interesse und Begeisterung der Welt zuwenden. Je weniger Verzerrung und Lüge das Kind erlebt, um so wahrer wird sein Bild von der Welt – und von sich selbst –, aus dem heraus es als junger Erwachsener später verantwortungsbewußt leben und handeln kann.

Aus dieser hohen Einschätzung der Sinnesschulung heraus ist es zu verstehen, daß die Eltern von Waldorfschülern sich zu einem Medienverzicht in den unteren Klassen verpflichten müssen. Schon beim kleinen Kind wurde beschrieben, wie die inneren Bilder Schutz brauchen gegen die Reizüberflutung der Außenwelt. Beim Schulkind ist zwar die Organbildung weitgehend abgeschlossen, aber die Bilder prägen sich jetzt in sein Lebensgefühl, in sein Wertesystem ein. Der ätherische Leib, aus dem nach dem Zahnwechsel die Kräfte zum Lernen kommen, wird von Rudolf Steiner ja auch als Bilde-kräfte-Leib bezeichnet. Er ist im Schulalter ständig mit dem Aufnehmen von Bildern beschäftigt, die sich für ein ganzes Leben einprägen. Diese Bilder sollten authentisch sein, nicht aus zweiter Hand wie im Fernsehen. Vor allem aber sollten sie wahr sein, und das ist der größte Teil der Film- und Fernsehbilder, der Comics und Science-fiction sicher nicht. Oft wird als Argument für das Fernsehen angeführt, daß es ja auch »gute«, das heißt kindgerechte und informative Sendungen gebe. Abgesehen von der Tatsache, daß die Anschauung der Natur immer besser für ein Kind ist als künstliche Bilder, gibt es aber auch technisch-medizinische Gründe gegen das Fernsehen. Zum einen schädigt die aufgenötigte Bewegungslosigkeit in einem Alter, wo Kinder sich normalerweise viel und gerne bewegen, mit Sicherheit körperlich und seelisch auf die Dauer. Ein großer Teil der Aggressionen heutiger Schulkinder ist sicher nicht nur auf brutale Fernseh-Inhalte, sondern einfach auf das viele unnatürliche Stillsitzen zurückzuführen. Ein weiterer interessanter Aspekt ist der Bewußtseinzustand, in dem elektronische Bilder wahrgenommen werden. Jerry Mander berichtet in seinem Buch »Schafft das Fernsehen ab« von einer Untersuchung des Ehepaares Emery, die zu dem Ergebnis kommt, daß das Gehirn die »repetitiven Lichtstimuli« der Bildschirmpunkte nach kurzer Zeit ignoriert, das heißt »Fernsehen findet auf der Bewußtseinsebene des Schlafwandelns statt.«[24] Die Berieselung aus dem Walkman oder das »Lesen« vom Comics ist unter dem Gesichtspunkt der Sinnesschulung ähnlich zu beurteilen. Der scheinbare Spielwert der Computerspiele entpuppt sich

bei genauerem Hinsehen als hektisch-zappelnde *action,* deren fragwürdiger Sinn meist im Abschießen und Eliminieren irgendwelcher Angreifer besteht. Es wäre wünschenswert, wenn unsere Kinder den Schein-Bildern und Manipulationen der Medien erst in einem Alter ausgesetzt würden, in dem sie genug lebendige innere Bilder angesammelt haben, um sich eine eigene Meinung zu bilden und die Schein-Wirklichkeit zu durchschauen. Ab der Pubertät kann und soll dann ein distanzierter, kritischer Umgang mit Fernsehen, Computer etc. erübt werden.

Erzählstoff

Kinder im Schulalter haben einen großen Bilder-Hunger. Deshalb wird in der Waldorfschule in den ersten Jahren sehr viel erzählt. Parallel zur Menschheitsgeschichte wird in den jeweiligen Entwicklungsabschnitten das Kind mit dem konfrontiert, was seine persönliche Entwicklung mit der Entwicklung der gesamten Menschheit gemeinsam hat. Der Schüler durchläuft im Zuhören, Wiedergeben, im künstlerischen Gestalten des Erzählten exemplarisch noch einmal die großen Kulturepochen der Menschheit. Wenn das Kind aus dem Kindergarten in die Schule kommt, bekommt sein magisch-mythisches Bewußtsein in der 1. Klasse als Nahrung Märchen. Erzählt werden vor allem die echten Volksmärchen der Gebrüder Grimm. In den 60er Jahren waren die Märchen als Erzählstoff für Kinder heftig umstritten, weil man ihnen Verherrlichung des Bösen und wohl auch feudale Klischees vorwarf. Diese soziokulturelle Betrachtungsweise wurde der wirkli-

Gebanntes Zuhören

chen Größe und Bedeutung der zeitlosen, archetypischen Märchen-Bilder in keiner Weise gerecht. Dank Bruno Bettelheim und anderen ist das Märchen heute wieder rehabilitiert. Im Gegensatz zu Comic und Fernsehfilm sind die Märchen eben keine »Fantasy«. Sie geben den Kindern (und nicht nur ihnen) zutiefst wahre Bilder großer seelischer Kämpfe und Entwicklungen: vom Ausgesetztsein in Hänsel und Gretel, vom Verschlungenwerden des allzu Naiven im Rotkäppchen, von der Magie der Namen im Rumpelstilzchen, aber immer zuletzt vom Heimkommen, von der Ich-Findung und

Erlösung nach einem langen Weg, von der Hochzeit als Sinnbild des Ganz-Werdens. Märchen haben, ohne moralischen Zeigefinger, eine klare Ethik, auf die das Kind bauen kann, denn das Gute siegt immer. Und sie bilden nicht zuletzt durch ihre dichterische Qualität das künstlerische Sprachgefühl des Kindes aus.

In der 2. Klasse werden Fabeln und Legenden erzählt. In den Fabeln werden menschliche Schwächen auf humorvolle, geistreiche, vor allem aber sehr kurze und prägnante Weise auf Tiere übertragen. Im Fuchs, der die Trauben, die ihm zu hoch hängen, für sauer erklärt, im Raben, der bei seiner Eitelkeit gepackt, zum Singen den Käse fallen läßt, erkennen die Schüler allgemein Menschliches wieder. Aber hier ist es nicht als Eigenschaft eines bestimmten Menschen geschildert, der ausgelacht oder getadelt würde, sondern in einer überzeichneten Form exemplarisch ins Tierreich verlegt. So läßt sich der »innere Schweinehund«, das »Tier« im Menschen schildern, ohne daß moralisiert werden müßte. Als Ausgleich zur kritischen Art der Fabel werden in der 2. Klasse Legenden erzählt, in denen es um menschliche Größe und Demut geht. Franz von Assisi, Krieger aus reichem Hause, der alles aufgibt, um in Armut zu leben, der sein »inneres Tier« so umgewandelt hat, daß die Tiere ihn lieben und verstehen, gehört zu den schönsten Legendenbildern. Aber auch Christopherus, der als Fährmann Gott dienen will und eines Tages das Christuskind übers Wasser trägt (und dafür seinen Namen erhält) ist eine von den Kindern in diesem Alter sehr geliebte und verehrte Gestalt.

In der 3. Klasse ist das Alte Testament Erzählstoff. Die Neunjährigen, die erste Regungen der Vorpubertät spüren, die beginnen, Autorität in Frage zu stellen, erhalten in ausgewählten Episoden aus der biblischen Geschichte Beispiele, wie die Menschen mit der Autorität »des Herrn« umgehen. Von Adam und Eva an übertreten Menschen seine Gebote, sie werden meist hart bestraft, aber ihre Bestrafung führt immer auch zu einer Weiterentwicklung. Es ist nicht mehr so wie in den Märchen, daß alles gut endet. Aber in allem ist der eine große Wille zu spüren, der auch das Böse letztendlich in seinen Plan einbindet.

Nach dem neunten Lebensjahr wendet sich das Interesse der Kinder intensiv der Außenwelt zu. Jetzt befaßt sich der Erzählstoff mit der direkten Umgebung des Kindes, mit seinem Heimatort, den Berufen der Menschen um ihn herum, mit den Tieren und Pflanzen, später mit der Geographie und Geschichte der ganzen Welt. Neben den Schilderungen ferner Länder und Kulturen, in die die Kinder epochenweise eintauchen, spielen vor allem die geschichtlichen Darstellungen eine große Rolle. Wenn zum Beispiel den 14jährigen die Reformation nahegebracht wird, dann paßt die Umbruchstimmung, der mutige Kampf gegen verkrustete Strukturen stimmungsmäßig sehr gut in die Zeit der Pubertät. Der Schüler spürt, wie sich in ihm eine Phase der Menschheitsentwicklung individuell nachvollzieht. So wird der naturgemäße Egoismus des Pubertierenden in einen geschichtlichen Gesamtzusammenhang gestellt, und dem jungen Menschen an der Schwelle zum Erwachsenwerden werden Vorbilder, Handlungsmuster angeboten, an denen er sich orientieren kann.

Der Erzählstoff bleibt in allen Klassen nie nur Erzählung: Alles von den Märchen über die biblische Geschichte bis zu geschichtlichen Erzählungen und später den Schauspielen der Weltliteratur wird gemalt, gesprochen, gespielt. Jeder »Stoff« wird in Seele und Körper »einverleibt«, verinnerlicht und aufbewahrt nicht nur als oberflächliche »Allgemeinbildung«, sondern als unverlierbares Gut für ein ganzes Leben.

Die Temperamente

Rudolf Steiner schreibt dem Temperament eine Vermittlerrolle zwischen Ererbtem und Individuellem zu: »Temperament steht mitten drinnen zwischen dem, was wir uns individuell mitbringen und dem, was aus der Vererbungslinie stammt ... mitten zwischen dem, wodurch der Mensch sich anschließt an seine Ahnenreihe und dem, was er mitbringt aus seinen früheren Verkörperungen. Das Temperament gleicht das Ewige mit dem Vergänglichen aus.«[25] Der Klassenlehrer wählt die Sitzordnung seiner Klasse – ähnlich dem homöopathischen Grundsatz, daß Gleiches mit Gleichem zu heilen sei – so, daß gleiche Temperamente zusammenkommen. Obwohl Erstkläßler noch überwiegend Sanguiniker sind, das heißt lebensfroh, bewegungshungrig, neugierig und nirgendwo allzu lange und zu ernst verweilend, kann man auch die drei anderen Temperamente unter ihnen schon im Ansatz ausmachen: Den Melancholiker, der zu viel grübelt, alles gleich zu schwer nimmt und das Tragische liebt, den Phlegmatiker, der am liebsten in seiner Ecke in Ruhe gelassen werden will, der aber, wenn man ihn herauslockt zu einer Tätigkeit, große Beharrlichkeit und Ausdauer zeigt, und schließlich der Choleriker, das zu Unrecht von Erziehern gefürchtete Energiebündel, der leicht aufbraust, zornig wird, aber auch mit seinem Mut und seiner Kraft andere begeistern und mitreißen kann. Der Choleriker würde einen Melancholiker erdrücken, an einem anderen Choleriker kann er sich messen. Zwei Phlegmatiker langweilen sich gegenseitig so sehr, daß einer schließlich ein wenig Initiative ergreifen muß. Der Melancholiker fühlt sich nur von einem ähnlich melancholischen Menschen richtig verstanden.

Die Behandlung der Temperamente beschränkt sich nicht auf die Sitzordnung. Im ganzen Unterricht, vor allem aber beim Erzählen, wird auf die Temperamente Rücksicht genommen. So kann dasselbe Märchen einmal für die Choleriker erzählt werden, indem der Lehrer die Konsonanten, den Willensaspekt besonders betont, und dann für die Melancholiker, indem die Vokale, die mehr Träger des Gefühls sind, hervorgehoben werden. Es können aber auch bestimmte Charaktere aus den Märchen und Erzählungen für die einzelnen Temperamentsgruppen besonders herausgearbeitet werden, so zum Beispiel das Rumpelstilzchen für die Choleriker, Hans im Glück für die Sanguiniker, der Starke Wanja für die Phlegmatiker oder das Sterntaler-Märchen für die Melancholiker, um nur einige Beispiele zu nennen.

Der Lehrer muß sein eigenes Temperament sehr gut kennen. Er muß einseitige Züge beherrschen und zurücknehmen können, und er sollte durch ständiges Üben bestrebt sein, seinen Schülern einen erwachsenen Ausgleich aller vier Temperamente vorzuleben. Durch solches Vorbild und die richtige Behandlung der kindlichen Temperamente werden Einseitigkeiten ausgeglichen, Stärken gefördert. »Der Sanguiniker soll entwickeln können Liebe und Anhänglichkeit zu einer Persönlichkeit. Der Choleriker soll entwickeln können Schätzung und Achtung für die Leistungen einer Persönlichkeit. Der Melancholiker soll entwickeln können ein mitfühlendes Herz für das andere Schicksal. Dem Phlegmatiker soll vor Augen geführt werden ein Vorteil für die Interessen anderer.«[26]

Der Klassenlehrer

Die Waldorfschule ist eine »Einheitsschule«, eine integrierte Volks- und Höhere Schule, die bis zur 12. Klasse geht (in einer gesonderten 13. Klasse kann das Abitur abgelegt werden). Im Gegensatz zur relativ frühen (und heute nicht mehr unumstrittenen) Differenzierung der Regelschule in Begabte (Gymnasium, Realschule) und weniger Begabte (Hauptschule) lernen vom Schulbeginn mit sieben Jahren bis zum 14., 15. Lebensjahr alle Waldorfschüler unabhängig von sozialer Herkunft, Begabung oder späterer beruflicher Laufbahn gemeinsam. Für die ersten acht Jahre übernimmt derselbe Klassenlehrer die Verantwortung für eine Klasse. Das ist ein hoher Anspruch, der in der Realität nicht immer durchzuhalten ist. Aber wenn er erfüllt wird, haben die Kinder bis zur Pubertät einen optimalen menschlichen Halt in der Schule, indem jeden Morgen der Hauptunterricht von demselben Menschen gehalten wird. So kann Vertrauen in eine bewunderte und geliebte Autorität wachsen, das in der Zeit zwischen dem siebten und vierzehnten Lebensjahr Grundlage alles Lernens ist. Der Lehrer ist also noch nicht Fachdozent wie später nach der 8. Klasse, sondern er ist mehr wie ein Reiseleiter, der mit seinen Kindern in unbekannte Gebiete reist und ihr staunendes Schauen mit seinem Wissenshintergund begleitet und unterstützt, von dem die Kinder nicht lernen, weil sie »müssen«, sondern weil sie eines Tages auch soviel wissen und können wollen wie er. Die Schüler werden mit ihren vielfältigen Talenten, Neigungen und auch Schwächen von derselben Person ganzheitlich angesprochen. So muß zum Beispiel ein Kind, dessen Fähigkeiten mehr auf künstlerischem oder verbalem Gebiet liegen, das aber mathematisch noch unentwickelt ist, nicht in einer Mathematikstunde isoliert sein Unvermögen erlebt. Vielmehr ist seine Rechenschwäche eingebettet etwa in Erlebnisse verbaler Gewandtheit oder künstlerischer Gestaltung innerhalb derselben Hauptunterrichts-Stunde bei demselben Lehrer. So wird die Verfestigung von Mißerfolgserlebnissen gemieden, und es entstehen nicht so schnell die typischen Gruppierungen der »Starken« und »Schwachen«. Wer stark auf einem Gebiet ist, weiß um seine Schwäche auf einem anderen und wird vom Klassenlehrer angehalten, anderen im Sozialverband der Klasse von seiner »Stärke« abzugeben.

Der Klassenlehrer hat neben seiner pädagogischen Aufgabe auch eine sozialpädagogische und oft therapeutische Funktion, oder man könnte auch ganz einfach sagen, eine rundherum menschliche[27]. Für alle Probleme des Einzelnen und der Gruppe, für Eltern-Kind-Probleme ebenso wie für Schwierigkeiten der Fachlehrer (Sprachen, Handarbeit, Handwerk...) mit der Klasse ist er zuständig, und das bis zur Pubertät. Wer sonst könnte auch die »lieben Kleinen« am besten in dieses extrem schwierige Zeitalter begleiten, wo sie plötzlich weder klein noch lieb sind, wenn nicht der Klassenlehrer, der sich an ihre zahnlückige, schüchterne Anfangszeit erinnert, der allen Lernstoff und alle Probleme, aber auch alle Geburtstage, Feste und Aufführungen mit ihnen geteilt hat. Er ist, manchmal mehr als die Eltern, in der Lage, mit Hilfe des Metamorphosendenkens in dem unproportionierten, mit sich und der Welt unglücklichen Pubertierenden

Die Klassenlehrerin begrüßt morgens jedes einzelne Kind

sowohl dessen geistige Herkunft als auch seine erwachsene Zukunft als reifes Individuum zu sehen.

Die acht Jahre sind für den Klassenlehrer eine Herausforderung an seine Fähigkeiten der Überschau und des flexiblen Mitwachsens, aber auch eine ungeheure Chance. Er kann in den ersten Jahren Dinge anlegen, auf die er in höheren Klassen in Form der »progressiven Wiederholung« zurückgreifen und aufbauen kann. Vor allem aber er-lebt er einen langfristigen Erziehungs- und Unterrichtsprozeß zusammen mit seiner Klasse, wie er im herkömmlichen Schulsystem mit dem zweijährigen Wechsel des Klassenlehrers nicht möglich ist.

Wenn der Klassenlehrer mit seiner Klasse oder einzelnen Schülern (oder viel häufiger: einzelnen Eltern) einmal nicht harmoniert, ergeben sich aus dieser »Monopolstellung« natürlich Probleme, die in der Konferenz gelöst werden müssen. Nur im Notfall wird eine Klasse einem anderen Lehrer übergeben. Aber dem Klassenlehrer stehen durch die Ausbildung auf dem Waldorflehrer-Seminar und durch den nie endenden anthroposophischen Übungsweg große Hilfen zur Verfügung. Die Übung der abendlichen Rückschau hat hierbei eine zentrale Funktion: In der Rückbesinnung auf jeden Tag ruft sich der Lehrer jeden einzelnen Schüler vor das geistige Auge, setzt sich mit den

Eigenheiten des Kindes innerlich auseinander, rekapituliert auch eventuelle Fehler, die er in seiner Behandlung gemacht hat und kommt so zu einem positiven Impuls für den nächsten Tag. Am Ende der Klassenlehrerzeit werden die Schüler entlassen in das mehr oder weniger selbständige Lernen bei verschiedenen Fachlehrern. Die eine Bezugsperson wird nun nicht mehr gebraucht und würde ab dem 15. Lebensjahr auch nicht mehr akzeptiert. Nun wollen die Jugendlichen sich mit verschiedenen Persönlichkeiten auseinandersetzen, sich an ihnen messen und orientieren. Der Klassenlehrer hat – zumindest ist dies so vorgesehen, auch wenn es aus akutem Lehrermangel manchmal nicht zustandekommt – ein Freijahr, in dem er sich erholen und innerlich wieder auf eine neue 1. Klasse einstellen kann.

Epochenunterricht und Tageslauf

Damit die Schüler sich einem Lerngegenstand jeweils ganz intensiv widmen können, wird in sogenannten Epochen unterrichtet. Damit ist nicht nur den größten Teil des Vormittags die Bezugsperson konstant, sondern auch das Thema, mit dem sich die Kinder beschäftigen. Es werden zum Beispiel einige Wochen auf das Schreibenlernen verwendet, auf die Tierkunde oder auf den Gartenbau. Der Lernerfolg des Epochenunterrichtes beruht zum einen auf der Konzentration und Vertiefung, die bei so langer Beschäftigung mit einem Thema möglich sind. Zum anderen kann man beobachten, daß das Gelernte am Ende der Epoche »absinkt« ins unbewußte Gedächtnis, dort verarbeitet wird und nach einer Zeitspanne von mehreren Wochen plötzlich als Wissen und

Fähigkeiten dem Schüler zur Verfügung steht. »Da die Epochen mitunter nur zweimal im Jahr das gleiche Fach fortsetzen, haben die Kinder Zeit zum Vergessen. Was die Nacht zwischen den Unterrichtstagen, das bedeutet die Pause zwischen den Epochen eines Faches. Um aus Kenntnissen Fähigkeiten zu bilden, ist das Erinnern und Wiederbegegnen des Untergesunkenen genauso wichtig wie das Erwachsen aus dem Schlaf.«[28] Diese Unterrichtsform hat den Vorteil, daß nicht kurzfristig Gelerntes in sog. Lernzielkontrollen abgefragt und dann rasch wieder aus dem Kurzzeitgedächtnis vergessen wird, sondern daß Lerninhalte, mit denen man mehrere Wochen intensiv gelebt hat, im Langzeitgedächtnis verwurzelt werden. Im Tageslauf der Waldorfschule wiederholt sich das Prinzip von Einatmen und Ausatmen, das bereits im Kindergarten gepflegt wurde. So beginnt der Hauptunterricht mit dem sogenannten »rhythmischen Teil« mit Sprüchen und Versen, passend zur Epoche. Da stimmen zum Beispiel Stabreime auf die germanische Mythologie ein, Tier-Darstellungen auf eine Stunde der Naturkunde-Epoche. Das Kind, das vielleicht einen langen Schulweg hatte, bekommt so Zeit und Raum, um wirklich »anzukommen«. Es ist mit seinem ganzen Wesen an diesem Tun beteiligt: Es nimmt mit Augen und Ohren wahr, wie auch im sonstigen Unterricht, aber es fühlt und erlebt auch mit Händen und Füßen, mit seinem ganzen Körper und allen Sinnen. Das Stillsitzen und Zuhören, aber auch das aktive Mitarbeiten fällt dann im eigentlichen Hauptunterricht anschließend viel leichter. Der wendet sich, entsprechend dem biologischen und seelischen Rhythmus des Kindes morgens vor allem an seine Fä-

higkeit des Aufnehmens und des gedanklichen Durchdringens. Anschließend kommt die Phase des Übens (Sprachen, künstlerische Fächer, Handarbeit ...). Fächer, die das Kind körperlich fordern, werden am späten Vormittag oder nachmittags unterrichtet.

Selbstgestaltetes Unterrichtsmaterial

In den Anfangsjahren gibt es in der Waldorfschule keine Schulbücher für die Kinder. Alles wird anschaulich (und für jede Klasse und jede Lernsituation neu und passend) im Unterricht erarbeitet. Das Tafelbild spielt dabei eine große Rolle. Ein besonderes Tafelbild, vom Lehrer vor dem Unterricht vorbereitet, stimmt die Kinder auf die je-

weilige Epoche ein und bleibt dazu auch längere Zeit stehen. Das täglich erarbeitete Tafelbild entsteht neben dem Lernen, Erzählen. Zu Hause wird es von den Kindern aus der Erinnerung umgesetzt und erweitert zu farbigen Hefteinträgen. Die Heftgestaltung fällt sehr unterschiedlich aus: Je nach Auffassungsgabe, Erinnerungsvermögen und künstlerischem Gestaltungswillen sind die Einträge karg, unendlich akribisch dem Tafelbild nachgearbeitet oder frei nachempfunden und wunderbar farbig ausgestaltet. Wenn die Kinder aus ihren eigenen Heften das Gelernte zu Hause lesen und wiederholen, haben sie dazu einen tieferen Bezug, als wenn alle einheitlich aus einem Buch lernen würden. Die Epochenhefte der Wal-

dorfschüler sind Zeugnis dafür, daß kein Unterrichtsstoff trocken und abstrakt sein muß, denn auch spröde, zum Beispiel mathematische Themen werden anschaulich erarbeitet und optisch ansprechend gestaltet. Entsprechend der Jahreszeit, aber auch zum Epochenthema sammeln die Kinder Gegenstände, vor allem aus der Natur, die sie als Klassenschmuck und Anschauungsmaterial mitbringen. So sorgen sie zusammen mit dem Klassenlehrer dafür, daß das Klassenzimmer etwa in der Hausbauepoche wirklich wie eine Baustelle, in der Geschichtsepoche des Mittelalters wie eine Ritterburg aussieht. Im engagierten Selbst-Tun liegt wohl eine der Erklärungen, warum viele Waldorfschüler »ihre« Schule so sehr lieben.

Künstlerischer Unterricht

Wie schon beim Kindergarten beschrieben, ist Waldorferziehung durch und durch künstlerisch. Jeder Gegenstand, jedes Thema wird auch in der Schule auf künstlerische Weise erarbeitet. In den Kreide-Schwungübungen zum Schreibenlernen steckt ebensoviel Kunst wie im Hochziehen einer Ziegelmauer in der Hausbau-Epoche oder im Stricken der ersten rechten Maschen. Das künstlerische Element durchzieht alles Lernen. Daneben gibt es Inseln künstlerischen Tuns im engeren Sinne.

Neben der künstlerischen Gestaltung der Hefteinträge werden alle herkömmlichen Mal- und Zeichentechniken altersgemäß eingeführt. Eine große Rolle spielt das Formenzeichnen. Mit einfachen Mitteln werden Formen aus der Natur zu Papier gebracht, was geometrisches Sehen und künstlerisches Gestalten in sich vereint. Rudolf Steiner beschreibt die ungeheure Wirkung der Geometrie auf seine eigene geistige Entwicklung. In dieses wichtige Gebiet, das sich in vielen Bereichen unserer Kultur (Architektur, Technik, Astronomie, Kunst) auswirkt, werden die Kinder durch inneres Erleben, durch Laufen der Formen, durch Erarbeiten in der Eurythmie, durch »Luftmalen« und schließlich durch das eigentliche Formenzeichnen eingeführt. Grundelemente sind die Gerade und die Krumme, natürlich ohne Zirkel und Lineal! Die Linie ist nicht abstrakte Kontur wie im Malbuch, sondern lebendige Spur von Energie und Bewegung. Besonders gerne zeichnen die Kinder Symmetrieformen, die bei aller Dynamik ein ausgeglichenes Kräfteverhältnis vermitteln. Die zeichnerische Genauigkeit, die Beobachtung der Wirklichkeit bekommt damit neben der künstlerischen Phantasie ihren wichtigen Platz zugewiesen.

Daneben steht das Wasserfarbenmalen in Naß-in-Naß-Technik und etwas später auch in Schichttechniken, die erstaunliche Farb-Überlagerungen ergeben. Das »Zeichnen« mit Wachsmalkreiden und -blöcken in den ersten Jahren ist eigentlich auch eher Malen, denn es wird sehr flächig aus der Farbe heraus gestaltet. Das abstraktere Zeichnen bleibt späteren Jahren vorbehalten, wenn das räumlich-perspektivische Sehen ausgebildet ist. Im Lauf der Jahre wird mit allen

Materialien gestaltet, die man sich vorstellen kann: mit Holz, später auch mit Stein und Metall, mit Wolle und Wachs, etwas später mit Ton. Unabhängig von Alter der Schüler und verwendetem Material geschieht alles künstlerische Gestalten (wie auch der übrige Unterricht) immer auf dem Weg vom Ganzen zum Detail: Es wird aus der Kugel heraus mit Ton gestaltet, die Form wird aus dem Holz, dem Stein herausgemeißelt. Am Beginn jeder Tätigkeit steht der kosmische Urzustand der Ganzheit, am Ende ein vom menschlichen Willen gestaltetes Einzelnes.

Musiziert wird, neben den vielen Liedern, die im rhythmischen Teil des Hauptunterrichts und auch in den Sprachstunden gesungen werden, ab der 1. Klasse einzeln und in Gruppen. Zunächst spielen die Kinder gemeinsam auf der pentatonischen Flöte noch ohne Noten, indem sie einfach die Bewegungen der Lehrerin oder des Lehrers nachahmen. Später kommen je nach Begabung und schulischer Gegebenheit viele andere Instrumente hinzu. Neben Chören aller Stufen gibt es an den Waldorfschulen immer ein oder mehrere Orchester, in denen ein großer Teil der Schüler mitwirkt.

Die Eurythmie, die die Kinder ja schon im Kindergarten kennengelernt haben, zieht sich durch die gesamte Schulzeit hindurch. Jetzt werden größere Textzusammenhänge beispielsweise aus der behandelten geschichtlichen Epoche oder Musikstücke erarbeitet und auch auf der Bühne dargestellt. Und es wird viel Theater gespielt. Die Schüler schlüpfen in die Rollen der Märchen, der Legenden und geschichtlichen Erzählungen. An diesem Spiel läßt sich viel erüben: Sprachfähigkeit und Gedächtnis, Schauspieltalent und Anpassungsfähigkeit ans Team, Selbstbewußtsein und gesunde Selbstkritik. Vor allem aber prägen sich die Inhalte, egal ob kleiner selbsterdachter Szenen oder großer Weltschauspiele unauslöschlich in die Erinnerung ein. Gekrönt wird die »Bühnenlaufbahn« der Waldorfschüler von den großen Klassenspielen am Ende der 8. und der 12. Klasse, öffentlichen Aufführungen von beachtlichem künstlerischem Format, die oft weit über die Schulfamilie hinaus Anerkennung finden.

Eifrige Stricker ...

Praxisbezug

Wegen dieser mannigfachen künstlerischen Betätigungen wird die Waldorfschule oft als eine besonders musische Schule eingestuft. Das stimmt zwar, aber neben dem Musischen und dem Kognitiven kommt auch das ganz Praktische nicht zu kurz. Buben und Mädchen lernen Strikken, Häkeln, Sticken und später anspruchsvollere textile Techniken. Spinnen und Weben sind eigene Epochen. In der Gartenbau-Epoche wird gesät, gepflanzt, gejätet und der Schulgarten fachmännisch gepflegt. Im 9. Schuljahr findet ein landwirtschaftliches Praktikum statt, im 10. Schuljahr eine Feldmeßepoche, in der die Geometrie in der Natur praktisch erübt wird. Buchbinden, Schmieden und viele andere Handwerkstätigkeiten stehen auf dem Stundenplan. Für die Oberstufenschüler werden zusätzlich Handwerks- und Industriepraktika angeboten, in denen handwerkliches Können erprobt und Berufsneigungen abgespürt werden können. In heilpädagogischen Einrichtungen ist Gelegenheit zu ei-

... und ihre Ergebnisse

nem Sozialpraktikum gegeben. An einigen Schulen gibt es eine spezielle Oberstufendifferenzierung. So gibt es etwa in Kassel ab der 11. Klasse einen allgemeinen Zweig mit Abitur beziehungsweise Fachabitur als Abschluß und daneben einen technischen Zweig, der mit einer Prüfung durch die Handelskammer beziehungsweise Handwerkskammer endet. Die Nürnberger Waldorfschule hat zum Beispiel Lehrwerkstätten, deren Besuch ab der 10. Klasse mit der Gesellenprüfung abgeschlossen werden kann. Die Hibernia-Schule in Wanne-Eickel hat handwerklich-technische und sozialpädagogische Schwerpunkte in der Oberstufe: ein Berufskolleg (Abschluß: mit Gesellenprüfung beziehungsweise Fachoberschulreife), ein Fachkolleg für Technik und Sozialpädagogik (Fachhochschulreife oder Erzieherprüfung) und ein Studienkolleg (Hochschulreife). Auch die zweitälteste Waldorfschule (Stuttgart, »Am Kräherwald«) bietet neben einem sprachlichen Zug praktische Züge ab der 9. Klasse an, die je nach Begabung zur Mittleren Reife beziehungsweise Fachhochschulreife führen.

Fremdsprachenunterricht ab der 1. Klasse

Waldorfschüler lernen ab der 1. Klasse eine Fremdsprache, in Deutschland meist Englisch und Französisch, an manchen Schulen auch Russisch. Dabei geht es gar nicht so sehr darum, welche Sprache es ist. Wichtig ist, die Fähigkeiten des Kindes, das mit sieben Jahren auf weit mehr als nur seine Muttersprache ausgelegt ist, zur rechten Zeit auf die rechte Weise zu nutzen. Das heißt nicht Sprachtraining und Vokabelpauken, sondern wieder »nur« Nachahmung. Lieder, Verse, kleine Märchen (oft im Deutschen bekannt) werden in der fremden Sprache gehört, gesungen, gespielt. Es gibt in der Fremdsprachenstunde im Idealfall kein deutsches Wort. Alles muß aus Gesten erahnt, aus Bekanntem geschlossen, aus dem Spielzusammenhang begriffen werden. Die

fremde Sprachmelodie prägt sich ein, der Sprachgeist eines fremden Volkes wird den Kindern vertraut. Die Beschäftigung mit Sprachlehre, Vokabellernen und Grammatik kommt erst in demselben Alter, wo in der Regelschule mit der ersten Fremdsprache begonnen wird, also in der 5. Klasse. Der Sprachunterricht kann dann schon auf eine lange Sprachübung zurückgreifen, und Grammatik wird nicht als totes Gerüst, sondern als lebendige Struktur hinter dem bereits Bekannten erlebt. Der frühe Fremdsprachenunterricht hat mehr als nur das Erlernen einer anderen Sprache zum Ziel: Die Kinder sollen sich und ihre Sprache in Bezug setzen können zu den (nicht nur sprachlichen) Eigenheiten anderer Völker, sie sollen ein Stück Welt kennenlernen, um sich später um so sicherer darin zurechtzufinden.

Religiöse Erziehung

Alle Erziehung beinhaltet – ebenso wie sie immer von Grund auf künstlerisch ist – auch ein religiöses Element. »Religio« heißt ja »Rück-Verbindung«. Wenn wir nicht diese Rückverbindung zum Göttlich-Geistigen suchten, müßten wir unsere Kinder gar nicht erziehen. Sie könnten dann frei aufwachsen wie Tiere, ohne geistige Beeinflussung. Erziehung aber hat ein Menschenbild im Hintergrund, eine Vorstellung davon, woher der Mensch kommt und wohin er geht. Nach dem anthroposophischen Menschenbild geht Erziehung von einem unsterblichen geistigen Wesenskern jedes Menschen aus. Und dieser Kern, der aus einer göttlich-geistigen Heimat zu uns gekommen ist, wird von Erziehung und Unterricht angesprochen. Ihn gilt es zu erkennen, zu schützen

und entwickeln zu helfen. Dieses ur-religiöse Motiv durchzieht die gesamte Waldorf-Pädagogik.

Aber wie es Kunstunterricht im engeren Sinne gibt, so gibt es an der Waldorfschule natürlich auch Religionsunterricht. Für evangelische und katholische Kinder wird er von der jeweiligen Konfession organisiert und nach ihrem Lehrplan erteilt. Daneben gibt es an den Waldorfschulen den Religionsunterricht der Christengemeinschaft. Auch andere Religionen haben, entweder im Rahmen des Unterrichtes oder, wie auch bei den staatlichen Schulen außerhalb, dieselbe Möglichkeit. Für Schüler, die keiner Religionsgemeinschaft angehören, wird ein »freier christlicher Religionsunterricht« angeboten, den speziell dafür ausgebildete Waldorflehrer halten. Er ist in etwa dem Ethik-Unterricht der Regelschule vergleichbar, hat aber eine eindeutig christliche Ausrichtung, natürlich ohne jede konfessionelle Orientierung. In den ersten Schuljahren wird vor allem das Bewußtsein der Kinder für das Göttliche in der Natur gepflegt und das Bild eines liebenden Vaters über allem in Verehrung und Dankbarkeit angelegt. Ab der 5. Klasse bekommen die Kinder in Erzählungen aus dem Neuen Testament oder in Biographien Beispiele für menschliche Größe. Ab der 9. Klasse werden das Christentum und die nichtchristlichen Religionen vor allem historisch dargestellt. Sinn dieses freien Religionsunterrichtes ist es, die natürliche religiöse Anlage der Kinder zu erhalten und ihnen eine Grundlage für eine reife eigene Entscheidung in religiösen Fragen nach der Pubertät zu geben. Für die Schüler dieses Unterrichtes und ihre Eltern gibt es einmal in der Woche eine (natürlich freiwillige) religiöse Handlung.

In großer Freiheit und gelebter Toleranz vollzieht sich das religiöse Leben an der Waldorfschule. Waldorf-Pädagogik ist also weder un-christlich, wie ihr manchmal vorgeworfen wird, noch schwört sie ihre Schüler auf eine einheitliche Linie ein. Die freiheitliche Entwicklung der Individualität ist eines der Hauptziele der Pädagogik Rudolf Steiners. Dementsprechend lehnt er jede Indoktrination von Seiten der Waldorf-Pädagogik ab. Auch und vor allem anthroposophische Inhalte dürfen den Schülern nicht übergestülpt werden. Anthroposophie ist ja keine fertige »Lehre«, sondern ein Übungsweg zu geistiger Erkenntnis. Natürlich spüren die Schüler, daß hinter der Persönlichkeit des Lehrers eine Überzeugung, eine Kraft steht, die seinen Unterricht belebt und glaubwürdig macht. Aber die Beschäftigung mit Anthroposophie selbst bleibt den Erwachsenen vorbehalten, die diesen Übungsweg aus freier Entscheidung einschlagen können.

Schule ohne Leistungsdruck?

Zum ganzheitlichen Modell der Waldorf-Pädagogik gehört auch, daß die Leistungen der Kinder verbal beurteilt und nicht in Noten festgehalten werden. Ernst-Michael Kranich meint, die Schulnoten seien ein »pädagogisch gesehen systemimmanenter Defekt im heutigen Bildungswesen«[29]. Die Wortbeurteilung ist nicht etwa weniger streng und genau, aber sie beinhaltet im Gegensatz zur Notenziffer mit ihrer scheinbaren Objektivität immer auch einen Ansporn, einen Impuls in die richtige Richtung. Ihren Höhepunkt haben diese Wortgutach-

ten, wie man sie ja inzwischen auch in den Anfangsjahren der Grundschule eingeführt hat, in den Zeugnissprüchen. Hier geht es um weit mehr als die Leistungsbeurteilung für ein Schuljahr. Mit dem Zeugnisspruch, den der Schüler auswendiglernt und bei Gelegenheit auch aufsagt, wird er ganzheitlich in seinen kognitiven und sozialen Fähigkeiten, in seinem Entwicklungsstand und seinen Charaktereigenschaften wahrgenommen. Der Spruch geht über eine reine Beurteilung hinaus, indem er »Entwicklungshilfe« leistet, dem Schüler positive Vorsätze für das kommende Schuljahr anbietet oder ihm zur Ermutigung verborgene Entwicklungsmöglichkeiten aufzeigt. Diese Zeugnissprüche für über 30 Kinder gerecht, in einer sprachlich hochwertigen und eingängigen Form und vor allem inhaltlich nicht nur richtig, sondern wahr zu schreiben, ist sicher eine der größten Anforderungen an den Waldorf-Pädagogen, die er nur mit Hilfe der menschenkundlichen Erfahrung eines langen Übungsweges erfüllen kann. Die Schüler zeigen durch die Begeisterung, mit der sie ihren Zeugnisspruch ein Jahr lang innerlich mit sich tragen, wie diese menschliche Form der Beurteilung sie motiviert und ihr Selbstbewußtsein fördert. So wird zwar Leistung und Leistungsbereitschaft nach dem jeweiligen Entwicklungsstand eines Schülers gefordert und gefördert, aber Leistungs- und Prüfungsdruck kommen – systemfremd – in der Abitur-Vorbereitungsklasse von außen. Allerdings hat es sich gezeigt, daß Waldorfschüler durch ihr gesundes Selbstbewußtsein und ihre kreativen Fähigkeiten auch diesem Prüfungsdruck zu gegebener Zeit gewachsen sind.

Laut dem Handbuch Freie Schulen haben im Jahrgang 1990/91 bezogen auf die 5. Klassen 52 % der Waldorfschüler ihr Abitur beziehungsweise Fachabitur bestanden. Für diejenigen, die anschließend in einen praktischen Beruf gehen, ist die Waldorferziehung anscheinend eine recht gute Basis, denn überdurchschnittlich viele von ihnen erreichen später leitende Positionen.

Wichtiger ist ein Charaktermerkmal, das bei Einstellungsgesprächen mit ehemaligen Waldorfschülern immer wieder beobachtet und hervorgehoben wird: Sie sind selbstbewußt, kreativ und wissen, was sie wollen. Das ist ein sehr positives Zeugnis, das viele Arbeitgeber aus der freien Wirtschaft oder Vorgesetzte in sonstigen Bereichen der Waldorf-Pädagogik ausstellen.

Die »Sozialgestalt« Waldorf-pädagogischer Einrichtungen

Die Pädagogik Rudolf Steiners ist nicht einfach eine besondere Form der Didaktik, sondern eine pädagogische Lebensform. Dementsprechend gestaltet sich auch das soziale Gefüge Waldorf-pädagogischer Einrichtungen. Da Kindergarten und Schule nicht primär als Anstalten gesehen werden, in denen die Kinder bestimmte Fähigkeiten und Fertigkeiten erwerben sollen, sondern als Lebens- und Arbeitsraum für die wichtigsten, prägenden Jahre der Kindheit und Adoleszenz, wird auf einen achtungsvollen mitmenschlichen Umgang großer Wert gelegt.

Die Schulfamilie

Träger der Waldorfschulen ist in fast allen Fällen ein eingetragener Verein, der die finanzielle Grundlage der pädagogischen Arbeit gewährleistet, Öffentlichkeitsarbeit leistet und auch als »Träger« im menschlich-sozialen Sinne wirkt. Schon mit dem Eintritt in den Waldorfkindergarten werden Kinder und Eltern Mitglieder der großen Schulfamilie. Sie bezahlen ihre Beiträge an den Schulverein nach Selbsteinschätzung (wobei ein Mindest-Beitrag zugrunde gelegt wird). In Vorträgen, Kursen und Arbeitskreisen können sich die Eltern in die besondere Form der Pädagogik einleben. Aber mit dem Kindergarten- oder Schulgeld ist nur die finanzielle Seite des Mitglied-Seins abgedeckt. Es besteht nicht nur ein Defizit zwischen Finanzbedarf und staatlicher Förderung: Ein Schüler kostet derzeit im Regelschulbereich in der BRD durchschnittlich 5.350 Euro pro Jahr, davon bekommt die Waldorfschule an staatlicher Finanzhilfe je nach Schulart und Bundesland 40 bis 75 % der Kosten eines staatlichen Schülers. Der Rest wird von den Eltern und Mitgliedern des Trägervereins aufgebracht. (Diese Zahlen stammen aus der letzten verfügbaren Erhebung für das Jahr 2002 und wurden kürzlich durch das Steinbeis-Transferzentrum Heidenheim im Wesentlichen bestätigt.)

Die ganze Schulfamilie ist angewiesen auf einen immensen freiwilligen Einsatz aller Kräfte: Das reiche kulturelle Schulleben braucht Helfer für Kostümschneiderei, Kulissenbau und Kartenverkauf, Köche und Bäcker für das leibliche Wohl usw., und nicht zuletzt immer wieder Spenden über das Schulgeld hinaus. Auch handwerkliche Arbeiten, von der Spielzeugherstellung bis zum Streichen der Schulräume, werden von Lehrern und Eltern gemeinsam geleistet. Dieser Arbeitseinsatz ist für manche berufstätige Eltern sicher eine zusätzliche Belastung. Aber er ist auch eine einmalige Gelegenheit, einander wirklich kennenzulernen, zu einer echten Gemeinschaft zusammenzuwachsen. Nicht zuletzt ist das gemeinsame Tun oft für Väter (die dieser scheinbar wenig leistungsorientierten Pädagogik oft anfänglich recht skeptisch gegenüberstehen) ein guter Weg, über das Praktische teilzunehmen an einer Schulwelt, die sich dann als so weltfremd gar nicht herausstellt.

Die Eltern arbeiten in den verschiedenen organisatorischen und finanzpolitischen Fach-Gremien mit, gestalten eigene Arbeitskreise, organisieren öffentliche Schul- und Informationsveranstaltungen. Nicht zuletzt wären die zahlreichen neuen Waldorfeinrichtungen der letzten Jahre ohne engagierte Eltern-Initiativen nie entstanden. Für »ihre« Schule tun Waldorfeltern fast alles.

Die Schule ist heute, wo viele Kinder soziale und emotionale Defizite in der Klein- oder Restfamilie erleben, zu einem guten Teil »Familie« für die jüngeren Schüler. Wohl in kaum einem anderen Schulmodell ist die Persönlichkeit des Klassenlehrers und der soziale Zusammenhalt von derart zentraler Bedeutung wie in der Waldorfschule. Durch die personelle Kontinuität des Klassenlehrers, durch die Kontinuität der Klasse selbst über das zehnte Lebensjahr hinaus, aber auch durch die vielen verbindenden Rituale und gemeinsamen künstlerischen Erlebnisse wird die Schule zu einem Stück Heimat für die Kinder. Die Bindung an die Person des Klassenlehrers löst sich zwar in der Pubertät, der Klassenverband lockert sich durch differenzierteren Fachunterricht, aber das Heimatgefühl bleibt bei vielen älteren Schülern erhalten.

Freie Schule

Die Rudolf-Steiner-Schulen sind in der Arbeitsgemeinschaft Freier Schulen organisiert, zu denen fast alle deutschen Privatschulen gehören. Über die Notwendigkeit freier Schulen schreibt Ernst-Michael Kranich, Leiter des Stuttgarter Waldorflehrerseminars: »Schule unter dem Einfluß politischer, aber auch unter dem wirtschaftlicher Interessen kann menschliche Entwicklung zwar kanalisieren, aber nur eingeschränkt nach ihren eigenen Bedingungen und Gesetzen fördern. Schule in staatlicher Regie ist in den historischen Ereignissen dieses Jahrhunderts zum Problemfall geworden. Das gilt auch für die staatlichen Schulen im demokratischen Staat. ... Wie will man eine Jugend zur Freiheit und Verantwortung erziehen, wenn das Schulwesen durch seine bürokratische Struktur die Lehrer in ihrer pädagogischen Tätigkeit durch Verordnungen bestimmt beziehungsweise gängelt?«[30]

Die Waldorfschule versteht sich aus dem Dreigliederungsgedanken Rudolf Steiners heraus als eine Einrichtung des freien Geisteslebens (neben dem Wirtschaftsleben, in dem der Grundsatz der Brüderlichkeit gelten soll und dem Rechtsleben, dessen Prinzip die Gleichheit ist). Dementsprechend ist ihre Pädagogik nicht an politischen Systemen oder wirtschaftlichen Anforderungen orientiert, sondern zuerst einmal am Menschen.

Die Waldorfschule ist eigentlich die erste Gesamtschule. Gemeinsam hat sie mit der später eingerichteten Gesamtschule, die Überwindung der viel zu frühen Selektion durch das dreigliedrige Schulsystem. Aber die Art des Lernens und Unterrichtens unterscheidet sich wesentlich, denn an der Integrierten Gesamtschule wird nach dem herkömmlichen Lehrplan hauptsächlich intellektuell unterrichtet, während die Waldorfschule versucht, Moral, Religion, Wissenschaft, Kunst und Lebens- und Berufspraxis zu einer ganzheitlich-menschlichen Bildung zu vereinen.

Diese grundsätzliche Andersartigkeit der Pädagogik Rudolf Steiners machte eine eigene Lehrerbildung notwendig. »Der Lehrer im staatlich verwalteten Schulsystem steht an der Basis einer Kompetenzhierarchie; das heißt, für sein Tun steht in einem nicht unbedeutenden Umfang die Vorschrift an der Stelle der Einsicht und eigener Initiative. Er muß sich in seinem Tun nach Bedingungen richten, die von Menschen gesetzt werden, die die Kinder, um die es konkret geht, nicht kennen und Unterricht z.T. nur aus blasser Erinnerung und pädagogischer Theorie. Die Übernahme der Schule in die Obhut staatlicher Verwaltung war in der Vergangenheit ein notwendiger Schritt. Mit der Gründung der ersten Waldorfschule wurde der fällige nächste Schritt getan, nämlich Unterricht und Erziehung auf ein Fundament zu stellen, das es dem Lehrer ermöglicht, aus wirklicher Einsicht in das Wesen des heranwachsenden Menschen in voller Verantwortung und Initiative pädagogisch zu wirken.«[31] Es bedarf einer intensiven Ausbildung, nicht nur in den einzelnen Fächern (denn der Klassenlehrer muß ja 1. bis 8. Klasse unterrichten!), sondern vor allem in der menschenkundlichen Grundlegung des Lehrens und Lernens.

Der Waldorflehrer ist eingebunden in eine Schulgemeinschaft, wie es sie sonst kaum gibt. Statt der sonst üblichen Frontenbildung Lehrer – Eltern – Schüler lebt die Waldorfschule vom Einsatz der Kräfte und Ideen aller Beteiligten. Das bedeutet zum Beispiel, daß der promovierte Fachlehrer der oberen Klassen das gleiche Grundgehalt und die gleichen Sozialzulagen (für Familie und Kinder) wie der Kollege erhält, der in den unteren und mittleren Klassen Handarbeit unterrichtet.

Im Lehrerkollegium der Waldorfschule gibt es keine hierarchische Gliederung. Zur Vertretung nach außen wird ein Vorstand aus Eltern und Lehrern gewählt. Intern aber hat jeder Lehrer, unabhängig von seiner Ausbildung oder der Jahrgangsstufe, die er unterrichtet, gleiches Recht und gleiche Pflichten. Das bedeutet aber auch, daß organisatorische und personalpolitische Aufgaben von allen zusammen gelöst werden müssen. Eine große Hilfe ist das Know-How von Eltern, das im Eltern-Lehrer-Rat, im Wirtschaftskreis, im Baukreis u.ä. eingebracht wird.

Forum der Beratung und Entscheidung ist die wöchentliche Konferenz. Im pädagogischen Teil, an dem alle Lehrer gleichberechtigt teilnehmen, werden fortlaufend die menschenkundlichen Grundlagen erarbeitet, Fragen von Methodik und Didaktik gemeinsam besprochen und Berichte über einzelne Epochen, Klassen oder Schüler gegeben. Die anschließende Verwaltungs-Konferenz beschäftigt sich mit der organisatorischen Planung. In der internen oder Schulführungskonferenz (in der Regel alle Lehrer, die bereits ein Jahr an der Schule sind) werden Fragen der Schulführung und Personalplanung beraten. Dieser Kreis wählt auch die Vertretung nach außen und die gründet die notwendigen Ausschüsse für Spezialaufgaben.

Die Entscheidungen werden nicht nach dem demokratischem Mehrheitsbeschluß getroffen, sondern immer einstimmig. Das bedeutet, daß solange verhandelt und an einem Problem gearbeitet werden muß, bis alle weitgehend von einer Lösung überzeugt sind. Das ist zwar ein schwieriger und vor allem sehr langwieriger Prozeß, aber es wird dadurch verhindert, daß eine überstimmte Minderheit halbherzig Mehrheitsentscheidungen umsetzen muß, hinter denen sie nicht stehen kann.

Die zentrale Bedeutung der Konferenz ist eine ständige Lehrer-Fortbildung. Wie die gesamte Waldorf-Pädagogik kein feststehendes didaktisches Lehrgebäude, sondern ein wachsender, lebendiger Prozeß ist, so müssen die Lehrkräfte mit ihren aufsteigenden Klassen mitwachsen, sie müssen sich auf wechselnde soziale und örtliche Gegebenheiten einstellen usw.. Die Spiegelung ihres Tuns im Rahmen der Konferenz ist nicht nur ein wichtiges Korrektiv für ihr menschliches und pädagogisches Verhalten, sondern fortwährendes Dazulernen, unermüdliches Arbeiten an sich selbst, an der eigenen pädagogischen Konzeption und am gesamten Schul-Konzept.

Zum Schluß noch ein paar informative Zahlen:

Bis Anfang der 30er Jahre gab es in Deutschland acht Waldorfschulen. Sie wurden im Dritten Reich geschlossen. Erste ausländische Schulgründungen vor dem Zweiten Weltkrieg waren ab 1938 in Holland, in England, der Schweiz, Norwegen, Portugal und Ungarn.

Nach 1945 nahmen die ersten deutschen Waldorfschulen unter großen wirtschaftlichen und menschlichen Opfern wieder ihren Betrieb auf, neue wurden gegründet. 1952 waren es 25 Schulen. Heute gibt es in Deutschland 158 Waldorfschulen mit angegliederten Kindergärten (Stand: Juni 1995), 322 in Europa (Stand: Mai 1995, Zahlen vom Bund der Freien Waldorfschulen, Stuttgart). Auch in den neuen Bundesländern wurden seit der Wende neue Waldorfschulen gegründet (12 bis 1992; lt. Handbuch Freie Schulen); im Ostblock sind Schulen und Stätten der Waldorflehrerbildung im Aufbau. Auf allen Erdteilen ist die Pädagogik Rudolf Steiners vertreten: in den USA, in Südamerika, Australien, Neuseeland, Südafrika, Kenia und Japan, um nur einige Länder zu nennen. Insgesamt gibt es derzeit im außereuropäischen Ausland über 150 Waldorfschulen (Zahlen vom Bund der Freien Waldorfschulen, Stuttgart, Stand: Mai 1995). In Europa gibt es die meisten Waldorfschulen in den Niederlanden und der Schweiz, was sicher kein (schul-)politischer Zufall ist.

Ein Vormittag in einer 1. Klasse in einer Waldorfschule

Sabine Franke

Mit dem Ertönen der Schulglocke füllen sich die Gänge des Schulhauses mit Leben. Die Kinder drängen ihren Klassenzimmern zu, an denen sie schon von ihren Klassenlehrern erwartet werden. Jedes Kind wird persönlich begrüßt, und besonders die Erstkläßler erzählen dem Lehrer schon an der Türschwelle von ihren Erlebnissen, Freuden oder auch Leiden.

Bis alle Kinder da sind, herrscht im Klassenzimmer eine geschäftige Stimmung. Kleinere Dienste werden eifrig verrichtet, die Hausaufgaben hergerichtet und stolz gezeigt, Verabredungen werden getroffen, Freundschaften geschlossen.

Die Begrüßung und der gemeinsam und täglich gesprochene Morgenspruch zeigen den Beginn des jeden Morgen stattfindenden Hauptunterrichts an. Dieser ist, wie auch der Tages-, Wochen- und Jahreslauf, rhythmisch gegliedert.

Morgenspruch für die Klassen 1 – 4

Der Sonne liebes Licht,
Es hellet mir den Tag;
Der Seele Geistesmacht,
Sie gibt den Gliedern Kraft;
Im Sonnen-Lichtes-Glanz
Verehre ich, o Gott
Die Menschenkraft, die Du

In meine Seele mir
So gütig hast gepflanzt,
Daß ich kann arbeitsam
Und lernbegierig sein.
Von Dir stammt Licht und Kraft,
Zu Dir ström' Lieb und Dank.

(R. Steiner)

Die unteren Klassen haben einen stark einheitlichen Charakter, und der gesamte Unterricht ist künstlerisch gestaltet. Ein Schwerpunkt liegt für diese Altersstufe in der sprachlich-musikalischen Erziehung. Diese Bereiche werden auch im anschließenden rhythmischen Teil gepflegt.

Je nach Lehrer wird die frontale Sitzordnung durch den Morgenkreis, der sich um die Schultische bildet, aufgelöst.

Mit Liedern, Sprüchen, Gedichten und kleinen Spielen zu den Jahreszeiten, Jahresfesten, Naturreichen oder auch zur jeweiligen Epoche werden die Kinder auf den Unterricht eingestimmt, in Wille und Gefühl angeregt und zur Gemeinschaft zusammengeschlossen. Gesprochenes und Gesungenes wird mit einfachen Gesten und Bewegungen begleitet oder durch rhythmisches Klatschen, Stampfen und Springen verstärkt und täglich über einen längeren Zeitraum wiederholt.

Der Wechsel zwischen Ruhe, Aufnahmebereitschaft und Bewegung durch die Auswahl der in Quintenstimmung gesungenen Lieder und kleinen Verse kommt dabei dem Bewegungs- und Ruhebedürfnis der Kinder entgegen.

Beispiel eines Morgenkreises aus der 1. Klasse (die Kinder stehen im Kreis und reichen sich die Hände):

Spruch:

> Wir wünschen uns alle
> einen frisch fröhlichen Tag.
> Einen Tag ohne Sorgen.
> einen Tag ohne Klag,
> einen Tag, wo jedes mit frischer Kraft
> und fröhlichem Herzen
> Gutes schafft.

Morgenlied

Einläuten des Tages: Die Kinder nennen den Wochentag, später Datum und den Unterricht des entsprechenden Tages.
Spruch zur Rechts-Linksorientierung mit Bewegungen:

> Rechte Hand und linke Hand,
> das sind zwei,
> rechte Hand und linke Hand,
> schaffen froh und frei.
> Rechte Hand und linke Hand,
> soll'n sich fleißig regen,
> eine kommt der andern Hand
> helfend stets entgegen.
>
> Rechter Fuß und linker Fuß,
> das sind zwei,
> rechter Fuß und linker Fuß,

> stapfen froh und frei.
> Rechter Fuß und linker Fuß,
> tragt mich allerwegen
> fest im Tritt und Schritt für Schritt
> gutem Ziel entgegen.

Die Kinder dieser Altersstufe sind noch so mit ihrer Umgebung verbunden, daß sie sich in ihrem Spiel immerzu in ein anderes Wesen verwandeln möchten.
So macht es besonderen Spaß, ein kleines Herbstlied, je nach Temperament, einmal als fröhliche Birke, als arme Trauerweide, als Linde oder starke Kastanie zu singen und die Bewegungen entsprechend auszuführen. (Lied: Vom Bäumchen schüttelt's Hellerlein ...)
Gleich darauf gehen, traben und galoppieren die Pferdchen durch den Herbstwald, und alle sind sehr darauf bedacht, am Schluß des Liedes wieder im Stall (Kreis) zu stehen (Lied: Pferdchen, geh langsam, der Weg ist so steil ...)
Um die Kinder wieder zu sammeln, beginnt es vielleicht ganz sacht zu regnen, und die Aufmerksamkeit der Kinder ist dann gleich auf die Bewegungen der Finger der Lehrerin gerichtet. (Fingerspiel: Es regnet ganz sacht ...)
Ein abschließender Spruch bringt die Kinder wieder ganz zu sich:

> Ich hebe mein Haupt ins Licht.
> Mein rechter Fuß tritt auf den Boden.
> Meine linke Hand weist in die Weite.
> Meine rechte Hand weist in die Weite.
> Mein linker Fuß fühlt mit der Sohle den Boden.
> Mein Haupt ist im Licht.

Gerne öffnen die Kinder nun noch einmal das Taubenhaus, um als Täubchen durch den Herbstwald auf ihre Plätze zu fliegen (Lied: Wir öffnen jetzt das Taubenhaus ...). Zum Schluß des Liedes, wenn das Taubenhaus wieder geschlossen wird, will jedes Kind an seinem Platz sein, um nicht »ausgesperrt« zu werden. Aus der weitläufigen Bewegung werden die Kinder wieder zu sich geholt. Die Bewegung wird kleiner, der Gesang leiser, wenn am Platz noch einmal die allerkleinsten Täubchen (die kleinen Finger) ausfliegen dürfen und zum Schluß im Taubenhaus einschlafen. So ist spielerisch die Ruhe für Flötenspiel, kleine Rezitationen und Gedächtnisübung geschaffen (der täglich von den Kindern versteckte Stein muß gesucht und wieder versteckt werden).

Die Konzentration der Kinder wird so mehr und mehr auf den anschließenden eigentlichen Epochenteil gerichtet.

Damit sich die Schüler mit ganzem Herzen in ein Unterrichtsgebiet hineinfinden können, wird zu Beginn eines jeden Schultages für einen längeren Zeitraum (ca. drei bis vier Wochen) ein und dasselbe Fach behandelt (Epochenunterricht).

Dabei wird zunächst, etwa bei der Einführung der Buchstaben, das Gewicht auf das bildhaft darstellende Vermitteln gelegt. Zum Schreibenlernen wird daher ein längerer Weg benötigt. Die Kinder erhalten jedoch Gelegenheit, die Welt der abstrakten Zeichen seelisch lebendig zu erfassen und sie gewissermaßen mit dem ganzen Leib zu ergreifen. So werden die Buchstaben als Laute gesprochen, als Formen gelaufen, mit Armen und Händen gestaltet und schließlich aus Bildern zum Schriftzeichen entwickelt. Es steht also im ersten Schuljahr nicht das

Lesen- und Schreibenlernen im herkömmlichen Sinne im Vordergrund, sondern das seelische Erlebnis, das das Kind auf dem Weg zum Buchstaben hat.

Aus diesem langsamen Prozeß des Schreibenlernens gewinnen die Kinder dann nach und nach wie von selbst das Lesen der Buchstaben und selbstgeschriebenen Wörter.

Der Sinn, der in die gemalte Form des Buchstaben hineingezaubert wurde, wird nun beim Lesen wieder entzaubert. So fällt es auch Erstkläßlern, die bereits lesen können, nicht schwer, sich voller Wissensdurst auf die Entdeckung der Buchstaben zu begeben.

Aus welchen Erzählungen und Bildern die einzelnen Buchstaben entstehen, obliegt dem pädagogischen Feingefühl des Lehrers. In meiner Klasse begaben wir uns mitsamt eines kleinen Hirtenknaben auf eine erlebnisreiche Wanderschaft durch die Welt und brachten, gleichsam als Geschenk der verschiedenen Erlebnisse und Bilder, die einzelnen Buchstaben mit.

Die Einführung eines Buchstaben erstreckte sich somit gewissermaßen über zwei-drei Tage. Zwischen dem Erleben und Erinnern, der Vertiefung des Erlebten, wurde so ein Abstandnehmen im »durch-die-Nacht-tragen« ermöglicht.

Dafür ein Beispiel:

Schon das vorbereitete Tafelbild verriet den Schülern, daß die Wanderschaft des Hirtenknaben sich fortgesetzt hatte. Erste Vermutungen verbreiteten sich im Klassenzimmer, welcher Buchstabe diesmal das Geschenk sei. Mit Spannung erwarteten die Kinder die Erzählung, die sie auf die Spur des Buchstaben bringen würde. Schließlich wurde aus dem klotzigen, klobigen Kerl an der Tafel das Erlebnis desselben, indem 36 kleine klotzige, klobige Kerle durch die Klasse stampften und den Boden zu einem kleinen Vers krachen ließen.

Damit war die Aufmerksamkeit auf den Anfangslaut gelenkt, der nun oftmals gesprochen, geflüstert, gelaufen, in die Luft und an die Tafel gemalt wurde.

> »Da kommt er, der klobige,
> klotzige Kerl!
> Im kahlen Dickicht knackt es und kracht,
> Erdklumpen klatschen
> und Felsblöcke kollern,
> Eine Kiefer schwenkt er als Keule.
> Was für ein klobiger, klotziger Kerl!«[32]

So in ihrem ganzen Wesen angesprochen setzten die Kinder die Spannung gern in eigene Aktivität um und malten den neugewonnenen Buchstaben mit dem dazugehörenden Bild mit Wachsblöcken und Stiften in ihr Epochenheft.

Dabei wird darauf geachtet, daß die Kinder ihr eigenes Tun als bedeutend ansehen und ihre Arbeit mit Liebe verrichten.

Am nächsten Tag wurde die Erzählung noch einmal erinnert, zusammengetragen und geordnet, und der Buchstabe in seiner Schreibweise in den verschiedensten Formen, in die Luft, auf den Rücken des Nachbarn, in die Hand ... geübt, aus Fäden gelegt oder aus Wachs geknetet. Schließlich wurde er mit den anderen, schon bekannten Buchstaben verbunden und in kleinen Wörtern wiederentdeckt, geschrieben und gelesen.

Den Abschluß eines jeden Hauptunterrichtes in der 1. Klasse bildet der Erzählteil, der dem rhythmischen und didaktischen Teil gleichwertig gegenübersteht. Den Erzählstoff, der sich wie ein roter Faden durch das ganze erste Schuljahr zieht, bilden die Volksmärchen, die vom Lehrer in ihrer vollkommenen Bildsprache erzählt werden. Es gehört zu den schönsten Augenblicken des Unterrichts, die Erstkläßler hingebungsvoll in das Märchen eintauchend, gebannt lauschend vor sich sitzen zu sehen, beim Erzählen ihr Mienenspiel zu beobachten und als Erzähler das Gleichgewicht zwischen Spannung und Lösung zu halten.

Mit dem lösenden Aufatmen, daß das Märchen wieder einmal gut ausgegangen ist, werden die Kinder nach einem letzten gemeinsamen Lied und der Verabschiedung in die Pause entlassen.

Anschließend erwartet sie der Fachunterricht, der sich in der 1. Klasse über die Woche verteilt aus den Fächern Eurythmie, Musik, Handarbeit, Spielturnen und den Fremdsprachen Englisch und Französisch zusammensetzt.

Anmerkungen

1) Walter Kugler, Rudolf Steiner und die Anthroposophie, S. 10

2) siehe ausführliche Quellenangaben bei Kugler, Rudolf Steiner und die Anthroposophie

3) siehe Kugler, Rudolf Steiner und die Anthroposophie

4) Rudolf Steiner, Die Erziehung des Kindes vom Gesichtspunkte der Geisteswissenschaft, S. 8

5) Guenther Wachsmuth, Die Reinkarnation des Menschen, S. 13

6) Rudolf Steiner, Theosophie, S. 69

7) Rudolf Steiner, Theosophie, S. 69f.

8) Rudolf Steiner, Anthroposophie und Christentum, S. 17

9) Rudolf Steiner, Anthroposophie und Christentum, S. 3 und 20

10) Rudolf Steiner, Die Erziehung des Kindes, S. 13

11) Rudolf Steiner, Die Erziehung des Kindes, S. 13

12) Rudolf Steiner, Die Erziehung des Kindes, S. 13f.

13) Rudolf Steiner, Die Erziehung des Kindes, S. 27

14) Rudolf Steiner, Die Erziehung des Kindes, S. 40f.

15) Rudolf Steiner, Allgemeine Menschenkunde als Grundlage der Pädagogik, S. 24

16) Ellen Key, Das Jahrhundert des Kindes, S. 29

17) Heiner Barz, Der Waldorfkindergarten, S. 105

18) Christoph Lindenberg aus: Barz, Der Waldorfkindergarten, S. 33

19) Rudolf Steiner, Erziehungskunst, S. 46

20) Rudolf Steiner, Die Erziehung des Kindes, S. 21

21) Rudolf Steiner, Die Erziehung des Kindes, S. 23

22) siehe dazu u.a. Emil Schmalohr, Möglichkeiten und Grenzen einer kognitiven Frühförderung, zitiert nach Heiner Barz

23) siehe hierzu Michaela Glöckler, Elternfragen heute, S. 94ff

24) Jerry Mander, Schafft das Fernsehen ab, S. 198, zitiert aus: Rainer Patzlaff, Bildschirmtechnik und Bewußtseinsmanipulation

25) Rudolf Steiner, Das Geheimnis der menschlichen Temperamente, S. 16f.

26) Rudolf Steiner, Das Geheimnis der menschlichen Temperamente, S. 39

27) Auf die Einrichtungen der Heilpädagogik, der Pädagogik für Seelenpflegebedürftige, wie Rudolf Steiner sie bezeichnet, kann hier nicht näher eingegangen werden. Einen guten Überblick bieten hier die beiden Bände »Heilende Erziehung« (Textband und Bilddokumentation aus dem Verlag Freies Geistesleben, 1974 beziehungsweise 1977).

28) Frans Carlgren, Erziehung zur Freiheit, S. 51

29) Handbuch Freie Schulen, S. 200

30) Handbuch Freie Schulen, S. 191

31) Handbuch Freie Schulen, S. 195f.

32) Dühnfort/Kranich, Der Anfangsunterricht im Lesen und Schreiben

Montessori oder Waldorf - ein Vergleich

Die Synopse stellt den Versuch dar, die charakteristischen Merkmale der Waldorf- und Montessori-Pädagogik gegenüberzustellen. Es soll dies keine Wertung und Interpretation sein, was besser und was schlechter ist. Der Leser selbst kann sich hier informieren, orientieren und seine eigene Meinung entwickeln. Bei der Entscheidung, ob man für sein Kind (in der Regel treffen die Eltern für das Kind diese Entscheidung) eine Waldorf- oder Montessori-Schule auswählt, sind sicherlich viele Gründe ausschlaggebend. Nicht nur die pädagogischen Inhalte und weltanschaulichen Ideen sind von Wichtigkeit, sondern auch die räumliche Entfernung vom Elternhaus, die Auswahl der Freunde und Spielkameraden, die Höhe des Schulgeldes und die Person des Klassenlehrers.

Zur Benutzung dieser Synopse:
Die wichtigsten pädagogischen Prinzipien und praktischen Gegebenheiten werden im folgenden im wahrsten Sinne des Wortes gegenübergestellt: Auf den linken Seiten finden sich jeweils die Montessori-Aspekte zu einem bestimmten Thema, auf den rechten Seiten entsprechend die Waldorf-Aspekte. Einer Hauptüberschrift, die auf beiden Seiten erscheint und das Thema angibt, ist jeweils eine individuelle Unterüberschrift für den Montessori- bzw. Waldorfteil zugeordnet.
Jedes Kapitel beginnt grundsätzlich mit einer neuen Seite. Da einige wenige Kapitel sich über mehr als eine Seite erstrecken, steht zur Verdeutlichung an jedem Kapitelende folgendes Symbol: ■

BIOGRAPHIE DER GRÜNDERGESTALTEN

 Maria Montessori

Maria Montessori wurde 1870 in Chiaravalle (Italien) geboren und starb 1952 in Nordwijk aan Zee (Holland). Ihre berufliche Laufbahn begann sie als Ärztin (sie war die erste Frau, die in Italien Medizin studierte), schon bald darauf hatte sie einen Lehrstuhl für Anthropologie inne und begann, sich als junge Assistenzärztin mit der Erziehung von kleinen Kindern zu beschäftigen.

Aus ihrer beruflichen Tätigkeit an der Universitätsklinik in Rom ergaben sich Kontakte zu schwachsinnigen Kindern. Maria Montessori erkannte, daß deren Behandlung weniger eine Frage der Medizin als der Pädagogik war. Sie begann Pädagogik und Psychologie zu studieren und wurde Leiterin eines Pädagogischen Instituts.

Aus der Praxis heraus entwickelte sie ihre besondere Pädagogik, wobei eine grundlegende Prämisse für sie erst die Erziehung der Sinne, dann die des Verstandes war. Sie begann, eigene Materialien zu erstellen, welche Erfahrungen über die Sinne vermitteln, und erprobte eine neue Methode zum Schreiben- und Lesenlernen. Dieses Material und seine Verwendung auch für nichtbehinderte Kinder war der Grundstein ihrer Methode.

1907 wurde das erste Montessori-Kinderhaus in San Lorenzo (Rom) eröffnet. Schon bald sprach man in der internationalen Presse von den großen pädagogischen Erfolgen in San Lorenzo.

1909 kam das erste Buch Maria Montessoris heraus (Il Metodo della Pedagogica Scientifica applicato all'educazione infantile nelle Casa dei Bambini, deutsche Übersetzung 1913: »Selbsttätige Erziehung im frühen Kindesalter«). Sie veröffentlichte bis zu ihrem Tod noch eine Reihe weiterer Bücher, die immer aus ihren Vortragsmanuskripten zusammengestellt wurden.

Ab 1909 bildete Maria Montessori Schüler(innen) aus. Teilnehmer aus aller Welt besuchten ihre Kurse. In vielen Ländern wurden Montessori-Einrichtungen gegründet. Während der Zeit des Nationalsozialismus waren Montessori-Einrichtungen verboten, ebenso in kommunistischen Ländern. Zur Zeit gibt es in Deutschland 188 Vereine (Träger- und Fördervereine), 327 Vorschuleinrichtung und 158 Schulen. ■

BIOGRAPHIE DER GRÜNDERGESTALTEN

Rudolf Steiner

Rudolf Steiner wurde 1861 in Kraljivec (Österreich/Ungarn) geboren und starb 1925 in Dornach/Schweiz. Neben seinen naturwissenschaftlichen Studien (Biologie, Chemie, Physik) beschäftigte er sich unter anderem mit den naturwissenschaftlichen Schriften Goethes, in denen er eine mögliche Brücke zwischen Natur- und Geisteswissenschaft sah, aber auch mit den philosophischen Schriften Haeckels und Nietzsches.
Als Erzieher eines hydrocephalen Zehnjährigen (ein Kind mit einem sog. »Wasserkopf«) sammelte er praktische pädagogische Erfahrungen.
Ab 1900 lebte Steiner in Berlin als Schriftsteller. Er hielt unter anderem Vorträge in der »Arbeiterbildungsschule« und im Giordano-Bruno-Bund. Über seine Christologie sprach er in der Theosophischen Gesellschaft, die ihn zum Generalsekretär der deutschen Sektion wählte.
Die erste öffentliche theosophische Kundgebung vor dem Giordano-Bruno-Bund 1902 bezeichnete Steiner als »Geburtsstunde der Anthroposophie«. 1904 legte er seine grundlegenden Gedanken zur Anthroposophie in der »Theosophie« nieder. 1913 kam es zum Bruch mit der Theosophischen Gesellschaft und zur Gründung der Anthroposophischen Gesellschaft.
1918, zu Beginn der Revolution in Deutschland, hielt er vor der Arbeiterschaft Vorträge über die »Kernpunkte der sozialen Frage«. Der »Bund für Dreigliederung des sozialen Organismus« hatte zum Ziel: Freiheit im Geistesleben, Gleichheit im Rechtsleben und Brüderlichkeit im Wirtschaftsleben.
Für Steiner war die soziale Frage untrennbar mit der Pädagogik verbunden.
Emil Molt, Chef der Waldorf-Astoria-Zigarettenfabrik in Stuttgart, deren Arbeiter Steiner mit seinen Vorträgen über soziale und pädagogische Themen begeistert hatte, unterstützte spontan die Gründung einer eigenen Arbeiterschule. So entstand 1919 die erste Waldorfschule mit eigenem Lehrerseminar.
Nach dem Tod Rudolf Steiners gründete Caroline von Heydebrand die Waldorfkindergärten, ebenfalls mit einer eigenen Ausbildungsstätte. Heute gibt es allein in Deutschland 158 Waldorfschulen (mit zum Teil mehreren angegliederten Kindergärten), in Europa 322 und im außereuropäischen Ausland über 150 (Zahlen vom Bund der Freien Waldorfschulen, Juli 1995). ■

GRUNDLEGENDE PÄDAGOGISCHE GEDANKEN

M Das anthropologische Konzept Maria Montessoris

Grundlage der Pädagogik Maria Montessoris war die Beobachtung der Kinder und die daraus abgeleiteten Entwicklungsgesetze, nicht das von ihr erst nach und nach entwickelte anthropologische Konzept. Maria Montessori spricht davon, daß sie über die unmittelbare Beobachtung von Kindern, deren Freiheit beachtet und respektiert wurde, innere Lebensgesetze erkannte.

Für Maria Montessori nimmt der Mensch eine Sonderstellung ein. Nur er hat die Möglichkeit und Chance, sich von seiner biologisch-instinkthaften Vorgegebenheit zu lösen und sich zu einem freien Wesen zu entfalten.

Sie versteht das Kind als ein leib-geistiges Wesen mit eigener Individualität. Kraft seines Geistes möchte sich das Kind zu einem unabhängigen, freien und selbständigen Menschen entwickeln. Dies ist für Maria Montessori ein Grundimpuls im Menschen, der zur Verwirklichung drängt.

Die in Verantwortung gelebte Freiheit des Menschen ist für Maria Montessori ein Ausdruck der Würde des Menschen. Basis und Ziel ihrer Pädagogik ist es, diese Würde schon beim Kind anzuerkennen. Diese Freiheit hat Vorstufen in der zunehmenden Selbständigkeit und Unabhängigkeit des Kindes. In der Erziehung sollen nach Maria Montessori all diese Vorstufen und Phasen Beachtung und Raum finden.

Die Entwicklung des Kindes verläuft für Maria Montessori in Phasen, die sich in einem etwa sechsjährigen Rhythmus aufbauen. Der Zahnwechsel und die Pubertät zeigen bei ihr – wie auch bei Steiner – den Übergang von einer Phase zur anderen an.

Die Phasenlehre spielt bei Maria Montessori sicher keine so große Rolle wie bei Rudolf Steiner. Sehr viel wichtiger ist in der Montessori-Pädagogik jedoch die Anerkennung und Berücksichtigung der »sensiblen Phasen« des Kindes. Diese sensiblen Perioden bezeichnet Maria Montessori als Phasen besonderer Lernbereitschaft und Aufmerksamkeit. Nur in der Möglichkeit der freien Wahl hat das Kind die Chance, nach der jeweiligen Sensibilität und nach seinem Interesse zu entscheiden. Nicht der Erzieher weiß, was für das Kind gerade richtig und gut ist, sondern das Kind kann sich nach seinen Bedürfnissen, gemäß seiner Entwicklung entscheiden. Dies sollte im Sach- und Sozialkontakt stattfinden. In der für die Bedürfnisse des Kindes geschaffenen vorbereiteten Umgebung nimmt der Erwachsene die Vermittlerfunktion ein, die jedoch nie die Eigeninitiative, Spontaneität und die Freiheit des Kindes verletzen darf.

GRUNDLEGENDE PÄDAGOGISCHE GEDANKEN

Anthroposophie als Grundlage der Waldorf-Pädagogik

Für Steiner war Erziehung von Anfang an eine zutiefst soziale Frage, das heißt untrennbar verbunden mit allen anderen Bereichen menschlichen Lebens. Wenn sich in der Welt etwas zum Positiven ändern sollte, so mußte man seiner Meinung nach bei der Erziehung der Jugend ansetzen. Dieser Impuls wurde von den Arbeitern der Waldorf-Astoria-Zigarettenfabrik begeistert aufgegriffen. Die ersten Waldorflehrer in Stuttgart 1919 bekamen von Rudolf Steiner parallel zu einem Intensivkurs in anthroposophischer Pädagogik und Didaktik menschenkundliches Grundlagenwissen vermittelt, das auf den weitreichenden geisteswissenschaftlichen Forschungen und Beobachtungen Steiners basierte. Zu dem Menschenbild, das der Lehrer bei allem pädagogischen Handeln in sich trägt, gehört die Achtung vor dem Individuum, das frei, unsterblich und einmalig ist, es gehört dazu das Verständnis für die Schicksalszusammenhänge, in denen ein Mensch hier auf der Erde lebt (Reinkarnation und Karma) und nicht zuletzt eine umfassende Menschenliebe, genährt aus einer christlichen Grundhaltung. Der Lehrer soll dem Kind ein geistiger »Entwicklungs-Helfer« sein. Dazu muß er die geistigen Gesetzmäßigkeiten begreifen, die der menschlichen Entwicklung zugrunde liegen. Zum einen ist er hierfür auf die Angaben angewiesen, die aus der Forschung und Beobachtung Rudolf Steiners, aber auch wohl aus hellsichtiger Schau stammen; zum anderen hat er in den geistigen Übungen ein Instrument in der Hand, das es ihm bei genügender Konsequenz möglich macht, mit der Zeit selbst Zugang zu solchen geistigen Erkenntnissen zu bekommen.

Nicht nur über die Entwicklung des einzelnen Menschen gibt die Anthroposophie Auskunft, sondern auch über die Erdentwicklung, die »Kulturepochen«, wie Steiner sie nennt. So, wie den einzelnen Lebensaltern des Kindes bestimmte Wesensglieder und Fähigkeiten zuzuordnen sind, hat auch die ganze Menschheit ihre den Jahrsiebten vergleichbaren Phasen durchgemacht. Hier zeigt sich wieder das Ganzheitsprinzip der Waldorf-Pädagogik, indem die Kindesentwicklung in einem Zusammenhang zur Menschheits- und Erdentwicklung gesehen wird.

Steiner mißt den ersten drei Jahrsiebten, in denen ja Erziehung stattfindet – und hier vor allem der Zeit bis zum Schuleintritt – eine besonders prägende Bedeutung zu. Er spricht von drei »Geburten«: der physischen Geburt zu Beginn des ersten Jahrsiebtes, der Geburt (= Freiwerden) der Lebenskräfte um den Zahnwechsel herum und der astralischen Geburt («Erdenreife») mit der Pubertät. Entsprechend

Die Grundkräfte des Menschen (Denken, Fühlen, Wollen) sind bei Maria Montessori nicht primär in Verbindung mit den einzelnen Entwicklungsphasen zu sehen, sondern sind grundsätzlich menschliche Kräfte und Möglichkeiten, die das Kind in allen Phasen lebt. Maria Montessori vertritt allerdings auch die Anschauung, daß das Denken, der Verstand, mit zunehmenden Lebensjahren des Kindes an Bedeutung gewinnt.

Der Mensch ist für Maria Montessori jedoch nicht allein zu seiner individuellen Verwirklichung auf der Welt, sondern jeder Mensch hat nach ihrer Überzeugung die »soziale und kosmische Mission« zu erfüllen – Möglichkeit, Chance und Gefahr zugleich. Das Montessori-Material trägt dem Gesichtspunkt Rechnung, naturgegebene Gesetzmäßigkeiten zu respektieren und innerhalb der vorgegebenen Grenzen schöpferisch tätig zu sein. Das Kind lernt, Verantwortung für sich und die Dinge und Menschen seiner Umgebung zu übernehmen. Es lernt, nicht nach Lust und Laune mit den Materialien zu spielen, sondern erfährt die inneren Gesetze im Material und gebraucht es entsprechend.

Maria Montessoris Anthropologie bedeutet für sie also kein theoretisches Konzept, nach dem sie ihre Pädagogik formuliert. Ihre Pädagogik ist vielmehr das Resultat langjähriger Beobachtung und Praxis und versteht sich nicht allein als optimale Förderung der Kinder, sondern auch als Antwort auf die Stellung des einzelnen im sozialen Umfeld. ■

den Wesensgliedern des jungen Menschen, die im jeweiligen Jahrsiebt frei, das heißt für Erziehung ansprechbar werden, bedient sich die Waldorf-Pädagogik dieser Kräfte: Im ersten Jahrsiebt heißt das »Zauberwort der Erziehung« Vorbild und Nachahmung. Im zweiten Jahrsiebt braucht der freiwerdende Ätherleib (= Lebenskräfte) eine geliebte Autorität, in deren Nachfolge das Kind gute Lebensrhythmen und Gewohnheiten entwickeln kann. Erst mit der Geschlechtsreife erreicht der junge Mensch nach Ansicht Rudolf Steiners auch die Reife, ein eigenes, auf Lernen und Erfahrung (aber auch auf die Nachfolge des zweiten Jahrsiebtes) gegründetes Urteil zu finden, ein eigenständiges Denken zu entwickeln, wirklich frei zu werden.

Rudolf Steiners macht in seiner »Philosophie der Freiheit« klar, was er mit Freiheit meint: der Mensch ist als einziges Wesen der Schöpfung mit einem Geist begabt, der ihm ermöglicht, sich selbst und die Welt zu erkennen und dadurch aus freier Entscheidung zu handeln. Diesem Geist den Weg zu ebnen durch Gesunderhalten des Körpers, durch gefühls- und willensmäßiges Üben der Seelenkräfte und durch die Schulung eines lebendigen Denkens: so lassen sich kurz die lebenspraktischen Anwendungen der Anthroposophie beschreiben. Es wird kein anthroposophisches Gedankengut hineingetragen in die Waldorfschulen, denn die Auseinandersetzungen damit bleibt den Erwachsenen vorbehalten, die sich aktiv dafür entscheiden müssen; aber aus dem Geist der Anthroposophie nährt sich das persönliche Leben und erzieherische Wirken der Waldorf-Pädagogen. ∎

DAS BILD VOM KIND

M Achtung vor dem Kind und Erziehung unter Berücksichtigung der sensiblen Phasen

Aus Maria Montessoris Schriften ist immer ihre Liebe und Achtung den Kinder gegenüber herauszulesen. Die ausgesprochen intuitive Einfühlung, die sie den Kindern entgegenbrachte, prägte ihre pädagogische und wissenschaftliche Arbeit. Als Wissenschaftlerin beobachtete, erkannte und beschrieb sie Gesetzmäßigkeiten in der Entwicklung des Kindes. In der Achtung, die sie den Kindern entgegenbrachte, war sie tief gläubig und revolutionär. Ihr wichtigstes Ziel war, den Kindern eine freie Entwicklung zu ermöglichen. Erziehung sollte nicht direkt eingreifen, sondern eine indirekte Hilfe zur Selbsterziehung geben.

Maria Montessori spricht von einer geheimnisvollen Aufgabe, die jedes Wesen in sich trägt und die zur Verwirklichung drängt. Damit Kinder ihre Anlagen, Begabungen, Talente und Persönlichkeitsmerkmale voll entwickeln können, plädiert Maria Montessori für eine freie Erziehung. Die Haltung der Erziehenden und die vorbereitete Umgebung sollen den Kindern immer die Möglichkeit geben, nach ihren Interessen, ihren Wünschen und Neigungen zu handeln. Ein Hauptanliegen ist dabei, die Entwicklungsschritte der Kinder, die sich als Bedürfnisse in den jeweiligen »sensiblen Phasen« zeigen, zu beachten. Diese sensiblen Phasen sind für Maria Montessori von großer Wichtigkeit. Innerhalb der jeweiligen Phase wird das Kind großes Interesse für eine Sache oder einen Gegenstand zeigen, hochmotiviert und konzentriert bei der Sache sein. Ist das Bedürfnis des Kindes befriedigt, kann es sich neuen Aufgaben zuwenden, die seinem Entwicklungsstand entsprechen.

Dieses Beachten der Entwicklungsschritte unter Berücksichtigung der sensiblen Phasen und die große Achtung, die Kindern und ihren individuellen Bedürfnissen entgegengebracht wird, drückt sich in der pädagogischen Praxis aus. Das Kind soll sich seinen Anlagen entsprechend entwickeln können und nicht vom Erwachsenen fremdbestimmt werden. Nicht alle Kinder müssen zur gleichen Zeit nach der gleichen Methode den gleichen Unterrichtsstoff lernen. Das Kind entscheidet, das zu lernen, wofür es sich gerade interessiert. Dieses Eingehen auf die Persönlichkeit der einzelnen Schüler, auf ihre jeweiligen Neigungen und Interessen ist dem Montessori-Pädagogen sehr wichtig. Maria Montessori sagt, daß das Beachten und Eingehen auf die jeweilige Individualität des Kindes der Prüfstein für den Pädagogen ist. ■

DAS BILD VOM KIND

Ehrfurcht vor dem Kind – Erziehung unter Berücksichtigung des Mitgebrachten und der Temperamente

Der Waldorf-Pädagoge begreift das Kind als ein geistiges Wesen, dessen Führung ihm für einige Jahre anvertraut ist. Dieser Führungsauftrag leitet sich ausschließlich vom größeren Erfahrungshorizont des Lehrers hier in diesem Leben ab: Im Lauf der Reinkarnationen kann das Menschenwesen, das er als Schüler vor sich hat, wesentlich größere Erfahrungen gesammelt haben als er! Aus diesem Wissen entsteht im Lehrer eine Ehrfurcht vor dem Wesen des Kindes, die ihm bei seiner Aufgabe mehr helfen kann als alle pädagogisch-didaktischen Kenntnisse. Er lernt zu differenzieren, wenn er tadeln muß: Nicht das Kind ist schlecht, dumm usw., sondern nur seine Handlung, sein Verhalten ist Anlaß zu Tadel, das Kind selbst, sein Wesen ist immer intakt. So wirkt Tadel oder auch Strafe als notwendige Korrektur eines Verhaltens und nicht als Abwertung der Persönlichkeit des Schülers.

Da die Waldorf-Pädagogik den Menschen nicht nur diesseitig betrachtet, erzieht sie weniger nach vorgegebenen Vorstellungen, was aus dem Kind werden sollte – zumal unsere Berufswelt heute einem so rapiden Wandel unterworfen ist, daß sich solche Vorstellungen kaum schnell genug wandeln können –, sondern aus dem »Mitgebrachten« des Kindes heraus, das heißt aus seinen Fähigkeiten und Anlagen. Diese herauszuspüren aus Gestalt, Aussehen und Verhalten des Kindes, sie das Kind spüren zu lassen und seinen Willen zu stärken, daraus durch Lernen und Üben das Beste zu machen, das sind die Hauptaufgaben des Waldorflehrers.

Einen Anteil des kindlichen Wesens berücksichtigt der Waldorflehrer besonders stark: die Temperamente. In der 1. Klasse werden ab Weihnachten die Kinder nach ihren Temperamenten gesetzt, damit sich Gleiches an Gleichem abschleifen kann. Im ganzen Unterrichtsgeschehen werden die Temperamente berücksichtigt und einbezogen: Der Erzählstoff wird einmal mehr für die Melancholiker vokalisch-tragend, einmal mehr für die Choleriker konsonantisch-kraftvoll gesprochen. In den Schauspielen der Weltliteratur, die von den Kindern erarbeitet und aufgeführt werden, dürfen die einzelnen Temperamente ihre Licht- und Schattenseiten in überhöhter Form ausleben und darstellen. ■

SCHULFORM

 Die »Organisationsstruktur« der Montessori-Schulen

Maria Montessori teilte die Schule nicht in Grund-, Haupt-, Realschule und Gymnasium ein, sondern entwarf das Konzept einer Gesamtschule, das im Hinblick auf Organisationsstruktur und Schulpraxis sowohl Ähnlichkeiten als auch Unterschiede zur Waldorf-Pädagogik aufweist.

Montessori-Schulen sehen sich als »freie Schulen«, deren Träger Elterninitiativen, Vereine oder kirchliche Organisationen sein können. Sie sind staatlich anerkannt und arbeiten nach den jeweilig gültigen Lehrplänen. Montessori-Pädagogik wird jedoch nicht nur in Montessori-Einrichtungen praktiziert. Einzelne Elemente, wie zum Beispiel die Freiarbeit, sind – angeregt durch die Pädagogik Maria Montessoris – auch Bestandteil der Regelschulen. und es gibt auch eine Reihe von Schulversuchen auf der Basis der Montessori-Pädagogik.

Während der Zeit des Nationalsozialismus waren die Montessori-Schulen bei uns verboten. Aber schon bald nach Kriegsende kam es zu ersten Neugründungen durch die Initiative von Montessori-Pädagogen. Seit den 70er Jahren ist ein vermehrtes Interesse an der Montessori-Pädagogik zu beobachten. Es kam zu vielen Neugründungen von Montessori-Schulen und -Kindergärten. Viele Erzieher und Lehrer machen eine Zusatzausbildung in Montessori-Kursen, entweder berufsbegleitend oder im Vollzeitstudium. Montessori-Pädagogen haben sich Verbänden wie zum Beispiel der AMI (Association Montessori Internationale) und den verschiedenen nationalen Montessori-Vereinigungen angeschlossen. Diese Einrichtungen bieten regelmäßig Aus- und Fortbildungen an, die mit einem nationalen oder internationalen Diplom abschließen. Aber auch Einrichtungen wie Volkshochschulen, Verbände und private Ausbildungsinstitute haben Weiterbildungskurse und Workshops in Montessori-Pädagogik in ihrem Programm. ∎

SCHULFORM

Waldorfschulen – einheitliche Volks- und Höhere Schulen

Die Waldorfschulen sind freie Schulen und gehören der Arbeitsgemeinschaft Freier Schulen in Deutschland an. Diese Freiheit – begründet durch den Dreigliederungsgedanken Rudolf Steiners – drückt sich in der Selbstverwaltung aus: Vom Stundenplan und der Jahresplanung über Bauangelegenheiten bis hin zur Einstellung der Lehrer wird das gesamte Schulleben intern geregelt. Übergeordnete Fragen (Lehrplan, Schulneugründungen, Lehrerausbildung, Öffentlichkeitsarbeit etc.) regelt der Bund der Freien Waldorfschulen in Stuttgart. Dieser unterhält eigene Lehrerseminare, in denen die Waldorflehrer – zusätzlich zu ihrer normalen staatlichen Lehrerausbildung – in ein- oder zweijährigen Seminarkursen ausgebildet werden. Zusätzlich werden zweimal im Jahr Fortbildungsveranstaltungen für alle Waldorf-Pädagogen angeboten, die dem Ausbau und der Festigung des eigenen Könnens, der Vertiefung der geisteswissenschaftlichen Grundlagen und dem Austausch unter Kollegen dienen.
Nach 1945 wurden die während des Dritten Reiches verbotenen Waldorfschulen wieder eröffnet und neue Schulen gegründet – zunächst hauptsächlich auf Initiative von Waldorflehrern. Seit den 60er- und 70er-Jahren gehen die meisten Gründungen auf Elterninitiativen zurück. Selbstverwaltung ist die Chance zu wirklich freiem, kooperativen Zusammenarbeiten von Eltern, Kindern und Lehrern.
Träger der Waldorfschulen (und der angegliederten Kindergärten) sind eingetragene Fördervereine. Sie beschaffen und verwalten die Finanzmittel, die über die staatliche Förderung hinaus benötigt werden. Die Waldorfschule ist eine einheitliche Volks- und Höhere Schule, also schon 1919 als »Gesamtschule« konzipiert! Unter dem konsequent gedachten Schicksalsaspekt wird in der Waldorf-Pädagogik eine Klasse als Lebensgemeinschaft gesehen, die nicht durch Sitzenbleiben, aber auch nicht durch Leistungsauslese, wie im dreistufigen System der Regelschule üblich, auseinandergerissen wird. Am Ende der Volksschulzeit wird nach Leistung, Neigung und möglichem Berufsweg differenziert. Entscheidend ist aber, daß beide zuvor acht Jahre lang dieselbe ganzheitliche Ausbildung genossen haben. Für die Schüler, die das Abitur ablegen wollen, schließt sich ein 13. Abitur-Vorbereitungsjahr an. Das Abitur selbst wird staatlich abgenommen. ■

DIE EINZELNE KLASSE

 Mischung der Jahrgangsklassen

Die Einteilung in Jahrgangsklassen spielt in Montessori-Schulen keine oder nur eine untergeordnete Rolle. Maria Montessori regt an, Klassen mit drei Jahrgängen zu mischen und auch von Klasse zu Klasse die Verbindungen durchlässig zu halten. Idealerweise sollte der Aufbau einer Montessori-Klasse allmählich erfolgen. So haben die älteren Kinder die Möglichkeit, die neuen, jüngeren Kindern in die Klasse mit aufzunehmen. Die lebendige Situation der altersgemischten, heterogenen Gruppe macht es den Kindern möglich, sich gegenseitig zu helfen und voneinander zu lernen. In der heutigen Montessori-Praxis finden sich drei verschiedene Modelle. Jahrgangsklassen, Klassen mit zwei Jahrgängen und Klassen mit vier Jahrgängen. Dies sind mehr oder weniger Kompromisse, denn Maria Montessori war für die Mischung von drei Jahrgängen (drei- bis sechsjährige, sechs- bis neunjährige, neun- bis zwölfjährige Kinder).

Maria Montessori plädiert für »offene Türen« im Schulgebäude. Die Kinder haben die Möglichkeit, sich ihren Arbeitsplatz oder ihre »Ecke« selbst auszusuchen. Die Flure sind nicht lediglich Garderobe, sondern bieten den Kindern auch Platz, sich in der Freiarbeit »auszubreiten«. Zusätzliche Gruppenräume sind vorhanden, und die Kinder können, wenn sie möchten, auch die anderen Klassen besuchen. So entsteht eine Lebendigkeit im Sozialen: Helfen und Sich-helfen-lassen wird zur täglichen Erfahrung und Übung zwischen Jüngeren und Älteren, Gesunden und Behinderten. ■

DIE EINZELNE KLASSE

Die Klassengemeinschaft

Die Waldorfschule führt wie die staatliche Schule reine Jahrgangsklassen. Sie nimmt in der Regel Kinder ab dem siebten Lebensjahr auf. Von einem eigens dazu bestimmten, erfahrenen Aufnahme-Lehrer wird die 1. Klasse nach Alter, Reifegrad, Temperament und individuellem Schicksal des Kindes und nach den Bedingungen des Elternhauses zusammengestellt und dem Klassenlehrer für acht Jahre übergeben.

Die Klasse erlebt sich als Gemeinschaft im Tages- und Jahreslauf, lernt, arbeitet und feiert gemeinsam, erlebt gemeinsame Abenteuer in den außerschulischen Epochen und auf Klassenfahrten. Sie durchläuft eine gemeinsame Entwicklung, was auch äußerlich durch die wechselnden Farben der Klassenzimmer und das »Aufsteigen« im Schulhaus sichtbar gemacht wird. Trotz der Differenzierung in der Oberstufe bleibt erfahrungsgemäß das Grundgefühl der Klassengemeinschaft erhalten – oft weit über den Schulabschluß hinaus.

Die einzelne Klasse gliedert sich in die große Gemeinschaft der Schulfamilie ein, ist einmal Veranstalter, dann wieder Zuschauer bei den zahlreichen Aufführungen und Festen des Schullebens, ist lebendiger Teil eines großen lernenden und künstlerisch tätigen Organismus. ■

LEHRER UND ERZIEHER

 Die Rolle des Lehrers, des Erziehers

Maria Montessori betont die Bedeutung der Lehrerpersönlichkeit in ihrem Konzept. Der Erzieher muß einerseits äußerst kompetent sein, andererseits aber auch zurücktreten können und die Aktivität dem Kind überlassen.

Wenn das Kind aktiv wird, muß der Lehrer passiv werden. In der Vorbereitung der Selbsttätigkeit des Kindes gibt der Lehrer zum Beispiel dem Kind eine Darbietung, zeigt ihm, wie es mit dem Material umgehen kann. Wenn das Kind Interesse zeigt, muß der Lehrer zurücktreten. In dieser passiven Haltung muß er jedoch aktiv und wach in seiner Wahrnehmung sein. Nur in dieser zurückgenommenen Art der Beobachtung kann er dem Wunsch des Kindes »Hilf mir, es selbst zu tun« nachkommen. Für Maria Montessori ist der Montessori-Pädagoge etwas sehr Wichtiges. Erst durch seine Erzieherpersönlichkeit können die Möglichkeiten und Chancen der Freiarbeit umgesetzt werden.

In Montessori-Schulen betreut der Klassenlehrer seine Klasse zwei oder auch vier Jahre, oft unterstützt durch einen Assistenten (eine Assistentin). Oft teilen sich auch zwei Lehrkräfte eine Klasse. Der Klassenlehrer betreut in jedem Fall die Freiarbeit. Für den Fachunterricht stehen meist Fachlehrer zur Verfügung. ■

LEHRER UND ERZIEHER

Die Rolle des Klassenlehrers

Unter dem Schicksalsaspekt ist nicht nur die Klasse untereinander eine Lebensgemeinschaft, auch der Klassenlehrer verbindet sein Schicksal mit dem der Klasse auf eine besondere Weise. Sein Temperament und Charakter, seine Willensstärke und Herzenswärme, sein geduldiges Einfühlungsvermögen und seine natürliche Autorität prägen unverwechselbar »seine« Klasse. Seine Persönlichkeit und das überpersönlich Geistige, das durch ihn wirksam werden kann, sind bis zum Ende der Volksschulzeit wesentlich wichtiger für die Kinder als einzelne Lerninhalte oder didaktische Feinheiten.

In der Ausbildung des Waldorflehrers wird großer Wert auf die Selbsterziehung, die Persönlichkeitsbildung vor allem des Klassenlehrers gelegt, da er ja die Schüler am intensivsten prägt. Neben seiner Unterrichtsvorbereitung und Unterrichtstätigkeit beschreitet jeder Waldorf-Pädagoge den lebenslangen geistigen Übungsweg, wie Steiner ihn angegeben hat. So stellt zum Beispiel der Klassenlehrer bei der abendlichen »Rückschau« vor dem Einschlafen die Kinder seiner Klasse (besonders die problematischen) vor sein geistiges Auge, betrachtet sie intuitiv und verbündet sich so mit geistigen Kräften, die ihm am nächsten Morgen den Umgang mit den Kindern erleichtern.

Nachdem der Klassenlehrer seine Schüler acht Jahre lang begleitet hat, werden sie entsprechend ihrem nachpubertären Entwicklungsstand aus der Geborgenheit des gemeinsamen Klassenunterrichtes in die Oberstufe entlassen und nach dem Fachlehrer-Prinzip unterrichtet. ∎

DIE UNTERRICHTSSTRUKTUR

M Freiarbeit

Die Freiarbeit ist das Kernstück der Montessori-Pädagogik. In Deutschland bestehen in der Regel zwei bis drei Stunden des Unterrichts aus Freiarbeit. In anderen Ländern erstreckt sich die Freiarbeit oft über den ganzen Vormittag.

Da die einzelnen Kinder ganz individuell in den Unterricht »einsteigen«, gibt es auch keinen gemeinsamen Unterrichtsbeginn, sondern die Kinder gehen, wenn sie zu der festgesetzten Unterrichtszeit in der Schule eintreffen, ins Klassenzimmer und beginnen mit der Arbeit ihrer Wahl. Das kann das Lesen eines Buches, das Lösen einer Rechenaufgabe, aber auch Blumengießen oder das Füttern und Versorgen der Tiere sein oder das Malen eines Bildes. In der Freiarbeit können Kinder so lange bei einer Tätigkeit ihrer Wahl verweilen, wie sie mit Interesse bei der Sache sind.

Maria Montessori spricht von der Möglichkeit, in der Freiarbeit die sensiblen Phasen zu beachten. Nur aus innerem Interesse wird sich ein Kind wirklich mit einem Material, einem Gegenstand, einer Aufgabe beschäftigen. Nur wenn es wirklich motiviert ist, wird es sich so lange mit einem Problem befassen, daß es förmlich darin aufgeht und sich nicht mehr von seiner Aufgabe ablenken läßt. Für Maria Montessori ist die freie Wahl unmittelbar mit dem Erleben von Konzentration und Wiederholung verbunden. Das Kind bestimmt mit, was es lernen möchte, für welchen Stoff es sich gerade interessiert und wie lange es lernen möchte. Das heißt jedoch nicht, daß das Kind tun und lassen darf, was es will. Auch ein schnelles Tempo bei den schulischen Aufgaben, um mehr Zeit zum Spielen zu haben, ist pädagogisch nicht sinnvoll.

Maria Montessori spricht davon, daß der Lehrer die nötigen Grundvoraussetzungen schaffen muß, um eine wirklich befruchtende Freiarbeit zu ermöglichen. Diese Grundvoraussetzungen sind zum einem eine Erzieherpersönlichkeit, die sich nicht in den Vordergrund drängt, sondern nur dann hilft, wenn es nötig ist. Zum anderen muß eine pädagogisch vorbereitete Umgebung geschaffen sein, die es dem Kind ermöglicht, aus den angebotenen Materialien sinnvoll auszuwählen. Die pädagogisch vorbereitete Umgebung braucht jedoch nicht nur ein gutes Materialangebot, sondern eine Arbeitsatmosphäre, die frei ist von Lärm, Aggression und Konkurrenz. Nur in einer freien, entspannten Gemeinschaft wird das Kind sich von seinen eigenen Fähigkeiten und Grundkräften leiten lassen. ■

DIE UNTERRICHTSSTRUKTUR

Ganzheitlicher Unterricht

»Gegenstand« des Unterrichts in der Waldorfschule ist eigentlich der ganze Kosmos. Der Schwerpunkt liegt nicht auf dem Erwerb von Kenntnissen in einzelnen »Fächern«, so wichtig solches Wissen für die spätere Berufswelt sein mag, sondern auf einem ganzheitlichen, in die Tiefe gehenden Welt- und Menschenverständnis. Dem materialistischen Bewußtsein, das naturwissenschaftliche Fakten gerne losgelöst von ihrem kosmischen und menschlichen Zusammenhang sieht, setzt die Waldorf-Pädagogik ein umfassendes Bewußtsein entgegen, das Unterrichtsinhalte immer im Bezug zum Menschen und zum Kosmos dargestellt. Damit ist kein mystisches oder frömmelndes Lehren gemeint, aber ein Unterricht, der aus der Liebe zum Menschen und aus der Ehrfurcht vor der göttlichen Schöpfung seine Legitimation und seine Wirkungskraft bekommt.

Rhythmus ist der zentrale Begriff einer Unterrichtsgestaltung im Sinne Rudolf Steiners. Er wird gepflegt im Festkreis des Jahres, im Wochenrhythmus, aber auch im lebendigen Tätigkeitenwechsel des einzelnen Schultages. Der tägliche Hauptunterricht, acht Jahre beim gleichen Klassenlehrer, ist ein grundlegendes stabilisierendes Element für die kindliche Psyche.

Aber auch die Vermittlung der Unterrichtsinhalte folgt durch die Gliederung in »Epochen« einem Rhythmus. Die Lerngebiete, die eine intensive geistige Beschäftigung verlangen, wechseln also nicht stündlich wie in der Regelschule (wobei dort ja meist auch noch ein Wechsel der Lehrerperson hinzukommt), sondern in einem Drei- bis Vierwochen-Rhythmus, den sogenannten Epochen. Das Erarbeitete wird nicht nur stundenweise bis zum nächsten Abfragen im Kurzzeitgedächtnis gespeichert, sondern sinkt ins Langzeitgedächtnis ein, wird im besten Sinne »für das Leben« gelernt.

Untrennbar verbunden mit dem Rhythmus, der durch Regelmäßigkeit Vertrautheit schafft und durch Lebendigkeit das Kind immer wieder anregt, sind die Rituale des Schullebens. Dazu gehört die persönliche Begrüßung jedes Kindes durch den Klassenlehrer, das gemeinsame Sprechen, Gehen, Singen im rhythmischen Teil, das Aufsagen der Zeugnissprüche und vieles andere, das sich als klasseninternes Ritual mit der Zeit ausprägt. Solche ritualisierten Handlungen sollen keine starren Gewohnheiten sein, sondern einen stützenden Rahmen für den schulischen Alltag darstellen und immer wieder Lehrern und Schülern positive Impulse geben. ■

SINNESERZIEHUNG

 ## Erziehung über die Sinne

Bei Maria Montessori ist die Sinnesschulung von elementarer Bedeutung. Sie erkannte, wie wichtig es für Kinder ist, die Dinge sinnlich wahrnehmen zu können. Über die Sinne wahrzunehmen ist ihrer Meinung nach nicht lediglich eine Art von Lebensqualität, sondern schafft die Grundlage für eine »klare und kräftige Geisteshaltung«.

Maria Montessori läßt mit Hilfe ihrer speziellen Materialien die Kinder die Eigenschaften des Materials zuerst sinnlich wahrnehmen und darüber hinaus durch die gemachten Sinneserfahrungen am Material eine Beziehung zwischen den Dingen und deren Gesetzmäßigkeit erfahren. Maria Montessori hat ihr Sinnesmaterial den »Schlüssel zur Welt« genannt.

Das spezielle Sinnesmaterial spricht die Sinne einzeln an (Tastsinn, Geschmackssinn, Geruchssinn, Gesichtssinn, Gewichtssinn, Gehörsinn, Stereognostischen Sinn). Maria Montessori verstand das Lernen immer als Einheit von Sinnes- und Bewegungsschulung.

Gerade in unserer heutigen Zeit mit ihrer Reizüberflutung ist es wichtig, den Kindern klare, einprägsame und anschauliche Sinneserfahrungen zu ermöglichen. Eine Mißachtung dieser Regel ist oft der Grund für Entwicklungsstörungen von Kindern. ■

SINNESERZIEHUNG

Die Sinne als »Tore zur Welt«

Rudolf Steiner bezeichnet die Sinne als »Tore zur Welt«. (Er spricht von 12 Sinnen, das heißt, er unterteilt die Sinneswahrnehmungen des Menschen wesentlich differenzierter, als es sonst üblich ist.) Es gehört eine Menge »Erziehungskunst« dazu, diese Tore in der heutigen Zeit allgemeiner Reizüberflutung offenzuhalten oder noch weiter zu öffnen, das natürliche Staunen des Kindes vor der Vielseitigkeit und Großartigkeit der Schöpfung zu erhalten und zu fördern.

Elementare Sinneserfahrungen an Naturmaterialien und natürlichen Urformen sind der Grundstock allen Lernens schon ab dem Waldorfkindergarten. Durch die Sinneseindrücke verbindet sich mit allem Gelernten immer auch ein Gefühl, eine Empfindung. So entsteht kein kaltes, abstraktes Kopf-Wissen, sondern alles Wissen hat einen lebendigen, persönlichen Bezug zum Leben und Fühlen des Schülers.

Vieles, was in der normalen Schule mühsam abstrakt vermittelt wird und einen großen Teil der Schüler überfordert, findet auf dem Weg über sinnliche Erfahrungen einen leichteren, natürlicheren Eingang in Empfindung und damit auch Gedächtnis des Waldorfschülers. Dabei kommt die Abstraktion (als eine wichtige geistige Fähigkeit des Menschen) keinesfalls zu kurz: Sie kommt nur an der richtigen Stelle, nämlich nach dem erkundenden Handeln und der sinnlichen Anschauung. Wenn nicht nur Auge und Ohr angesprochen werden, die beiden im Computerzeitalter am meisten strapazierten Sinne, sondern alle Sinne des Kindes, erschließen sich ihm die Gesetzmäßigkeiten in den Dingen auf diesem Weg und müssen dann nur geistig nachvollzogen werden. ■

BEWEGUNGSERZIEHUNG

 ## Bewußte Bewegungskoordination

Montessori-Pädagogik ist kinästhetisches Lernen. Die Kinder lernen unter Einbeziehung aller Sinne, dürfen sich im Klassenzimmer frei bewegen und die ihnen angenehmste Art zu sitzen einnehmen. Stundenlanges Sitzen auf Stühlen ist nicht nötig und für Kinder sogar schädlich. Kinder haben einen großen Bewegungsdrang, der in die Aktivitäten mit einbezogen werden muß. Maria Montessori spricht vom »Muskelgedächtnis«. Die Einbeziehung der Motorik ist in der Montessori-Pädagogik etwas sehr Grundlegendes. Über die Bewegung schafft sich das Kind Verbindung zur Welt. Das Kind sollte die Welt nach Maria Montessori nicht nur in Entwicklungsfreiheit, sondern auch in Bewegungsfreiheit erleben.

Ihr Ziel ist jedoch nicht das Kind, das nur den Wunsch hat, sich auszutoben, sondern das »normalisierte« Kind, das auch in der Bewegung eine Bewußtheit erreicht. Diese bewußte Bewegungskoordination nennt Maria Montessori »Ökonomie der Bewegungen« und sieht sie eng mit der Willenserziehung verbunden.

Da Kinder Bewegungs- und Balanceübungen lieben, ließ Maria Montessori in ihrem Kinderhaus eine Linie auf den Boden malen. Diese Figur, die aus zwei parallelen, gerade verlaufenden Linien und zwei Halbkreisen besteht, gibt es in allen Montessori-Kinderhäusern. Auf ihr machen die Kinder auf spielerische Art und Weise bewußte Gehübungen. Sie tragen ein Tablett, ein gefülltes Glas, eine brennende Kerze, bewußt auf der Linie gehend. Diese Übungen führen nach Maria Montessori dazu, daß Kinder ihre Bewegungen koordinieren lernen und sich ihrer selbst bewußt werden. Diese Bewußtheit und Willensbildung ist für Maria Montessori nur indirekt zu fördern. Die Bewegungen unterstützen diesen Prozeß. ■

BEWEGUNGSERZIEHUNG

Rhythmus und Bewegung – Eurythmie

Weiter oben wurde bereits geschildert, wie sich der Rhythmus vom Jahreslauf über den Epochenrhythmus bis zur Durchgestaltung des einzelnen Schultages durchzieht. Durch Rhythmus als lebendige – innere und äußere! – Bewegung lassen sich viele Lerninhalte so gestalten, daß der Schüler sie nach- und mitvollziehen kann: Einmaleinsreihen werden gelaufen, Buchstaben in die Luft geschrieben, Urgesten menschlicher Arbeit (Säen, Dreschen usw.) von den Kindern nachvollzogen. In allen künstlerischen und handwerklichen Tätigkeiten ist von Natur aus ein großes Maß an innerer und äußerer Bewegung enthalten: ob Holz mit dem Meißel bearbeitet oder das Spinnrad gedreht, ob der Garten umgegraben oder eine Tonplastik modelliert wird, immer ist der Schüler in Bewegung.

Im Rahmen der Bewegungserziehung im engeren Sinne wird den älteren Schülern in den intuitiv erlebbaren Bewegungsformen der Bothmer-Gymnastik Raumerfahrung im Spannungsfeld zwischen Statik und Dynamik vermittelt. Im Turnen wird vor allem der Wille geschult, Selbstüberwindung und unermüdliches Üben gelernt. Wie kaum irgendwo anders kann der Schüler im Turnunterricht das herrliche Gefühl erleben, durch menschliche Willenskraft kurzfristig der Schwerkraft zu entfliehen, die Natur zu »besiegen«.

In der Eurythmie wird die subtilere Bewegungsebene des Seelischen angesprochen. Laute und Töne werden mit Gesten sichtbar gemacht, Gefühle und Empfindungen auf einer künstlerischen Ebene ausgedrückt. Diese Form der Bewegung kann (im speziellen Fall auch in der Form der Heileurythmie) ausgesprochen harmonisierend und ausgleichend auf das Kind wirken, das so vielen äußeren (Werbung, Lärm, Hektik) und inneren (Unsicherheit, mangelnde familiäre Geborgenheit, pubertäre Identitätskrise) Streßfaktoren ausgesetzt ist. ■

RELIGIÖSE ERZIEHUNG

 Die religiöse Grundhaltung der Montessori-Pädagogik

Maria Montessori war gläubige Katholikin, und ihre religiöse Einstellung spricht aus vielen ihrer Schriften. Obwohl Maria Montessoris Pädagogik von der katholischen Kirche immer anerkannt war, bildete sie Lehrer aus, die den verschiedensten Religionsgemeinschaften angehörten. Sie war um die Universalität ihrer Lehre bemüht, trug sich jedoch als praktizierende Katholikin eine Zeitlang sogar ernsthaft mit dem Gedanken, einen katholischen Frauenorden zu gründen.

Während des Zweiten Weltkrieges war Maria Montessori in Indien interniert. Es war ihr in dieser schwierigen Zeit jedoch erlaubt, in einem Ashram der dortigen Theosophischen Gesellschaft zu leben und zu arbeiten.

Inzwischen gibt es Montessori-Schulen auf der ganzen Welt und in allen Konfessionen. Die Montessori-Pädagogik ist getragen durch eine religiöse Grundhaltung, die überall auf der Welt und in den verschiedenen Glaubensrichtungen praktiziert werden kann.

Maria Montessori regt an, schon kleine Kinder mit den Erwachsenen zusammen an religiösen Feiern und den kirchlichen Riten teilnehmen zu lassen. Sie spricht auch hier von einer sensiblen Phase des Kindes für ein religiöses Grundgefühl. Die Befriedigung dieses Grundgefühls (Maria Montessori meint damit auch die Geborgenheit, den Schutz, die Liebe, welche die Erwachsenen dem Kind geben) ist für Maria Montessori sehr wichtig.

In Maria Montessoris Kinderhaus in Barcelona gab es den sogenannten Atriumraum, der für die Kinder ein Ort der Stille und Feierlichkeit war. Ist der Atriumraum aus finanziellen und räumlichen Gründen nicht möglich, schlägt Maria Montessori vor, für die Kinder eine »stille Ecke« zu schaffen.

Jedoch drückt sich Maria Montessoris grundsätzliche religiöse Einstellung auch in der Bereitstellung von religionspädagogischen Unterrichtsmaterialien und Angeboten im Kindergarten und in der Schule aus. Symbole haben für sie eine Kraft und erzieherische Wirkung.

Dies alles ermöglicht den Kindern, selbstverständlich an religiösen Handlungen teilzunehmen und selbst ihre religiösen Bedürfnisse zu leben. Für Maria Montessori ist Religion eine Dimension, die in jedem Kind existentiell vorhanden ist. ■

RELIGIÖSE ERZIEHUNG

Christliche Erziehung und Religionsunterricht

W

Für Rudolf Steiner ist das Christentum die Grundlage des abendländischen Geisteslebens und damit selbstverständlich auch der Erziehung. Ohne eine Vorstellung davon, daß der Mensch ein geistiges Wesen ist, ist für ihn Erziehung undenkbar. Das kleine Kind bringt aus seiner »geistigen Heimat« eine natürliche, umfassende Religiosität mit: Es will lieben, achten, verehren. Die Waldorf-Pädagogik ist bestrebt, diese ur-religiöse Grundhaltung zu erhalten und zu fördern.

Es gibt keine Sache, keinen Unterrichtsgegenstand, der nicht – getragen von der staunenden Ehrfurcht des Lehrers vor Gottes großartiger Schöpfung – in den Kindern Gefühle von Sinnhaftigkeit, Ehrfurcht und Achtung erzeugen kann. Die Sinneserziehung, die in der Waldorf-Pädagogik einen besonderen Stellenwert hat, stellt dem Kind täglich Dinge aus der Natur vor Augen – Kristalle, Holzmaserungen, die kein noch so begabter Zeichner hätte erfinden können, pflanzliche und tierische Formen von vollendeter Zweckmäßigkeit gemäß dem Lebensplan des jeweiligen Wesens –, in denen es die Schönheit und Vollendung des Schöpfungsplanes erahnen kann. Besonders alles, was das Kind in der Schule über den Menschen lernt, ist von dieser christlichen Grundhaltung durchdrungen: Es gibt keine Anatomie, kein biologisches oder medizinisches Wissen, keine Geographie oder Soziallehre ohne den Hintergrund der Achtung vor dem Menschen als Geschöpf Gottes. Die Bibel, sonst nur Gegenstand des klassischen Religionsunterrichtes, wird in der Waldorf-Pädagogik als Zeugnis der Menschheitsentwicklung auch in den übrigen Unterricht mit einbezogen: In der 3. Klasse ist das Alte Testament Erzählstoff im Hauptunterricht.

Neben dieser religiösen Grundhaltung in der Erziehung, die ja umfassend und konfessionell nicht gebunden ist, gibt es den Religionsunterricht im engeren Sinne, der nach den Lehrplänen der vertretenen Konfessionen (meist Katholische und Evangelische Kirche und Christengemeinschaft) erteilt wird. Für konfessionslose Schüler bietet die Waldorfschule den »freien christlichen Religionsunterricht« an, der eine christlich-ethische Grundorientierung anstrebt und den Schülern nach der Pubertät eine freie, reife Entscheidung über ihr eigenes religiöses Leben ermöglichen will. ■

DAS UNTERRICHTSMATERIAL

 Durch »Greifen« zum »Begreifen«

Das von Maria Montessori entwickelte Material fehlt in keinem Montessori-Kindergarten, in keiner Montessori-Schule. Montessori-Materialien sind Hilfsmittel – Maria Montessori hat das Material den »Schlüssel zur Welt« genannt –, mit denen die Kinder selbsttätig, sinnenhaft und mit Rücksicht auf ihren Bewegungsdrang lernen können. Sie sind ein System von didaktischen Materialien, wobei ein Material auf dem anderen aufbaut. Dieses Aufeinander-Bezogensein der Materialien gibt dem Kind Sicherheit in der Handhabung. Der Schwierigkeitsgrad vergrößert sich allmählich. Erfahrungen, die ein Kind bei dem einen Material macht, findet es bei einem anderen, fortgeschrittenen Material indirekt wieder. Es sind sinnlich erfahrbare, aufeinander aufbauende Schritte zur Lösungsfindung. Mit Hilfe des Materials erkennt das Kind, ob es die Aufgabe richtig gelöst hat und wie es sich verbessern kann. Maria Montessori ist der Auffassung, daß das Kind über das Erleben der Gesetzmäßigkeiten und Regeln der Materialien schöpferisch sein kann.

Der Lehrer führt in einer klar aufgebauten Dreistufenlektion in das Material ein. Er erklärt dabei nur wenig, sondern achtet auf die eigene richtige Handhabung des Materials, das seine eigene Sprache hat und in seiner Anschaulichkeit dem Kind autodidaktisches Lernen vermittelt.

Jedes Material ist lediglich einmal im Klassenzimmer vorhanden. Die Kinder achten mit dem Lehrer zusammen darauf, daß die Materialien nach der Benutzung auf ihren bestimmten Platz im Regal zurückgelegt werden. Auch werden die Kinder angewiesen, die Materialien sorgfältig zu handhaben. Durch ihre Ästhetik sind die Materialien für die Kinder ansprechend und vermitteln Klarheit.

Es gibt in der Montessori-Pädagogik die klassischen Materialbereiche der Übungen des praktischen Lebens, Sinnesmaterial, Sprachmaterial, Mathematikmaterial und Material zur kosmischen Erziehung. Darüber hinaus finden sich in Montessori-Klassen eine Reihe von Unterrichts- und Lernmaterialien, die zum Teil auch von den Lehrern zusammen mit Eltern entwickelt wurden.

Älteren Kindern stehen zu den klassischen Materialbereichen oft noch zusätzliche Mittel für Frei- und Projektarbeit zur Verfügung (zum Beispiel Sprachlabor, Bibliothek, Computer, Videothek, verschiedene Werkstätten). ■

DAS UNTERRICHTSMATERIAL

Selbstgestaltetes Unterrichtsmaterial

In der Waldorfschule gibt es nur wenig Bücher oder anderes vorgefertigte Unterrichtsmaterial. Getreu dem Grundsatz, daß Lernfeld die ganze Welt und der ganze Mensch ist, wird so viel wie möglich zunächst einmal an der realen Welt gelernt: Es wird mit Kastanien und Nüssen gerechnet, Zahlenreihen werden rhythmisch gelaufen, geklatscht, gesprochen, Buchstaben werden aus sinnlich konkreten Bildern entwickelt. Der ganze Mensch lernt mit Körper, Seele und Geist, mit allen Sinnen, und das nicht nur in den klassischen künstlerischen Fächern. Das Sinnliche, das Künstlerische durchzieht allen Unterricht.

So ersetzt vom Lehrer und von den Kindern mitgebrachtes Anschauungsmaterial manches Bild im Lehrbuch – und stellt einen intimeren Bezug zum Unterrichtsgegenstand her. Die Lehrererzählung nimmt einen großen Raum ein: Durch sie werden innere Bilder vor die Seele des zuhörenden Kindes gestellt, die jedes Kind mit seiner Phantasie auf ganz eigene Weise ausgestalten kann. Auch das vom Lehrer selbst liebevoll und aufwendig gestaltete Tafelbild vermittelt dem Schüler mehr als ein noch so authentisches Bild in einem Buch, weil es vom Lehrer innerlich durchlebt und damit für das kindliche Erleben aufgeschlossen ist.

Mit dem Festhalten von Gelerntem geht man in der Waldorf-Pädagogik besonders behutsam um: Es gibt keine standardisierten Hefteinträge, sondern jeder Schüler gestaltet auf seine Weise das, was sich von der Unterrichtseinheit seinem Gedächtnis (und seinem Gefühl!) besonders eingeprägt hat. Und es wird nicht nur trocken ge- und beschrieben, sondern jeder Eintrag ins Epochenheft wird künstlerisch ausgestaltet. So entstehen mit der Zeit individuelle »Schulbücher«, die den Vorteil haben, daß das Kind sich mit ihren Inhalten intensiv auseinandergesetzt hat.

Wer in eine Waldorfschule kommt, steht oft ehrfürchtig staunend vor den vielfältigen Ergebnissen künstlerischer Schülerarbeit: Plastiken, Bilder, Holz- und Metallarbeiten, Webteppiche und Seidentücher, aber auch der gut gepflegte Schulgarten oder die selbstgefärbten Vorhänge in einem Klassenzimmer sind Zeugnis einer begeisterten Auseinandersetzung mit allem, was die Welt an Material zu bieten hat. Gerade dadurch, daß den Schülern in der Waldorfschule wenig »Material«, wenig »Fertiges« zur Verfügung gestellt wird, kann so viel Schöpferisches entstehen. ∎

MEDIEN

 Neue Technologien und Montessori-Pädagogik

Von Maria Montessori selbst gibt es keine eindeutigen Aussagen zum Thema Medien. Die modernen Medien wurden technologisch zum größten Teil auch erst in den letzten Jahrzehnten entwickelt. Wirft man heutzutage einen Blick in die Kinderzimmer, verdrängen Fernsehen, Kassettenrecorder, CD-Player, Video, Fernsehen und Computerspiele die traditionellen Puppenstuben, Bauernhöfe und Eisenbahnen. 1985 ergriffen die Kultusministerien verschiedener Bundesländer Maßnahmen zur Einführung einer informationstechnischen Grundbildung, damit die Schüler lernen, sich in die multimedialen Möglichkeiten technisch und inhaltlich einzuarbeiten.

Die neuen Technologien entwickeln sich rasant, die digitalisierte Welt ist Realität geworden und Computer sind aus unserem Leben nicht mehr wegzudenken.

Peter Gebhardt-Seele (ein Montessori-Pädagoge aus den USA und Autor des Buches »The computer and the child – a Montessori Approach«), plädiert für den sinnvollen Einsatz der modernen Medien, speziell des Computers im Grundschulalter. Computer sind für ihn lediglich Werkzeuge, mit dem kleine Kinder vertraut gemacht werden sollen. Die von ihm beschriebene Methode betrifft die Altersgruppe der Drei- bis Zwölfjährigen.

Der Computer gehört für ihn zur vorbereiteten Umgebung der Montessori-Einrichtung. Daß Kinder sich für technische Medien interessieren, ist eine Tatsache, und Montessori-Pädagogen werden das Interesse der Kinder respektieren und keine generelle Einschränkung zum Thema moderne Medien geben. So gibt es in manchen Montessori-Einrichtungen zwar Empfehlungen an die Elternhäuser, was den Fernsehkonsum der Kinder betrifft, jedoch werden in der Regel keine Verbote ausgesprochen.

In den Montessori-Klassen ist der Umgang der Kinder mit den modernen Medien eine Selbstverständlichkeit. Das Ziel der Montessori-Pädagogik ist, dem Kind Selbständigkeit zu ermöglichen. Die Bedienung eines Computers wird in Zukunft so selbstverständlich sein wie die Beherrschung unseres Alphabets. Die modernen Medien sind Bestandteil unserer heutigen Kultur geworden. Diesen Umgang sollen Kinder möglichst früh lernen. Kinder gehen – im Gegensatz zu Erwachsenen – unbefangen mit technischen Medien um. Für sie ist der Computer nicht nur ein technisches Hilfsmittel, um die Arbeit zu erleichtern, sondern ein Medium, mit dem sich Wissen und Unterhaltung spannend vermitteln läßt.

Für das Kind gibt es dabei keine soziale Leistungsmessung, sondern der individuelle

MEDIEN

Anthroposophische Medienkritik

Rudolf Steiner fordert, daß Menschen sich nur Dinge zunutze machen sollten, deren Wesen und Wirkensweise sie zumindest einigermaßen durchschauen. Das ist, wenn wir ehrlich sind, schon für den Erwachsenen bei den meisten alltäglichen Maschinen (Küchengeräte, Auto...) nicht der Fall; um wieviel weniger aber für Kinder bei den sogenannten audiovisuellen Medien, inzwischen dramatisch erweitert um den Sektor der Computerspiele und -programme!

Aus den Kreisen führender amerikanischer Medienwissenschaftler kommt hier »Verstärkung« für die anthroposophische Medienkritik (nachzulesen unter anderem bei Rainer Patzlaff, der Neil Postmans Forderung zitiert, man müsse die Jugend von der Tyrannei der Medien befreien). Das unkritische Benutzen der Medien, das unbewußte Aufnehmen ihrer verführerisch aufgemachten Botschaften unter Umgehung des Ich sind die Haupt-Kritikpunkte von Waldorf-Pädagogen gegen den zu frühen Einsatz von Medien bei Kindern. Nach dem, was zuvor schon über die Sinneswelt des Kleinkindes gesagt wurde, in die ungefiltert alle Eindrücke der Umgebung eindringen und bis in die leibliche Organisation hineinwirken können, versteht sich von selbst, daß im Kleinkind- und Kindergartenalter auf Medien aller Art weitgehend verzichtet wird. Auch die Waldorf-Schulen appellieren an ihre Eltern, vor der Pubertät die elektronischen Medien, vor allem das Fernsehen, von ihren Kindern fernzuhalten.

Dabei geht es sowohl um das nicht kindgemäße stundenlange Stillsitzen und Starren, das heute schon in vielen Fällen zu Wahrnehmungsstörungen und Verhaltensanomalien führt, als auch um die Inhalte (auch die der scheinbar pädagogisch wertvollen »Kindersendungen«!), die die innere kindliche Bilderwelt ersticken und an ihre Stelle künstliche (oft extrem häßliche oder aggressive) »Zerr«-Bilder setzen.

Vor allem aber geht es darum, daß in einem Alter, wo sich ein eigenes kritisches Urteilsvermögen, ein eigenes Wertesystem erst noch ausbilden muß, die permanente Manipulation der Medien große Schäden in der seelisch-geistigen Entwicklung der Kinder hervorrufen kann. Es muß hier sicher nicht eigens betont werden, daß Medien in dieser Altersstufe natürlich auch nicht im Unterricht verwendet werden.

Da der Mensch für junge Menschen sicher der bessere Erzieher ist als irgendwelche Maschinen, wird dem Schüler vor der Pubertät alles Wissen von Menschen vermittelt, zu denen er ein emotionales Verhältnis entwickeln, bei denen er nachfragen und auch mit der Zeit kritisch hinterfragen kann. Im richtigen Alter, nämlich nach den inneren

Lernfortschritt wird für das Kind transparent gemacht. Kinder erkennen im Umgang mit dem Computer Regeln, Strategien und Inhalte und lernen diese anzuwenden. Der Computer ist ein verläßlicher Partner, der klare, verbindliche Logik und ein unmittelbares Feed-back bietet. Die Erfahrung zeigt, daß nicht nur Computerspiele, sondern zum Beispiel auch reine Rechtschreibprogramme den Kindern Spaß machen.

In der Montessori-Praxis ist der Einsatz der modernen Medien nicht einheitlich geregelt. Aber die meisten Montessori-Grundschulklassen verfügen über Kassettenrecorder, Video und Computer. Manche Lehrer beschränken die Zeit (zum Beispiel pro Kind eine halbe Stunde wöchentlich), in der ein Kind während der Freiarbeit etwa am Computer arbeiten darf, andere Lehrer nehmen die Motivation des Kindes als Maßstab. Es liegt in der Verantwortung der Montessori-Pädagogen, bei den jeweiligen Programmen, Videos und Kassetten eine verantwortliche Vorauswahl zu treffen. Technische Medien, so gut sie auch sein mögen, können den Lehrer nicht ersetzen. ■

und äußeren Umwälzungen der Pubertät, wird auch in der Waldorfschule zu einem bewußten und verantwortlichen Gebrauch der Medien erzogen. Bis dahin haben die Schüler aber durch das Hören, Lesen, Sprechen und Spielen von Texten der Weltliteratur, durch das künstlerische Gestalten mit den verschiedensten Techniken und Materialien schon eine eigene Wahrnehmungsfähigkeit entwickelt, die sie vor unsinniger Berieselung und unzulässiger Manipulation weitgehend schützen kann. ■

AUFNAHMEKRITERIEN, LEHRPLÄNE, BEURTEILUNGEN UND DER ÜBERTRITT AUF WEITERFÜHRENDE SCHULEN

 ## Lehrpläne, Zeugnisse und Pensenbücher

Bei der Aufnahme in eine Montessori-Einrichtung gibt es keine direkte Aufnahmeprüfung, oft aber eine Art vorbereitenden Unterricht, Spiel- oder Probeunterricht genannt. Für das Kind selber ist es von Vorteil, wenn es vor der Aufnahme in eine Montessori-Schule einen Montessori-Kindergarten besucht hat.

Nach Maria Montessori sind Zeugnisbeurteilungen überflüssig. Sie widersprechen auch ihrem pädagogischen Prinzip, der Achtung vor der Individualität des Kindes. Noten sind immer Rangkorrelationen, die sich auf das Niveau einer bestimmten Klasse beziehen. So könnte zum Beispiel ein durchschnittlicher Schüler in einer anderen Klasse zu den Besten gehören. Auch das Verteilen der Noten nach der Gauss'schen Verteilungskurve macht die Bewertung nicht objektiver und gerechter.

Trotzdem ist eine Leistungsbeurteilung nötig. Auch Kinder wünschen sich diese Form der Anerkennung. Maria Montessori ist nicht gegen »Leistung«. Doch sie geht davon aus, daß die Leistung von den Kindern nicht durch Druck gefordert werden darf, sondern daß die Kinder hochmotiviert von sich aus tätig sein sollen. Sie spricht dabei mit Anerkennung von der »Arbeit« des Kindes. Sie lehnt jedoch die Fremdkontrolle durch den Lehrer ab. Noten, aber auch Tadel oder übermäßiges Lob wirken pädagogisch eher negativ. Nicht die Korrektur des Lehrers ist wichtig, sondern die individuelle Fehlerkontrolle, die der Montessori-Schüler am Material erfährt.

Maria Montessori ist der Auffassung, daß lediglich der individuelle Lernerfolg und die Zufriedenheit der Kinder ausschlaggebend sind. Doch da es bei uns keine Montessori-Schulen gibt, die in ganz freier Trägerschaft verwaltet und finanziert werden, müssen in der Praxis eine Reihe von Kompromissen geschlossen werden, so zum Beispiel die Anerkennung der staatlichen Lehrpläne, und Zeugnisse meist in Form von Pensenbüchern. Das Pensenbuch gibt dem Kind zum einen einen Überblick über den Lernstoff, zum anderen ist es eine individuelle Form der Leistungsbeurteilung.

Montessori-Schulen – da es kaum weiterführende Montessori-Schulen gibt, meist Grund- und Hauptschulen – arbeiten nach den staatlichen Lehrplänen. Die Montessori-Hauptschulen bieten den qualifizierten Hauptschulabschluß an. Viele Montessori-Schüler treten nach der Grundschulzeit aufs Gymnasium über. Beim Übertritt auf das Gymnasium oder die Realschule ist meist eine Aufnahmeprüfung abzulegen.

AUFNAHMEKRITERIEN, LEHRPLÄNE, BEURTEILUNGEN UND DER ÜBERTRITT AUF WEITERFÜHRENDE SCHULEN

Der Lehrplan der Freien Waldorfschule – Verzicht auf Notengebung – Zeugnissprüche

In Waldorfschulen gibt es keine Aufnahmeprüfungen, sondern lediglich eine Art Probeunterricht, Spielunterricht oder vorbereitenden Unterricht. Der Besuch eines Waldorfkindergartens ist als Vorbereitung auf die Aufnahme in eine Waldorfschule nicht notwendig, aber empfehlenswert.

Die Waldorfschule unterrichtet nach einem eigenen, von Rudolf Steiner entwickelten Lehrplan, der den von ihm geschilderten Entwicklungsstufen des Kindes und Jugendlichen angepaßt ist.

Als einheitliche Volks- und Höhere Schule betreibt die Waldorfschule keine Leistungsauslese durch Benotung und Sitzenbleiben. Es geht ihr ja nicht darum, eine intellektuelle Elite von den mehr handwerklich-praktisch Begabten – was in unserer Zeit ja schon fast ein Schimpfwort ist: welche ignorante Mißachtung einer Begabung, ohne die unsere Kultur längst nicht mehr lebensfähig wäre! – abzusondern, sondern darum, allen aufgenommenen Kindern mit den unterschiedlichsten Begabungen zur Entdeckung und Ausreifung der in ihnen steckenden, individuellen Talente zu verhelfen.

Mit dem Verzicht auf Auslese verbindet sich jedoch keinesfalls ein Verzicht auf Leistung! Nur wird Leistung eben nicht standardisiert gewertet, sondern individuell. Das Wollen und Können des einzelnen Schülers ist Maßstab für seine Beurteilung, die dementsprechend in Form von Wortgutachten stattfindet. Das ist für den Lehrer wesentlich schwieriger als das Verteilen von Noten nach einem festen Notenschlüssel, aber es beinhaltet die Chance, wirklich jedem Kind gerecht zu werden, und es nicht so sehr spüren zu lassen, was es alles nicht kann, sondern ihm die Möglichkeiten seiner speziellen Begabung aufzuzeigen. Besonders intensiv geschieht dies in den Zeugnissprüchen: Über die reine Leistungsbeurteilung hinaus kommt darin die Entwicklung des Kindes in einem Schuljahr zum Ausdruck, und der Lehrer versucht, behutsam Anstöße seelisch-moralischer Art zur Weiterentwicklung zu geben. Diese Zeugnissprüche werden vom Schüler auswendiggelernt und, wenn es pädagogisch sinnvoll und hilfreich erscheint, im Laufe des kommenden Schuljahres im rhythmischen Unterrichtsteil vor der Klasse gesprochen.

ARBEITSWEISE

Entscheidet sich selbst für eine Arbeit

	1	2	3	4
fast immer				
häufig				
gelegentlich				
selten				

Kann selbständig Arbeiten

	1	2	3	4
fast immer				
häufig				
gelegentlich				
selten				

Plant und organisiert seine Arbeit

	1	2	3	4
fast immer				
häufig				
gelegentlich				
selten				

Zeigt Ausdauer bei der Arbeit

	1	2	3	4
fast immer				
häufig				
gelegentlich				
selten				

Kann sich konzentrieren

	1	2	3	4
fast immer				
häufig				
gelegentlich				
selten				

Zeigt Sachinteresse

	1	2	3	4
fast immer				
häufig				
gelegentlich				
selten				

SOZIALVERHALTEN

Ist kontaktfreudig

	1	2	3	4
fast immer				
häufig				
gelegentlich				
selten				

Hat positiven Kontakt zu Mitschülern

	1	2	3	4
fast immer				
häufig				
gelegentlich				
selten				

Trägt zur Konfliktlösung bei

	1	2	3	4
fast immer				
häufig				
gelegentlich				
selten				

Toleriert Besonderheiten anderer

	1	2	3	4
fast immer				
häufig				
gelegentlich				
selten				

Auszüge aus einem Pensenbuch der Münchner Montessori-Schule der Aktion Sonnenschein (auch auf S. 206)

Wie jede andere freie Schule, die nicht den staatlichen Lehrplänen unterliegt, muß auch die Waldorfschule bei Übertritt ihrer Schüler an eine andere Schulart und bei der Abiturvorbereitung Kompromisse schließen: Es werden Aufnahmeprüfungen notwendig, wenn ein Waldorfschüler ein Gymnasium oder eine Realschule besuchen will, und in der Abiturvorbereitungsklasse werden zur Orientierung Noten vergeben, da ja das ganz normale staatliche Abitur abgelegt werden muß.

Generell kann gesagt werden, daß die Waldorfschulen zwölf Schuljahre nach dem Waldorflehrplan arbeiten und daß das 12. Schuljahr das eigentliche Abschlußjahr der Waldorfschule ist. Innerhalb der zwölf Schuljahre bieten viele Waldorfschulen den Qualifizierten Hauptschulabschluß und die Mittlere Reife an. Diese Prüfungen müssen jedoch (zumindest in Bayern) extern abgelegt werden. Die Schüler der Waldorfschule Gröbenzell bei München können beispielsweise im Handwerkerhof Gröbenzell e.V. eine Vielzahl handwerklicher Berufe kennenlernen, es gibt dort Praktika in den Bereichen Graphik, Schmiede, Tongestaltung, Elektronik, Malereibetrieb, Schlosserei, Fotosatz und Schneiderei. Schüler, die das Abitur anstreben, besuchen eine 13. Klasse, in der sie sich nach dem »normalen« Gymnasiallehrplan auf das Abitur vorbereiten, das ebenfalls extern geprüft wird. Einige Waldorfschulen bieten innerhalb der Waldorfschulzeit auch eine berufliche Ausbildung in einem Handwerk an.

Auszug aus einem Zeugnis der Waldorfschule (1. Klasse)

K. hat mit seinem forschen, offenherzigen Wesen rasch Freunde in der Klasse gewonnen. Er fügt sich willig in die Gemeinschaft ein, kann aber auch mutig zu seiner eigenen Meinung stehen. Besonders setzt er sich für schwächere Schüler ein.

Es ist zu spüren, daß ihm aktive Unterrichtsphasen mehr Freude machen als stille. Bei den Märchen ist er aber ganz Ohr, und man sieht seinen lebhaften Gesichtszügen an, wie sehr er sich in die Figuren hineinlebt.

Das Erlernen der Buchstaben fiel ihm nicht leicht, aber er gab sich alle Mühe, der goldenen Fee auf ihrer Wanderung zu folgen. Die vier Grundrechenarten, besonders das Gehen, Hüpfen und Klatschen der Einmaleinsreihen bereiteten ihm offensichtliches Vergnügen.

Mit den Wasserfarben mußte sich H. anfangs sehr plagen. Um so größer war dann sein Strahlen, als das erste Wasserfarbenbild ihm und der Klasse gelungen erschien! Seit dem Frühjahr malt K. mit großer Begeisterung; am liebsten malt er die Sonne oder das Feuer, was seinem cholerischen Grundtemperament entgegenkommt.

Besonderen Spaß macht es K., wenn er allein vor der Klasse etwas aufsagen oder eine Rolle übernehmen darf. Seine Sprache ist klar und deutlich.

Sport: K. nimmt mit großer Begeisterung und Einsatzfreude am Spielturnen teil. Anfangs

MATHEMATIK 5

M

VI. Kennt die mathematischen Begriffe

mit Material   ohne Material

1. a.) Addition
    b.) Summand, Summe
2. a.) Subtraktion
    b.) Minuend, Subtrahend, Differenz
3. a.) Multiplikation
    b.) Multiplikator, Multiplikand, Produkt
4. a.) Division
    b.) Dividend, Divisor, Quotient
5. kann diese Begriffe in eingekleideten
    Aufgaben anwenden

In das Pensenbuch, das für jeden Schüler geführt wird, trägt der Lehrer die individuellen Leistungsfortschritte des jeweiligen Kindes ein. Es beginnt mit dem Verhaltensbogen, der Aufschluß über die Arbeitsweise und das Sozialverhalten des Schülers gibt. In vielen Unterrichtsfächern (besonders in Deutsch und Mathematik) wird der Unterrichtsstoff in kleine Schritte zerlegt. Für den übrigen Fachunterricht gibt es Wortgutachten. Nicht nur die Eltern und der Lehrer können durch das Führen des Pensenbuches den Leistungsstand des Kindes ablesen, auch die Kinder lernen das Pensenbuch kennen und können ihr Lernverhalten danach richten. ∎

schoß er in seiner Bewegungsfreude leicht etwas über das Ziel hinaus; inzwischen kann er seine Kräfte gut einschätzen und einsetzen.

Handarbeit: K. arbeitet konzentriert an seinem Ball und strickte auch eine kleines Strickpüppchen. Beim Stricken brauchte er anfangs viel Hilfe und war oft ungeduldig. Mit der Zeit gelang ihm ein sauberes Maschenbild, auf das er sehr stolz war.

Englisch: K. hatte viel Freude an der englischen Sprache. Dadurch daß er zweisprachig aufgewachsen ist, waren ihm Sprachmelodie und viele Worte vertraut. Begeistert rezitierte er Lieder und Sprüche und konnte schwächere Mitschüler oft mitreißen.

Zeugnisspruch aus der 5. Klasse:

Ein unbehauner Block ist unser Leben.
Mit harter Müh' muß man Gestalt ihm geben.
Setz deinen Meißel mutig an
Und führe stetig Schlag um Schlag!
Wer kraftvoll und besonnen schaffen kann,
Der bringt das rechte Bild zutag.

(M. Tittmann)

Dieser Zeugnisspruch steht nicht nur im Zeugnis. Der Schüler lernt ihn auswendig und spricht ihn im Rhythmischen Teil des Hauptunterrichts immer wieder vor der Klasse. So verbindet er sich intensiv mit dem ganz auf ihn persönlich zugeschnittenen Inhalt. ∎

ELTERNHAUS UND SCHULE

 Elternarbeit

An einer Montessori-Schule ist das Mitwirken der Eltern von großer Wichtigkeit. Nicht nur das gemeinsame Feiern von Kindern und Erwachsenen wird gepflegt, auch Arbeitsmaterialien und Unterrichtshilfen, die ja für die Durchführung der Freiarbeit so existentiell wichtig sind, werden zum Teil von Elterngruppen mit den Lehrern zusammen erstellt.

Doch auch in pädagogischen Fragen findet ein lebendiger Austausch zwischen Eltern und Schule statt. Die Vorbereitung der Elternabende ist nicht nur Aufgabe der Lehrer, sondern auch Eltern beteiligen sich oft aktiv daran. Das Verhältnis zwischen Eltern und Lehrern ist partnerschaftlich. In vielen Montessori-Kindergärten und -schulen haben die Eltern die Möglichkeit, bei »ihrem« Lehrer zu hospitieren, oder auch im Unterrichtsalltag nicht nur dabei zu sein, sondern aktiv mitzuhelfen. In der Montessori-Schule Dachau bei München ist eine sehr lebendige Elternarbeit entstanden. Eltern haben die Möglichkeit, direkt den Unterricht mit den Kindern zu gestalten, je nach Hobbies oder beruflicher Fähigkeit. Sie kommen an Unterrichtsvormittagen in die Schule und bieten in Gruppen ein Projekt an. Einige Beispiele seien genannt.

– Der Vater eines Schülers ist Puppenspieler. Er macht mit den Kindern Holzdrucke und gestaltet eine Mappe daraus. Ausflüge in den Zoo gestaltet er aktiv mit und modelliert mit den Kindern Tiere aus Ton. Er ist zum Schülersprecher gewählt worden und leitet die Schülerkonferenz.

– Das Elternpaar eines Jungen (Berufsmusiker) musiziert gelegentlich für und mit den Kindern an der Schule.

– Ein Vater ist Chansonsänger. Er kommt regelmäßig am Vormittag in die Schule und singt Lieder mit den Kindern. Daraus ist eine eigene Kassette entstanden.

– Ein Elternpaar macht mit den Kindern Zirkusaufführungen und leitet Turngruppen.

– Eine Mutter singt vormittags mit den Kinder französische Kinderlieder und sieht französische Bilderbücher an.

– In regelmäßigen Abständen kochen und backen die Kinder in der Schulküche. Ein Vater oder eine Mutter begleiten sie dabei.

– Einige Mütter gehen an heißen Unterrichtsvormittagen mit den Klassen ins Freibad und bereiten Spiele vor.

– Eine Mutter hält ein halbes Jahr lang mit einer Gruppe einen Englischkurs ab.

ELTERNHAUS UND SCHULE

Die Schulgemeinschaft

Die Waldorfschule ist unbedingt auf Elternmitarbeit angewiesen. In verschiedenen Gremien, zum Beispiel dem Wirtschaftsrat oder Bauarbeitskreisen, bringen Eltern ihr Know-how zur Unterstützung von Schulleitung und Konferenz ein. Vieles an einer Waldorfschule, das sonst nicht zu finanzieren wäre, wird von Eltern in Eigenarbeit geleistet: Hilfe bei Neubau oder Renovierung des Schulgebäudes, Kostümschneiderei, Kulissenbau und Bühnenbild für Aufführungen, und nicht zu vergessen die vielfältigen kulinarischen und sonstigen Vorbereitungen der (weit über Waldorfkreise hinaus berühmten) Bazare.

Vor allem aber gehören die Eltern vom Wesen der Waldorf-Pädagogik her zur Schulfamilie: ohne daß die Eltern wissen und erleben, auf welche Weise ihre Kinder lernen und arbeiten, ohne die Unterstützung durch eine entsprechende Atmosphäre im Elternhaus wäre Waldorf-Pädagogik undenkbar. Der Klassenlehrer besucht die Eltern zu Hause, um einen guten Kontakt herzustellen. Vor der Einschulung ihrer Kinder, aber auch später immer wieder wird den Eltern Gelegenheit gegeben, sich in Seminaren, Vorträgen und handwerklich-künstlerischen Kursen intensiv mit der Waldorf-Pädagogik zu befassen.

An der Rudolf-Steiner-Schule in Gröbenzell bei München wurde ein Konzept entwikkelt, an dem Verein, Verwaltung, Lehrer, Schüler, Eltern und Handwerker teilhaben. Alle Mitglieder der einzelnen Organe sind gewählt, angestellt oder freiwillig tätig. Als Beispiel für die vielfältigen Bereiche, in denen Eltern sich engagieren können, sind im folgenden die Kreise genannt, die an dieser Schule eingerichtet sind:
– Schulkonzeptkreis: Erarbeitet, überarbeitet, berät und beschließt das pädagogische Konzept im Sinne eines Gesamt-Schulprofils. Begleitet, beobachtet und entwickelt die Beschlüsse in der Praxis weiter,
– Kommunikationskreis: Innerschulische Kommunikation, Vorbereitung des Jour-Fixe, Terminblatt, »Ansichten – Absichten« (= schulinterne Zeitung),
– Finanzkreis: Finanzplanung, Finanzbeschaffung und Finanzkontrolle,
– Beitragskreis: Befaßt sich mit dem sozialen und finanziellen Beitrag der Eltern zum Leben der Schule,
– Baukreis: Bauherrenfunktion für den Erweiterungsbau, Betreibung und Überwachung der Planungsarbeiten, Abstimmung nach innen und außen, bauliche Betreuung des ganzen Schulgebäudes,

Aufgrund der guten Erfahrungen möchte die Montessori-Schule Dachau diese Form der Elternarbeit noch mehr ausbauen.

M Es gibt auch immer wieder Eltern – meistens Mütter –, die von der pädagogischen Atmosphäre in ihrem Kinderhaus so fasziniert sind, daß sie an einem Montessori-Ausbildungskurs teilnehmen.

Der Eindruck, den man von einer Montessori-Einrichtung gewinnt, ist meist, daß die Atmosphäre sehr familiär und freundlich ist. Nicht nur die Lehrerschaft ist engagiert, sondern auch die Eltern beteiligen sich am Schulleben. Vor allem in der Gründungsphase einer neuen Montessori-Einrichtung ist von seiten der Eltern sehr viel Mithilfe und Engagement nötig. Die Praxis zeigt, daß es viele Eltern gibt, denen die Schule ihrer Kinder am Herzen liegt, und die über das übliche Maß hinaus bereit sind, ihren Beitrag zu leisten. ■

– Wirtschaftskreis: Vorbereitung und Durchführung der Märkte, Betreuung von Veranstaltungen und sonstige Aktivitäten,
– Festkreis: Planung, Einstimmung, Vorbereitung und Durchführung der Jahreszeitenfeste in der Schule
– Elwek: Ursprünglich: Vorbereitungskreis für Lehrer und Eltern-Wochenenden. Zur Zeit konzentriert sich der Kreis aus aktuellem Anlaß darauf, Wesentliches – Wissenswertes – aus der Waldorf-Pädagogik in Vortragsreihen zu vermitteln,
– Pädagogischer Arbeitskreis: Arbeitet an Grundlagen der Waldorf-Pädagogik, Erziehungskunst anhand von Beispielen, Übungen und Vorträgen,
– Arbeitskreis für das Kind, das besondere Hilfe braucht: Eltern, Lehrer und Therapeuten bemühen sich um Intensivierung der pädagogisch-therapeutischen Betreuung obengenannter Kinder in der Schule durch Erfahrungsaustausch, Beratung und Betreuungshilfe,
– Kreis in Gründung: »Selbsterziehung und das Böse, Gewalt in der Schule«,
– Anthroposophischer Arbeitskreis: Ein Arbeitskreis der Antroposophischen Gesellschaft München. Als ständiger Gast an der Schule arbeitet er an Texten Rudolf Steiners.
– Elternchor: Musikalische Ausgestaltung der Feste.
Eine Schule, die sich noch im Bau befindet oder ein altes Gebäude renoviert, braucht viele Helfer, nicht nur in finanzieller Hinsicht. Viele Eltern sind dazu bereit, für die Schule ihrer Kinder konkret etwas zu tun. So sieht man auf vielen Schulbaustellen nicht nur professionelle Firmen, sondern auch viele Eltern arbeiten. Eltern verputzen, malern, legen Fliesen, schleifen Böden, legen den Garten an etc. In einigen Schulen ist auch ein Mindeststundeneinsatz pro Jahr und Elternhaus gefordert. Andere Schulen regeln dies auf freiwilliger Basis. Oft wird die wöchentliche Grundreinigung von den Eltern geleistet, manche höhere Klassen erledigen dies aber auch selber.
Auch in den Ferien sind freiwillige Helfer (für Garten- und Blumengießen, Tiere füttern, Büro- und Telefondienst) gesucht.
Ohne den Einsatz der Elternhäuser ist die überdurchschnittliche Arbeit der Schulen nicht zu schaffen. Nicht nur die Pädagogen haben in Waldorfschulen – wie auch in Montessori-Einrichtungen – in der Regel ein größeres Arbeitspensum als die Lehrer an staatlichen Schulen, auch von den Eltern wird mehr Mitarbeit erwartet. ■

Schulgeldregelungen

Bis auf ganz wenige Ausnahmen (zum Beispiel Montessori-Schulen in Nordrhein-Westfalen) sind Montessori- und Waldorfschulen Privatschulen. Die Bezuschussung unterliegt dem Privatschulgesetz. Dies ist für den Schulträger mit gesetzlichen Regelungen verbunden und unterliegt in Voraussetzung und Höhe der Bezuschussung der Kulturhoheit der Länder.

Generell kann man sagen, daß Montessori- und Waldorfschulen in aller Regel Schulgeld erheben und erheben müssen. Jedoch legen beide Schulen Wert darauf, keine Eliteschule zu sein. Die Aufnahme eines Kindes – das wurde uns von beiden Seiten bestätigt – darf nicht von den finanziellen Möglichkeiten des Elternhauses abhängen. So gibt es in beiden Schultypen Kinder, die vom Schulgeld befreit sind. Montessori- und Waldorfschulen sehen sich in aller Regel als Solidargemeinschaft. Eltern sind in den haushaltsrelevanten Ausschüssen immer vertreten. Das Finanzierungskonzept ist nicht nur der Regierung zugänglich, sondern wird auch für die Eltern transparent gehalten.

Für behinderte Kinder können Eltern die Schulfinanzierung bei den jeweiligen Jugendämtern beantragen. Dies erfolgt jedoch nicht automatisch, sondern wird erst nach Antragstellung gewährt.

Die Höhe des Schulgeldes kann variieren. Die Münchner Montessori-Schule der gemeinnützigen Schul-GmbH der Aktion Sonnenschein gibt das Schulgeld zum Beispiel mit 165 Euro monatlich pro Schüler an. Eltern, die es ermöglichen können, zahlen freiwillig mehr. Dies deckt (laut Mitteilung der Schule) 50% des Defizits. Für den fehlenden Betrag kommt der Träger-Verein Aktion Sonnenschein auf, der das Defizit mit Spenden und Mitgliedsbeiträgen ausgleicht.

Andere Schulen, vor allem die Waldorfschulen, regeln diese Frage nach der Höhe des Einkommens und der Anzahl der Kinder. Die Höhe der Schulbeiträge differiert von Schule zu Schule und von Bundesland zu Bundesland und liegt durchschnittlich zwischen 80 und 200 Euro pro Schüler im Monat. Die Einschätzung ihrer finanziellen Möglichkeiten erfolgt in der Regel durch die Eltern selber, die hierfür von der Schule eine Tabelle zur Orientierungshilfe bekommen. Die Tabellen erfassen die Korrelation zwischen dem Brutto-Jahreseinkommen und der Anzahl der Kinder.

Vor allem in Waldorfschulen gibt es zahlreiche spezielle Finanzierungskonzepte. Dies kann zum Beispiel ein zinsgünstiger Kredit, den manche Eltern oder auch Großeltern der Schule gewähren, sein. Einige Schulen bieten an, für die Sparbücher der Schüler die gleichen Zinssätze wie die Hausbank zu gewähren und bekommen dadurch günstige Kredite. Andere Schulen bitten um eine finanzielle Einlage bei Schuleintritt, die man beim Austritt wieder zurückerhält. Von den Eltern organisierte Basare, Märkte und Benefizveranstaltungen bringen zusätzliche Gelder.

Die Höhe des Schulgeldes hängt sehr von der Höhe des Schulhaushaltes ab. Eine Schule, die sich im Aufbau befindet, braucht sicherlich mehr finanzielle Unterstützung, als eine bereits gut situierte Schule, die schon über ein eigenes Gebäude verfügt.

Schlußbetrachtung

Dieser Überblick über die zwei Schultypen zeigt, daß es durchaus Ähnlichkeiten in Konzeption und Praxis gibt, jedoch auch eine Reihe von grundlegenden Unterschieden.

Die Unterschiede sind sicherlich im Kindergarten und in den ersten Schuljahren stärker ausgeprägt als bei den älteren Kindern. Während in der Waldorf-Pädagogik die intellektuellen Fähigkeiten der Kinder relativ spät angesprochen werden, hat Maria Montessori keine Scheu davor, diese schon beim kleinen Kind anzuregen. Dagegen besteht bei einer zu frühen intellektuellen Förderung in der Montessori-Pädagogik die Gefahr, daß die musischen Kräfte vernachlässigt werden. Viele Nicht-Anthroposophen machen der Waldorf-Pädagogik den Vorwurf der Weltfremdheit.

In der Oberstufe ergeben sich eine Reihe von Gemeinsamkeiten: Landbau- und Feldmeßepoche, Handwerks- und Betriebspraktikum sind feste Bestandteile der meisten Waldorfschulen. Und auch viele Montessori-Pädagogen führen mit ihren älteren Schülern Projektarbeiten und Praktika durch.

Die wichtigste Gemeinsamkeit zwischen Rudolf Steiner und Maria Montessori ist sicherlich die zentrale Position des Kindes. Diesem Denken vom Kind aus kommt der Waldorf-Pädagoge vor allem in der Wahrnehmung und Einfühlung in die einzelne Schülerpersönlichkeit nach; der Montessori-Pädagoge mehr in der Anerkennung und Respektierung der individuellen Bedürfnisse – und ihrer Befriedigung in der Freiarbeit.

Insgesamt gibt es gute und weniger gute Rahmenbedingungen in unserem Schulwesen. Waldorf- und Montessori-Schulen schaffen sicherlich für die Kinder gute Rahmenbedingungen. Entscheidend jedoch ist die Person und Persönlichkeit des Lehrers. Erst hier wird Waldorf- und (oder) Montessori-Pädagogik lebendig und glaubwürdig.

Adressen
(Stand: Juli 2005)

Ein Überblick über die Schulen

Wir haben uns sehr bemüht, eine vollständige Adressenliste der Montessori- und Waldorfschulen in den deutschsprachigen Ländern abzudrucken. Dies war zumindest bei den Adressen der Montessori-Einrichtungen schwierig, da hier die Organisationsstrukturen dezentralisiert sind und es viele »Untergruppierungen« mit unterschiedlichen pädagogischen Ansätzen gibt. Wir haben versucht, allen neuen Modellen neben den klassischen Montessori-Schulen Raum zu geben. Die Waldorfschulen zu erfassen war einfach. Sie sind alle dem Bund der Freien Waldorfschulen zugeordnet. Die Adressen der jeweiligen Kindergärten mit in die Liste aufzunehmen, hätte den Rahmen des Buches gesprengt. Es gibt wesentlich mehr Kindergärten als Schulen. Diese sind über die Schulen oder die Landesverbände zu erfragen.

Viele Regelschulen – vor allem in Österreich – haben Montessori-Klassen. Diese Schulen sind aus Platzgründen nicht aufgeführt. Sollte – trotz intensiver Recherchen – die eine oder andere Schule im Verzeichnis fehlen, bitten wir Sie, uns dies mitzuteilen.

Bei unserer Arbeit haben wir viel Positives, jedoch auch Kritisches zu den jeweiligen Schulen gehört. Da dies mehr individuelle, persönliche Erfahrungen sind, kann man dies nicht als »Schwachstellen« verallgemeinern. Tatsache ist, daß fast alle Montessori- und Waldorfschulen hervorragende Arbeit leisten, daß manche aber auch an den Herausforderungen der Praxis scheitern. Deshalb ist der Leser aufgefordert, sich die Schulen, die ihn interessieren, selbst anzusehen. Einige der Schulen (vor allem Montessori-Schulen) bieten Hospitationsmöglichkeiten, fast alle veranstalten Elternabende und Einführungstage. Und viele Schulen haben einen Tag der offenen Tür, diverse Feste, Bazare, Märkte, Monatsfeiern. Dies – und auch die »normale Pausensituation« – gewährt Einblick ins Schulleben.

Montessori-Schulen in Deutschland

Folgende Abkürzungen finden im folgenden Verwendung:
GGS = Gemeinschafts-Grundschule
GHS = Gemeinschafts-Hauptschule
EGS = Evangelische Grundschule
KGS = Katholische Grundschule

Aachen
Montessori-Schule, Städt. GGS,
  Reumontstr. 52, 52064 Aachen
Montessori-Schule, Städt. GGS,
  Mataréstr. 11, 52078 Aachen
Montessori-Schule Ellendorf, Städt. GGS,
  Kaiserstr. 61, 52080 Aachen
Städt. GHS Eilendorf, Montessori-Zweig,
  Kaiserstr. 59, 52080 Aachen

Aalen
Hermann-Hesse-Schule,
  Max-Eyth-Str. 30, 73431 Aalen

Amberg
Private Montessori Volksschule
  (Grundschule), Der Regenbogen,
  Creyerstr. 30, 92224 Amberg

Annaberg-Buchholz
Maria-Montessori-Grundschule,
  Robert-Blum-Str. 27 A,
  09456 Annaberg-Buchholz

Augsburg
Katholische Freie Volksschule,
  Konzept »Marchtaler Plan«,
  Gögginger Str. 92 a, 86199 Augsburg

Bad Waldsee
Eugen-Bolz-Schule (Herr Hecht),
  Steinacher Straße 39,
  88339 Bad Waldsee

Bautzen
Maria-Montessori-Grundschule,
  Juri-Gagarin-Str. 95, 02625 Bautzen

Berg-Höhenrain
Montessori Biberkor, privates Gymnasium
  i.A., Biberkorstr. 17,
  82335 Berg-Höhenrain

Bergisch-Gladbach 1
Städt. GGS Bensberg,
  Montessori-Orientierung,
  Karl-Philipp-Str. 16,
  51429 Bergisch-Gladbach

Berlin
Montessori-Vorklassen, Freiherr von
  Hünefeld-Grundschule,
  Lauenburger Str. 114, 12169 Berlin
Montessori-Eingangsklassen,
  Kinderzentrum, Monumentenstr. 13A,
  10829 Berlin
Schwielowsee-Schule, Monumentenstr. 13A,
  10829 Berlin
Maria Montessori-Grundschule,
  Friedrich-Wilhelm-Str. 72-74,
  12103 Berlin
Clara Grunwald-Schule, Hallesche Str. 24,
  10963 Berlin
Ernst Ludwig Heim-Grundschule,
  Montessori-Orientierung,
  Grunewaldstr. 8, 13597 Berlin-Spandau
Grundschule am Rüdesheimer Platz,
  Montessori-Orientierung,
  Rüdesheimer Str. 24-30, 14197 Berlin
Rothenburg-Grundschule, Montessori-
  Orientierung, Rothenburgstr. 18,
  12165 Berlin
Reinfelder Schule für Schwerhörige,
  Montessori-Klassen, Maikäferpfad 30,
  14055 Berlin-Charlottenburg
Eichendorff-Schule, Goethestr. 19-24,
  10625 Berlin-Charlottenburg
Kath. Schule St. Franziskus,
  Hohenstaufenstr. 1, 10781 Berlin
Arno Fuchs-Schule, Schule für
  Geistigbehinderte,
  Richard Wagner-Str. 30, 10585 Berlin
Pettenkofer-Grundschule, Pettenkoferstr.
  20-24, 10247 Berlin-Friedrichshain
5. Grundschule, Christburger Str. 7,
  10405 Berlin-Prenzlauer Berg

Grundschule im Blumenviertel,
   Syringenplatz 30,
   10407 Berlin-Prenzlauer Berg
Bornholmer Grundschule, Ibsenstr. 17,
   10439 Berlin-Prenzlauer Berg
Johann-Peter-Hebel-Grundschule,
   Emser Str. 50,
   10719 Berlin-Wilmersdorf
Brandenburg-Grundschule, Feurigstr. 57,
   10827 Berlin-Schöneberg
Teltow-Grundschule, Feurigstr. 57,
   10827 Berlin-Schöneberg
Reinhardswald-Grundschule,
   Gneisenaustr. 73-74,
   10961 Berlin-Kreuzberg
Nürtingen-Grundschule, Mariannenplatz 28,
   10997 Berlin-Kreuzberg
Marianne-Cohn-Schule, Förderschule,
   Holzmannstr. 7, 12099 Berlin-Tempelhof
Mercator-Grundschule,
   Mercatorweg 8-10,
   12207 Berlin-Lichterfelde
Edison-Grundschule, Wattstraße 69,
   12459 Berlin-Köpenick-Treptow
Ebereschen-Grundschule,
   Borkheider Str. 28,
   12689 Berlin-Marzahn
Schule am Falkenberg, Förderschule,
   Wartiner Str. 47-49, 13057 Falkenberg
Förderschule, Bahnhofstr. 10,
   13129 Berlin-Blankenburg
Elisabeth-Christinen-Grundschule,
   Rolandstr. 35,
   13156 Berlin-Niederschönhausen
Hermann-Herzog-Grundschule,
   Müllerstr. 158, 13353 Berlin-Wedding
Heinrich-Seidel-Grundschule mit
   Montessori-Zweig, Ramlerstr. 9/10,
   13355 Berlin
Wilhelm-Hauff-Grundschule,
   Gotenburger Str. 8,
   13359 Berlin-Wedding

Katholische Schule Salvator,
   Fürst-Bismarck-Str. 8-10,
   13469 Berlin-Waidmannslust
Grundschule am Birkenhain,
   Seeburger Str. 59, 13581 Berlin-Spandau
Helmuth-James-von-Moltke-Grundschule,
   Heckerdamm 221,
   13627 Berlin-Charlottenburg
Hermann-Löns-Grundschule,
   Jungfernheideweg 32-48,
   13629 Berlin-Charlottenburg
Nehring-Grundschule, Nehringstr. 9-10,
   14059 Berlin-Charlottenburg
Grundschule am Ritterfeld, Schallweg 31,
   14089 Berlin-Kladow
Private Sancta-Maria-Schule, Förderschule,
   Dreilindenstr. 24-26, 14109 Berlin
12. Grundschule, Am Rohrgarten 4-8,
   14163 Berlin-Nikolassee
Pestalozzi-Schule, Förderschule,
   Hartmannsweilerweg 47,
   14163 Berlin-Zehlendorf
Private Grundschule Gerdes, Salzachstr. 4,
   14163 Berlin-Zehlendorf
Grund- und Realschule
   Königin-Luise-Stiftung,
   Podbielskiallee 78, 14195 Berlin-Dahlem

Biburg
Freie Schule im Abenstal, private
   Grundschule i.A., Eberhardplatz 6,
   93354 Biburg

Bielefeld
Eichendorff-Schule GGS, Weiherstr. 4-6,
   33613 Bielefeld
Grundschule am Homersen GGS,
   Integr. Montessori-Zug, Rüggesiek 11,
   33719 Bielefeld

Bocholt
Diepenbrockschule, Städt.
   Montessori-Angebotsschule,
   Europaplatz 32, 46399 Bocholt

Bochum
Maria Montessori-Schule, Städt. Schule für Lernbehinderte, Liebfrauenstr. 10, 44803 Bochum

Bonn
Montessori-Schule, GGS der Stadt Bonn, Quirinstr. 16, 53129 Bonn-Dottendorf
Münsterschule GGS der Stadt Bonn, Montessori-Zweig, Maarflach 7-13, 53113 Bonn
Elsa Brandström-Schule, EGS der Stadt Bonn, Montessori-Zweig, Hohe Str. 11, 53119 Bonn-Tannenbusch
Marienschule KGS der Stadt Bonn, Montessori-Klassen, Heerstr. 92-94, 53111 Bonn
Bodelschwinghschule, EGS der Stadt Bonn, Integrationsklassen auf der Basis der Montessori-Pädagogik, Am Woltersweiher 10, 53175 Bonn

Borgentreich
Kath. Grundschule Borgentreich-Bühne, Montessori-Orientierung, Platz der Stadt, Rue 2, 34434 Borgentreich

Borken
Integrative Montessori-Grundschule, An der Aa 19-21, 46325 Borken
Integrative Montessori-Schule, Münsterland e.V. IMS, Nordring 10, 46325 Borken
Integr. Montessori-Schule GGS und Montessori-Gesamtschule in freier Trägerschaft, Röwekamp 14, 46325 Borken

Bremen
Bürgermeister-Schmidt-Schule, Grundschule, Contrescarpe 26, 28203 Bremen

Brühl-Heide
Maria-Montessori-Schule, Schule für Geistigbehinderte, Bergstr. 58, 50321 Brühl

Burladingen
Erich-Kästner-Schule (Förderschule), Abtstr. 3, 72393 Burladingen

Calw-Stammheim
Sprachheilschule (Angelika Probst-Küstner), Kinderdorfstr. 27, 75365 Calw-Stammheim

Chemnitz
Montessori-Verein Chemnitz e.V., Herr Thümmel, Frau Ludewig, Solbrigstr. 2 A, 09120 Chemnitz
Montessori-Schule Chemnitz – Freie integrative Grundschule + Mittelschule – Ernst-Enge-Str. 21, 09126 Chemnitz

Dachau
Montessori-Schule-Dachau – Private Grundschule im Aufbau – Fraunhoferstr. 7, 85221 Dachau

Dietramszell
Private Montessori-Schule – Grund- und Hauptschule i.A. – Klosterplatz 1, 83623 Dietramszell

Dinkelscherben
Montessori-Schule Dinkelscherben – private Grundschule im Aufbau – Brunstätterstr. 1, 86424 Dinkelscherben

Dormagen
Salvatorschule Städt. KGS, An der Weyhe 7-13, 41542 Dormagen-Nievenheim

Drachselried-Oberried
Aktive Montessori-Schule Bayerwald –
  private Grundschule Oberried i.A. –
  Mühlstr. 14,
  94256 Drachselried-Oberried

Dresden
Freie Montessori Schule Huckepack e.V.,
  Hopfgartenstr. 11,
  01307 Dresden-Johannstadt

Düsseldorf
Städt. Montessori-Schule GGS,
  Am Freiligrathplatz, Farnweg 10,
  40468 Düsseldorf
Städt. Montessori-Schule GGS,
  Lindenstr. 102, 40233 Düsseldorf
Städt. Montessori-Schule GGS,
  Emil-Barth-Str. 45, 40595 Düsseldorf
GGS Kaiserswerth, Montessori-Zweig,
  Fliednerstr. 32, 40489 Düsseldorf
Don Bosco-Schule GGS,
  Montessori-Zweig, Salierstr. 37,
  40545 Düsseldorf
Städt. GGS Wichernschule,
  Montessori-Klassen, Brorsstr. 5,
  40627 Düsseldorf
Städt. Montessori-Hauptschule
  Hermannplatz, Lindenstr. 140,
  40233 Düsseldorf
Städt. Cecilien-Gymnasium,
  Schorlemer Str. 99, 40547 Düsseldorf
Ev. Elsa-Brandström-Grundschule mit
  Montessori-Zweig, An der Golzheimer
  Heide 120, 40468 Düsseldorf
Gemeinschafts-Hauptschule
  Kartause-Hain-Schule mit
  Montessori-Zweig, Borbecker Str. 25,
  40472 Düsseldorf
Max-Planck-Gymnasium mit
  Montessori-Zweig, Koetschaustr. 36,
  40474 Düsseldorf
Kath. Grundschule mit Montessori-Zweig,
  Stettiner Str. 98, 40595 Düsseldorf

Fritz-Henkel-Schule,
  Gemeinschafts-Hauptschule mit
  Montessori-Zweig, Stettiner Str. 98,
  40595 Düsseldorf

Duisburg
Comenius-Schule Städt. GHS,
  Montessori-Klassen,
  Reichenberger Str. 19a, 47166 Duisburg

Eberfing
Grundschule Eberfing mit
  Montessori-Pädagogik, Hauptstr. 2,
  82390 Eberfing

Eberswalde
Freie Montessori-Schule Barnim,
  Friedrich-Engels-Str. 6,
  16225 Eberswalde

Echterdingen
Filderschule Stuttgart-Degerloch,
  Leinfeldener Straße 61,
  70771 Echterdingen

Eggenfelden
Private Montessori Schule Eggenfelden –
  private Volksschule am Lichtelberger
  Wald 1, 84307 Eggenfelden

Engelskirchen
Städt. GGS Schnellenbach,
  Montessori-Orientierung, Schulstr. 2,
  51766 Engelskirchen

Erding
siehe Oberding

Erftstadt-Lechenich
Gemeinschaftsgrundschule Nord, Kölner
  Ring 159, 50374 Erftstadt-Lechenich

Erfurt
Montessori-Integrationsschule (Aktion
  Sonnenschein), Paulinzeller Weg 12,
  99097 Erfurt

Erkrath
Städt. GGS Falkenstraße,
  Montessori-Zweig, Falkenstr. 35,
  40699 Erkrath

Erlangen
Montessori Grundschule, Brucker-Lache,
  Zeißstr. 51, 91056 Erlangen
Montessori Volksschule – private Grund-
  und Hauptschule i.A. – Artilleriestr. 23,
  91052 Erlangen

Erlbach
Evangelische Montessori-Grundschule
  Erlbach-Kirchberg, Dorfstr. 15,
  09385 Erlbach-Kirchberg

Falkensee
Kant-Grundschule, Montessori-Klasse,
  Kantstraße 17, 14612 Falkensee

Forchheim
Montessori-Schule Forchheim – private
  Grundschule im Aufbau –
  Egloffsteinstr. 33, 91301 Forchheim

Frankfurt
International Montessori Pre-School,
  Westendtstr. 45, 60487 Frankfurt
Montessori International School, Von
  Gleichen-Bicetti-Kindergarten,
  Schweizerstr. 25, 60597 Frankfurt
Anna Schmidt-Schule, Priv. Grund- und
  Hauptschule, Gymnasium,
  Gärtnerweg 29, 60322 Frankfurt
Heinrich Steul-Schule, Schule für
  Körperbehinderte,
  Montessori-Orientierung,
  Fritz Tarnow-Str. 27, 60320 Frankfurt

Freiburg
Anne-Frank-Schule,
  Wilmersdorfer Str. 19,
  79110 Freiburg
Montessori Zentrum Angell mit
  Grundschule und Gymnasium,
  Mattenstr. 1, 79100 Freiburg
Grundschule Kapriole (orientiert an
  Montessori, Wild und Reichen),
  Oberriederstr. 20,
  79117 Freiburg

Freising
Montessori-Schule Freising – private
  Grundschule – Pallotinerstr. 2,
  83534 Freising

Freital
Kreisgymnasium Freital-Deuben,
  Krönertstr. 25, 01705 Freital

Freudenstadt
Christophorus-Schule Förderschule
  (Elisabeth Ramsaier),
  Ludwig-Jahn-Str. 32,
  72250 Freudenstadt

Frickenhofen
Grundschule, Höhenstr. 65,
  74417 Frickenhofen

Garmisch-Partenkirchen
Richard-Strauß-Schule – private
  Grundschule – Archestr. 15,
  82467 Garmisch-Partenkirchen

Geisenhausen
Montessori-Schule, private Grundschule,
  Martinstr. 3, 84144 Geisenhausen

Gelsenkirchen
Grundschule am Röttgersweg, Städt. KGS,
  Röttgersweg 20, 45895 Gelsenkirchen

Göttingen
Heinrich Böll-Schule, Schule für
    Körperbehinderte, Montessori-Klasse,
    Stadtstieg 123a, 37083 Göttingen
Montessori-Schule Göttingen,
    Hannah-Vogt-Str. 3, 37085 Göttingen

Greifswald
Priv. Montessori-Grundschule mit
    Sekundarstufe, Helsinkiring 5,
    17491 Greifswald

Großthiemig
Verein zur Förderung der Kreativität des
    Kindes e.V., Evang.
    Schraden-Grundschule mit
    Montessori-Orientierung, c/o Solveig
    Reinisch, Gartenstr. 26,
    04932 Großthiemig

Günzburg
Montessori-Schule Günzburg –
    Grundschule – Krankenhausstr. 40,
    89312 Günzburg

Güstrow
Freie Alternativschule Güstrow (orientiert
    an Montessori und Wild), Waldweg 29,
    18273 Güstrow

Halle/Saale
Montessori-Schule Halle, GGS mit Hort,
    Taubenstr. 13, 06110 Halle/Saale
Montessori-Schule Halle, Grundschule mit
    Integration in freier Trägerschaft der
    »Montessori, Gesellschaft Halle e.V.«,
    Franckeplatz 1, Haus 19,
    06110 Halle/Saale
Montessori-Kinderhaus Halle,
    Voßstraße 12, 06110 Halle/Saale
Integrierte Gesamtschule Halle/Saale,
    Grasnelkenweg 16, 06120 Halle/Saale

Hamburg
Schule Hinsbleek, Montessori-Werkstatt,
    22391 Hamburg

Heidelberg
Freie Montessori-Schule, Turnerstr. 133,
    69126 Heidelberg

Heiligenhaus
St. Suitbertus-Schule, Städt. KGS,
    Wülfrather Str. 2, 42579 Heiligenhaus

Herrsching
Montessori-Schule Ammersee –
    Grundschule – Schulstr. 6,
    82211 Herrsching

Herzogenaurach
Montessori-Schule Herzogenaurach –
    private Grundschule –
    Herzog-Base 1610, Lohhoferstr. 32,
    91074 Herzogenaurach

Hildesheim
Bischöfliche Albertus Magnus-Realschule,
    Montessori-Orientierung, Brühl 42-43,
    31134 Hildesheim

Hofheim/Main
Montessori-Schule Hofheim, Schloßstr. 99,
    65719 Hofheim/Main

Hohenbrunn
Private Montessori-Grundschule
    Hohenbrunn, Otto-Hahn-Str. 36,
    85662 Hohenbrunn

Hohenfinow
Kinderakademie Struwenberg –
    evangelische Kindertagesstätte und
    Grundschule, Hohenfinower Str. 10,
    16248 Hohenfinow

Hürth
Bodelschwinghschule EGS,
   Auf der Kumme 24, 50354 Hürth

Ilshofen
Maria-Montessori-Schule (Rektor Dautel)
   (Förderschule), Gartenstr. 25,
   74523 Ilshofen

Ingolstadt
Johann Michael Sailer Schule, Grund- und
   Hauptschule,Johann-Michael-Sailer-Str.7,
   85057 Ingolstadt

Inning
Montessori-Schule Ammersee – private
   Grundschule – Landsbergerstr. 2,
   82266 Inning

Kaarst
GGS Büttgen, Montessori-Zweig,
   Römerstraße 28-30, 41564 Kaarst
GGS Kaarst, Montessori-Zweig, Grünstr. 8,
   41564 Kaarst
Gymnasium Büttgen,
   Am Holzbüttger Haus 1, 41564 Kaarst

Karlsruhe
Gartenschule Karlsruhe, Gartenstr. 20-22,
   76133 Karlsruhe
Südendschule, Südendstr. 35,
   76137 Karlsruhe
Freie Aktive Schule Karlsruhe (orientiert
   an Montessori und Wild),
   Erzberger Str. 131, 76149 Karlsruhe

Kassel
Montessori-Schule, Rasenallee 83,
   34128 Kassel

Kempten
Aktive Schule Allgäu – Freie
   Reformpädagogische Volksschule
   Kempten/Allgäu – private Grund- und

Hauptschule i.A. – Schwerpunkt
   Montessori-Pädagogik, Reichlinstr. 25,
   87439 Kempten

Kerpen
GGS Mühlenfeldschule, Paul Klee Straße,
   50170 Kerpen-Sindorf
GGS Albert-Schweitzer-Schule in Brüggen,
   Waldstr. 24-26, 50169 Kerpen

Kitzingen
Erich-Kästner-Schule, Förderschule
   (Diagnose- und Förderklassen),
   Sickershauserstr. 8, 97310 Kitzingen

Klein-Nordende
Grundschule Klein-Nordende – Lieth,
   Montessori-Klassen, Schulstr. 30,
   25336 Klein-Nordende

Kleve
Städt. KGS Kleve-Unterstadt,
   Montessori-Zweig, Spyckstr. 24,
   47533 Klevc

Koblenz
Freiherr vom Stein-Grundschule,
   Modellversuch Integration nach
   Montessori, Steinstr. 20, 56073 Koblenz

Köln
Städt. Montessori-Grundschule
   Gilbachstr. 20, 50672 Köln und
   Montessoriklassen,
   Stammheimer Str. 101, 50735 Köln
Montessori-Zentrum Köln, Städt.
   Grundschule, Hauptschule und
   Gymnasium, Rochusstr. 145,
   50827 Köln
Sonderschule für Geistigbehinderte,
   Montessori-Klassen, Holweider Str. 2,
   51065 Köln-Mülheim
Städt. Montessori-Grundschule,
   Ferdinandstr. 43, 51063 Köln

Städt. Montessori-Hauptschule,
    Ferdinandstr. 43, 51063 Köln

Kößlarn
Montessori-Schule Kößlarn – private
    Grundschule – Oberer Markt 24,
    94149 Kößlarn

Konstanz
St. Stephan-Grund- und Hauptschule,
    St. Stephansplatz 17, 78462 Konstanz
Schule für lebendiges Lernen –
    Freie Aktive Schule Konstanz –
    Schiffstr. 6, 78464 Konstanz

Krefeld
Städt. KGS St. Michael, Montessori-Zweig,
    Gießer Pfad 2-10,
    47804 Krefeld-Lindental
Städt. KGS Josefschule,
    An der Josefkirche 2, 47798 Krefeld
Bischöfliche Maria
    Montessori-Grundschule,
    Minkweg 28-30, 47803 Krefeld
Bischöfliche Maria
    Montessori-Gesamtschule,
    Minkweg 26, 47803 Krefeld

Landau
Freie Montessori-Schule Landau e.V., c/o
    Armin Müller, Karl-Sauer-Str. 5,
    76829 Landau
Montessori-Schule Landau – private
    Grundschule i.A. –
    Schneiderberg 10, 94405 Landau

Landsberg am Lech
Montessori-Schule Landsberg am Lech,
    Rudolf-Diesel-Str. 3,
    86899 Landsberg am Lech

Landshut
siehe Geisenhausen

Langenhagen
Städt. Grundschule Kaltenweide,
    Montessori-Orientierung, Zellerie 4,
    30855 Langenhagen

Lauf
Private Montessori-Grundschule des
    Montessori-Förderkreises Lauf a.d.
    Pegnitz e.V., Daschstr. 16, 91207 Lauf
    a.d. Pegnitz

Lauingen
Priv. Montessori-Volksschule,
    Brüderstr. 10, 89415 Lauingen a. d.
    Donau

Leipzig
Nachbarschaftsschule Lindenau, Montes-
    sori-Klassen, Gemeindeamtstr. 8-10,
    04177 Leipzig
Bischöfliches
    Maria-Montessori-Schulzentrum –
    Grundschule – Neue Leipziger Str. 37,
    04205 Leipzig
Bischöfliches
    Maria-Montessori-Schulzentrum –
    Mittelschule – Alte Salzstr. 65,
    04209 Leipzig

Leverkusen
GGS Waldschule,
    Carl Maria-von-Weber-Platz 3,
    51375 Leverkusen

Leverkusen-Schlebusch
KGS Dhünnberg, Montessori-Zweig,
    Dhünnberg 15,
    51375 Leverkusen-Schlebusch

Limbach
Evangelische Montessori-Grundschule
    Limbach + Hort,
    Friedrich-Ludwig-Jahn-Str. 4,
    08491 Limbach/Vogtland

Lohkirchen
Erdkinderschule, Eberharting 1,
   84494 Lohkirchen

Lohmar-Donrath
GGS Donrath, Montessori-Orientierung,
   Schulstr. 8, 53797 Lohmar-Donrath

Lübeck
Maria-Montessori-Sonderschule für
   Geistigbehinderte, Stellbrinkstr. 1,
   23556 Lübeck

Magdeburg
Freie Schule Magdeburg, Pappelallee 31,
   39106 Magdeburg

Meerbusch
Brüder Grimm-Schule, Städt. GGS,
   Montessori-Zweig,
   Büdericher Allee 17-23,
   40667 Meerbusch

Mengen
Astrid-Lindgren-Schule, Förderschule,
   Wilhelmiterstr. 5a, 88512 Mengen

Mettmann
GGS Spessartstraße, Montessori-Klassen,
   Spessartstr. 2-6, 40822 Mettmann
Städt. GGS Goethestraße,
   Montessori-Zweig, Goethestr. 35,
   40822 Mettmann

Mettmann-Metzkausen
Städt. GGS Kirchendeller Weg,
   Montessori-Zweig,
   Kirchendeller Weg 103,
   40822 Mettmann-Metzkausen

Mönchengladbach
Montessori-Schule GGS, Bleichstr. 9,
   41061 Mönchengladbach

Montessori-Schule GGS, Zweigstelle
   Güdderath, Von-der-Helm-Str. 198,
   41199 Mönchengladbach
Gemeinschaftshauptschule, Aachener
   Straße 179, 41061 Mönchengladbach
Städt. Gymnasium Am Geroweiher,
   Montessori-Zweig, Balderichstr. 8,
   41061 Mönchengladbach

Mössingen-Belsen
Bästenhardtschule (Hauptschule), Herr
   Hauser, Hallstattstr. 32-36,
   72116 Mössingen-Belsen

Moosach
Montessori-Schule Niederseeon – private
   Grundschule – Niederseeon 10-12,
   85665 Moosach

München
Maria-Montessori-Schule,
   Private Volksschule (Grund- und
   Hauptschule),
   Willi-Gebhardt-Ufer 32,
   80809 München
Integrierte Montessori-Grundschule der
   Aktion Sonnenschein e.V.,
   Reutberger Str. 10,
   81371 München
Integrierte Montessori-Grund- und
   Hauptschule, Lern- und
   Geistigbehinderten-Schule der Aktion
   Sonnenschein e.V.,
   Heiglhofstr. 63, 81377 München
English Montessori Preschool,
   Perhamerstr. 49, 80687 München

Münster
Pötterhoekschule, Städt. GGS,
   Montessori-Zweig, Pötterhoek 49,
   48145 Münster
Aegidi-Ludgeri-Schule KGS,
   Montessori-Klassen, Breitegasse 3,
   48143 Münster

Albert Schweitzer Schule,
   Städt. Schule für Lernbehinderte,
   Manfred-von-Richthofen-Str. 49-51,
   48145 Münster

Neu-Ulm
Montessori-Volksschule Neu-Ulm – private
   Grundschule – Marlene-Dietrich-Str. 3,
   89231 Neu-Ulm

Neuss
Albert Schweitzer-Schule GGS,
   Montessori-Klassen, Tulpenstr. 66,
   41466 Neuss
Kath. Grundschule Leoschule,
   Montessori-Zweig, Am Kivitzbusch 30,
   41462 Neuss

Nürnberg
Sonderschule für Geistigbehinderte –
   1. Klasse mit Montessori-Material,
   Merianstr. 1, 90409 Nürnberg
Montessori-Volksschule Nürnberg,
   Dr. Carlo-Schmid-Str. 128-130,
   90480 Nürnberg

Oberding
Montessori-Schule Oberding – private
   Grundschule im Aufbau – Dorfstr. 15,
   85445 Oberding
Montessori-Schule Oberding-Schwaig –
   private Hauptschule i.A. – Möslstr. 21,
   85455 Oberding-Schwaig

Oberhausen
Elsa Brandström-Gymnasium,
   Montessori-Zweig,
   Christian Steger-Str. 11,
   46045 Oberhausen

Oberursel
Taunus International School e.V.,
   Zimmersmühlenweg 7,
   61440 Oberursel

Olching
Montessori Volksschule
   Fürstenfeldbruck-Olching – private
   Grund- und Hauptschule i.A –
   Johann-G.-Gutenberg-Str. 12,
   82140 Olching

Oldenburg
Städt. Grundschule Alexandersfeld,
   Montessori-Zug, Alexanderstr. 500,
   26127 Oldenburg

Osnabrück
Montessori-Sonderschule für
   Geistigbehinderte,
   Ernst-Sievers-Str. 56,
   49078 Osnabrück

Passau
Montessori-Schule Passau,
   Spitalhofstr. 37, 94032 Passau

Peißenberg
Montessori Volksschule Peißenberg –
   private Grund- und Hauptschule i. A. –
   Wörther-Kirch-Str. 10,
   82380 Peißenberg

Pfaffenhofen
Montessori-Schule Pfaffenhofen a.d. Ilm –
   private Grundschule –
   Pettenkoferstr. 3,
   85276 Pfaffenhofen

Potsdam
Gesamtschule,
   Montessori-Grundschulzweig, c/o Ulrike
   Kegler, Schlüterstr. 2,
   14471 Potsdam-Wildpark
Freie Schule Potsdam (orientiert an
   Montessori, Freinet, Reichen),
   Bisamkiez 28,
   14478 Potsdam

Rastatt
Montessori-Grundschulklasse an der
Carl-Schurz-Schule,
Sandweirerstr., 76437 Rastatt

Ratingen
Eduard-Dietrich-Schule, Städt. GGS
Lintorf, Montessori-Orientierung,
Duisburger Str. 14, 40885 Ratingen
Städt. Heinrich Heine-Hauptschule,
Montessori-Orientierung,
Duisburger Str. 112, 40885 Ratingen
Verein Maria Montessori, Sek-Stufe I
Ratingen e.V., c/o Renate Wollenberg,
Ernst-Tacke-Weg 11,
40878 Ratingen

Ravensburg
Bildungszentrum St. Konrad, Uli Rotter,
Am Sonnenbüchel 45,
88212 Ravensburg

Regensburg
Montessori Volksschule Regensburg –
private Grund- und Hauptschule i.A. –
Gutenbergstr. 20, 93051 Regensburg
Montessori-Schule Großberg,
Jahnstr. 1a, 93060 Pentling

Reinbek
Vorschule der Grundschule Klosterbergen,
Klosterbergenstr. 57, 21465 Reinbek

Reutlingen
Bodelschwinghschule (Förderschule) (Peter
Bay), Bodelschwinghstr. 25,
72760 Reutlingen
Gutenbergschule (Förderschule),
Nürnberger Str. 211,
72760 Reutlingen
Auchtertschule (Rektor Gerold)
Schinkelstr. 1,
72768 Reutlingen-Degerschlacht

Rheinberg
Maria-Montessori-Sonderschule
für Lernbehinderte, Kurfürstenstr. 6,
47495 Rheinberg

Riemerling
Montessori-Volksschule Hohenbrunn –
private Grund- und Hauptschule –
Otto-Hahn-Str. 36, 85521 Riemerling

Rosenheim/Rohrdorf
Montessori-Schule Rosenheim, private
Grundschule, Untere Dorfstr. 14,
83101 Rohrdorf
Montessori-Volksschule Rohrdorf – private
Hauptschule i.A. – Am Dorfplatz 1,
83101 Rohrdorf

Rostock
Freie Schule Rostock (Grundschulabteilung
orientiert an Montessori),
Augustenstr. 20, 18055 Rostock

Rothenburg ob der Tauber
Private Montessori-Grundschule
Rothenburg, Waldstr. 15, 91616 Neusitz

Saarbrücken
Maria Montessori-Grundschule,
Städt. GGS, Am Hof 28,
66113 Saarbrücken
Städt. Grundschule Rodenhof,
Montessori-Klasse, Ziegelstr. 35,
66113 Saarbrücken

Sasbach
Integrative Montessori Schule Sasbach
e.V., Hauptstr. 9, 77880 Sasbach

Schleiden/Eifel
Bischöfliches Clara-Fey-Gymnasium,
Malmedyer Str.2,
53937 Schleiden/Eifel

Schönwalde
Gesamtschule Sachsenweg 25,
    Klassen Herr Heine,
    14621 Schönwalde, Krs. Nauen

Schwäbisch Gmünd-Weiler in den Bergen
Grundschule (Rektor Daub),
    Pfarrer-Haug-Str. 12,
    73529 Schwäbisch Gmünd-Weiler
    in den Bergen

Schweinfurt
Private Montessori-Volksschule
    (Grundschule des
    Montessori-Fördervereins Schweinfurt
    e.V.), Gorch-Fock-Str. 1a,
    97421 Schweinfurt
Montessori-Volksschule – private
    Hauptschule i.A. – Cramerstr. 24-26,
    97421 Schweinfurt

Schwerin
Evangelische Integrative Schule nach
    Montessori "Ida Masius" Schwerin,
    Platz der Jugend 25, 19053 Schwerin

Siegburg
GGS Humperdinckstraße,
    Montessori-Zweig, Humperdinckstraße,
    53721 Siegburg
Städt. Anno-Gymnasium,
    Montessori-Zweig, Zeithstr. 186-188,
    53721 Siegburg

Simbach/Inn
Private Montessori Grundschule Simbach a.
    Inn, Maria-Ward-Str. 16,
    84359 Simbach am Inn

Sindelfingen
Grundschule Gartenstraße, Dietmar Wollny,
    Schöneberger Weg 16,
    71065 Sindelfingen

Sitzenroda
Freie Schule Thorgau (orientiert an
    Montessori und Wild), Schulstr. 8,
    04889 Sitzenroda

Solingen
Städt. GGS Meigen, Montessori-Klassen,
    Meigener Str. 130, 42651 Solingen
Städt. Real- und Aufbaurealschule
    Vogelsang, Schulversuch nach
    Montessori, Vogelsang 33,
    42653 Solingen
Städt. Gymnasium Vogelsang,
    Montessori-Klassen, Vogelsang 33,
    42653 Solingen

St. Augustin
Städt. GGS St. Augustin,
    Montessori-Zweig, Uhlandstr. 16,
    53757 St. Augustin

Stade
Montessori-Grundschule – Altländer
    Viertel – Hohenfriedberger Str.19 a,
    21680 Stade

Staffelde
Montessori-Schule Staffelde, Grund-
    schule + Hort, Nauener Str. 3,
    16766 Staffelde

Starnberg
Montessori-Schule, Grund- und
    Hauptschule, Josef-Fischhaber-Str. 29,
    82319 Starnberg

Stralsund
Montessori-Grundschule »Friedrich
    Fröbel«, Grünthal 16, 18437 Stralsund

Stuttgart
Grundschule Hausen,
    Beim Fasanengarten 9,
    70499 Stuttgart

Vogelsangschule (Meike Klein),
  Paulusstr. 30, 70197 Stuttgart
Waldschule Degerloch (Realschule),
  Georgiweg 1, 70597 Stuttgart

Stuttgart-Feuerbach
Hattenbühlschule (Heidrun Stark),
  Linzer Str. 90,
  70469 Stuttgart-Feuerbach

Taschenberg
Aktive Naturschule des Freie Schule
  Prenzlau e.V. + Hort, Dorfstr. 45/46,
  17337 Taschenberg (bei Jagow)

Templin
Aktive Naturschule (orientiert an
  Montessori und Wild),
  Friedericke-Krüger-Str. 3,
  17268 Templin

Thale
Freie Ganztagsschule Thale AHA e.V.
  (orientiert an Montessori und Freinet),
  Ahornallee 4, 06502 Thale
Freie Ganztagsschule Thale AHA e.V.
  (orientiert an Montessori und Freinet),
  Zweigstelle Gernrode, Schulstr. 7,
  06507 Gernrode

Trier-Euren
Johann Hermann-Grundschule –
  Montessori-Zweig – Pestalozzistr. 3,
  54294 Trier-Euren

Trostberg
Montessori-Volksschule Waging – private
  Hauptschule i.A. – Schloß Schedling 6,
  83308 Trostberg

Ulm
Montessori-Kinderhaus,
  Buttenweg 20,
  89075 Ulm

Montessori Kinderhaus »Kleine Strolche«,
  St.-Barbara-Str. 35,
  89077 Ulm
Astrid-Lindgren-Schule Ulm, Schule für
  Sprachbehinderte (Axel Holtz),
  Märchenweg 15,
  89077 Ulm

Untergröningen
Grund- und Hauptschule (Rektor
  Roßmann), Sonnenhalde 25,
  73453 Untergröningen

Unterneukirchen
Montessori-Volksschule – private Grund-
  und Hauptschule i.A. – Hilger 1,
  84579 Unterneukirchen

Vechta
Liobaschule, Städt. GGS,
  Montessori-Zweig, Antoniusstr. 27,
  49377 Vechta

Vilshofen
Montessori-Volksschule Vilshofen – private
  Grundschule – Aidenbacherstr. 72,
  94474 Vilshofen

Waging
Montessori-Volkschule – private Grundschule
  – Mühlberger Weg 2,
  83329 Waging

Waiblingen
Wolfgang-Zacher-Schule, Siglinde
  Autenrieth, Röntgenweg 1-7,
  71332 Waiblingen

Wallmow
Freie Aktive Schule Zuckermark (orientiert
  an Montessori und Wild),
  17291 Wallmow

Wangen
Grundschule Schomburg (Gerda Etti),
   Blauseeweg 10, 88239 Wangen
Grundschule Deuchelried (Jutta Welter),
   Untere Dorfstr. 25,
   88239 Wangen

Weilheim
Montessori-Schule Weilheim – Grund- und
   Hauptschule im Aufbau –
   Obermühlstr. 81, 82398 Polling

Weinheim
Montessori-Schule, Theodor-Heuss-Str. 17,
   69469 Weinheim

Weinsberg
Grundschule, Zehntgasse 10,
   74189 Weinsberg

Wertingen
Montessori-Schule-Wertingen – private
   Volksschule im Aufbau – GS +
   Teil-Hauptschule,
   Zusmarshauser Str. 19,
   86637 Wertingen

Wesseling
Goethe-Schule KGS, Wilhelmstraße 50,
   50389 Wesseling

Westerland/Sylt
Grundschule »Am Nordkamp«,
   Nordkamp 1,
   25980 Westerland/Sylt

Wiesbaden
Diesterwegschule, Städt. Grundschule mit
   Eingangsstufe, Montessori-Orientierung,
   Waldstr. 52,
   65187 Wiesbaden
Grundschule Nordenstadt,
   Montessori-Klasse, An der Schule 1,
   65202 Wiesbaden-Nordenstadt

Rhein-Main-Schule Dr. Obermayr, Priv.
   Grundschule und Gymnasium,
   Montessori-Orientierung,
   Bierstadter Str. 15, 65189 Wiesbaden

Winnweiler
Montessori Grundschule,
   Donnersbergstr. 14, 67722 Winnweiler

Wolfratshausen
The English Montessori PreSchool e.V.
   Wolfratshausen, Ludwig-Thoma-Str. 7B,
   82515 Wolfratshausen

Würzburg
Montessori Volksschule Würzburg –
   private Volksschule im Aufbau und
   Hort – Hauptstr. 1,
   97299 Zell-Oberzell

Wuppertal
Städt. GGS Thorner Straße,
   Thorner Str. 15, 42283 Wuppertal
Herder-Schule, Priv. Realschule mit gym.
   Oberstufe, Luisenstr. 136,
   42103 Wuppertal-Elberfeld

Montessori-Schulen in Österreich

Altach
PVAmO, Enderstraße 1, 6844 Altach

Altmünster
Ein Kinderhaus, Initiative für aktives und
   offenes Lernen, Eben 3,
   4813 Almünster

Baden
Montessori, Kinderhaus und Schule, Eva
   Rosna, Leitzenbergerstr. 3,
   2500 Baden

Dornbirn
Montessori-Volksschule Heilgereuthe,
 Heilgereuthe 7, 6850 Dornbirn

Gratkorn
Regenbogenschule, Bruckerstr. 28,
 8101 Gratkorn

Innsburck
Montessori Haus der Kinder,
 Gumppstr. 71, 6020 Innsbruck

Klagenfurt
Maria Montessori Körnerschule,
 Schubertstr. 31, 9020 Klagenfurt

Klosterneuburg
Privatschule GaLeMo, Aufeldgasse 27a,
 3400 Klosterneuburg

Krems
Lernwerkstatt Krems, Privatschule ohne
 Öffentlichkeitsrecht, Dr. Mella-Gasse,
 3500 Krems

Kritzendorf
Freiraum, Initiative für offenes, aktives und
 integratives Lernen,
 Herzogenburgerstr. 13, 3420 Kritzendorf

Mödling
Montessori-Verein-Mödling, Kinderhaus
 und Schule, Grenzgasse 111,
 2344 Maria Enzersdorf

Pottenbrunn
Lernwerkstatt Herzogenburg, Josef
 Trauttmansdorfstr. 10, 3140 Pottenbrunn

Rekawinkel
Wienerwaldschule, Forsthausstr. 61,
 3031 Rekawinkel

Ried i.I.
Bildungswerkstatt Schmetterlingsschule,
 Privatschule ohne Öffentlichkeitsrecht,
 Hilprechting 7, 4910 Ried i.I.

Salzburg
Evangelische Montessori-Schule mit
 integrativen Klassen, Felix-Thun-Straße,
 5020 Salzburg

St. Andrä-Wördern
Kreamont, Kreatives Lernen nach
 Montessori, Privatschule mit
 Öffentlichkeitsrecht,
 Greifensteiner Str. 31,
 3423 St. Andrä-Wördern

St. Johann/Tirol
Aktive Schule, Privatschule ohne
 Öffentlichkeitsrecht, Ulmbichelweg 3,
 6380 St. Johann/Tirol

Wien
Montessori-Schule im Montessori-Zentrum,
 Hüttelbergstr. 5, 1114 Wien
Kommit-Schule, Konduktiv-
 mehrfachtherapeutische und integrative
 Schule des Instituts Keil,
 Antonigasse 72, 1118 Wien
ALF, Aktive Lernschule Favoriten,
 Jenny-Lind-Gasse 1, 1110 Wien
Schulgruppe nach Montessori/Wild,
 Franz Glaser Gasse 32, 1117 Wien
Kreativschule Lernwerkstatt Regenbogen,
 Darwingasse 14, 1123 Wien

Montessori-Schulen in der Schweiz

Baldegg
Montessori-Schule Seetal,
 Alte Klosterstr. 1, 6283 Baldegg

Basel
Montessori-Brigitte-Schule,
    Heinrichgasse 17, 4051 Basel

Bern
Montessori-Grundschule, Rütiweg 9,
    3006 Bern

Galgenen
Villa Monte, Schleipfenmühle,
    8854 Galgenen

Genf
Ecole privé Montessori, 19,
    Avenue Miremont, 1201 Genève
Ecole privé Montessori, 41, Quai Wilson,
    1201 Genève
Fondation Crèche du Lac, 154,
    Rue de Lausanne, 1202 Genève

Hauterive
International Montessori School, 10,
    Rue Longchamps, 2068 Hauterive

Lausanne
Ecole Montessori, la maison des enfants,
    12a Chemin des Pinsons, 1012 Lausanne
Ecole Montessori, 60, Avenue du Grey,
    1018 Lausanne
Ecole Montessori, Ecole primaire et
    sécondaire, 9, Rue St. Martin,
    1003 Lausanne
L'école de l'Aurore, 1, Rue de l'Aurore,
    1005 Lausanne

Luzern
Montessori-Schule Luzern, Abendweg 1,
    6006 Luzern

Nuolen
Montessori-Schule Nuolen, Seestr. 75,
    8855 Wangen/Nuolen

Schwyz
Montessori-Schule, Strehlgasse 7,
    6430 Schwyz

Siebnen
Montessori-Schule March, Äußere
    Bahnhofstr. 26, 8854 Siebnen

Zürich
Montessori-Schule, Scheuchzerstr. 35,
    8006 Zürich
Rietberg-Montessori-Schule, Seestr. 119,
    8002 Zürich
d' Insle Montessori-Schule AG, Signaustr.
    7 + 9, 8008 Zürich

Waldorfschulen in Deutschland

Die aufgeführten Schulen sind im Bund der
Freien Waldorfschulen e.V., Wagenburgstr. 6,
70184 Stuttgart, vereinigt. bund@waldorfschu-
le.de, www.waldorfschule.de
Die Anliegen der internationalen Schulbewe-
gung werden innerhalb der BRD betreut von
»Freunde der Erziehungskunst Rudolf Steiners«, Weinmeisterstr. 16, 10178 Berlin,
freunde.waldorf@t-online.de,
www. freunde-waldorf.de

Aachen
Freie Waldorfschule Aachen,
    Anton-Kurze-Allee 10, 52064 Aachen

Aalen
Freie Waldorfschule Aalen,
    Galgenbergstr. 42, 73431 Aalen

Augsburg
Freie Waldorfschule Augsburg,
    Dr.-Schmelzing-Str. 52, 86169 Augsburg

Backnang
Freie Waldorfschule Backnang,
    Eugen-Adolff-Str. 120, 71522 Backnang

Bad Nauheim
Freie Waldorfschule Wetterau,
    An der Birkenkaute 8,
    61231 Bad Nauheim

Balingen
Freie Waldorfschule Balingen,
    Hurdnagelstr. 3,
    72336 Balingen-Frommern

Bayreuth
Freie Waldorfschule Bayreuth,
    Spitzwegstr. 63, 95447 Bayreuth

Benefeld
Freie Waldorfschule Landschulheim
    Benefeld, Cordinger Str. 35,
    29699 Bomlitz-Benefeld üb.
    Walsrode/Hann.

Bergisch Gladbach
Freie Waldorfschule Bergisch Gladbach,
    Mohnweg 13, 51427 Bergisch Gladbach

Berlin-Dahlem
Rudolf Steiner Schule Berlin e.V.,
    Auf dem Grat 3, 14195 Berlin

Berlin-Havelhöhe
Eugen Kolisko Schule,
    Neukladower Allee 2, 14089 Berlin

Berlin-Kreuzberg
Freie Waldorfschule Kreuzberg,
    Ritterstr. 78, 10969 Berlin

Berlin-Märkisches Viertel
Waldorfschule Märkisches Viertel,
    Treuenbrietzenstr. 28, 13439 Berlin

Berlin-Mitte
Freie Waldorfschule, Weinmeisterstr. 16,
    10178 Berlin

Berlin-Schlachtensee
Parzival-Schule, Waldorfschule am
    Heilpäd. Therapeutikum,
    Quermatenweg 2-8, 14163 Berlin

Berlin-Südost
Freie Waldorfschule Berlin-Südost,
    Bruno-Bürgel-Weg 9-11,
    12439 Berlin

Berlin-Zehlendorf
Emil Molt Schule, Freie Waldorfschule,
    Claszeile 60, 14165 Berlin

Bexbach
Freie Waldorfschule Saar-Pfalz, Parkstraße,
    66450 Bexbach

Bielefeld
Rudolf Steiner Schule Bielefeld,
    An der Probstei 23,
    33611 Bielefeld

Bochum
Rudolf Steiner Schule Bochum,
    Hauptstr. 238, 44892 Bochum

Böblingen
Freie Waldorfschule BB/Sindelfingen e.V.,
    Herdweg 163, 71032 Böblingen

Bonn
Freie Waldorfschule Bonn,
    Stettiner Str. 21,
    53119 Bonn (Tannenbusch)
Johannes-Schule, Freie Waldorfschule für
    Erziehungshilfe, Rehfuesstr. 38,
    53115 Bonn

Braunschweig
Freie Waldorfschule Braunschweig,
    Rudolf-Steiner-Str. 2,
    38120 Braunschweig

Bremen I
Freie Waldorfschule Bremen,
    Touler Str. 3, 28211 Bremen

Bremen II
Freie Waldorfschule
    Bremen-Sebaldsbrück,
    Parsevalstr. 2, 28309 Bremen

Chemnitz
Freie Waldorfschule Chemnitz,
    Sandstr. 102, 09114 Chemnitz

Chiemgau
Freie Waldorfschule Chiemgau,
    Bernauer Str. 34, 83209 Prien

Coburg
Rudolf Steiner Schule Coburg,
    Callenberg 12, 96450 Coburg

Cottbus
Freie Waldorfschule Cottbus,
    Leipziger Str. 14
    03048 Cottbus

Cuxhaven
Freie Waldorfschule Cuxhaven,
    Marienstr. 37a,
    27472 Cuxhaven

Dachsberg
Freie Waldorfschule Dachsberg,
    Innerurberg 7a, 79875 Dachsberg

Darmstadt
Freie Waldorfschule Darmstadt,
    Arndtstr. 6, 64297 Darmstadt

Detmold
Freie Waldorfschule Lippe-Detmold,
    Blomberger Str. 67, 32760 Detmold

Dietzenbach
Rudolf-Steiner-Schule Dietzenbach,
    An der Vogelhecke 1,
    63128 Dietzenbach

Diez
Waldorfschule Diez an der Lahn,
    Wilhelm-von-Nassau-Str. 19,
    65582 Diez

Dinslaken
Freie Waldorfschule Dinslaken,
    Eppinkstr. 173, 46535 Dinslaken

Dortmund
Georgschule, Mergelteichstr. 63,
    44225 Dortmund
Rudolf Steiner Schule, Mergelteichstr. 51,
    44225 Dortmund

Dresden
Freie Waldorfschule Dresden,
    Jägerstr. 34, 01099 Dresden

Düsseldorf
Rudolf Steiner Schule Düsseldorf,
    Diepenstr. 15, 40625 Düsseldorf

Eckernförde
Freie Waldorfschule Eckernförde,
    Schleswiger Str. 112, 24340 Eckernförde

Eisenach
Freie Waldorfschule,
    Ernst-Thälmann-Str. 62, 99817 Eisenach

Elmshorn
Freie Waldorfschule Elmshorn,
    Adenauerdamm 2, 25337 Elmshorn

Emmendingen
Integrative Waldorfschule,
  Am Weiherschloß 9-11,
  79312 Emmendingen

Engelberg
Freie Waldorfschule Engelberg,
  Rudolf-Steiner-Weg 4,
  73650 Winterbach

Engstingen
Freie Waldorfschule auf der Alb,
  Freibühlstr. 1, 72829 Engstingen-Haid

Erftstadt-Liblar
Freie Waldorfschule Erftstadt,
  An der Waldorfschule 1,
  50374 Erftstadt-Liblar

Erlangen
Freie Waldorfschule Erlangen,
  Rudolf-Steiner-Str. 2, 91058 Erlangen

Eschwege
Freie Waldofschule, Brückenstr. 33-35,
  37269 Eschwege

Essen
Freie Waldorfschule Essen,
  Schellstr. 47, 45134 Essen

Esslingen
Freie Waldorfschule Esslingen,
  Weilstr. 90, 73734 Esslingen

Everswinkel
Freie Waldorfschule in Everswinkel
  (Integrative Waldorfschule), Wester 32,
  48351 Everswinkel

Evinghausen
Freie Waldorfschule Evinghausen,
  Icker Landstr. 16, 49565 Bramsche

Filderstadt
Freie Waldorfschule auf den Fildern,
  Gutenhalde, 70794 Filderstadt

Flensburg
Freie Waldorfschule Flensburg,
  Valentiner Allee 1, 24941 Flensburg

Frankenthal
Freie Waldorfschule Frankenthal,
  Julius-Bettinger-Str. 1,
  67227 Frankenthal

Frankfurt/Main
Freie Waldorfschule, Friedlebenstr. 52,
  60433 Frankfurt (Eschersheim)

Frankfurt/Oder
Freie Waldorfschule Frankfurt/Oder,
  Weinbergweg 30, 15236 Frankfurt/Oder

Freiburg
Michael-Schule, Kartäuserstr. 55,
  79104 Freiburg

Freiburg-Rieselfeld
Freie Waldorfschule Freiburg-Rieselfeld,
  Ingeborg-Drewitz-Allee 1,
  79111 Freiburg

Freiburg-St. Georgen
Freie Waldorfschule St. Georgen,
  Bergisel Str. 11, 79111 Freiburg

Freiburg-Wiehre
Freie Waldorfschule Freiburg-Wiehre,
  Schwimmbadstr. 29, 79100 Freiburg

Freudenstadt
Freie Waldofschule,
  König-Wilhelm-Str. 17,
  72250 Freudenstadt

Friedrichsthal-Bildstock
Johannes-Schule, Heilpädagogische Freie
    Waldorfschule, Neunkircher Str. 70,
    66299 Friedrichsthal-Bildstock

Gladbeck
Freie Waldorfschule Gladbeck,
    Horster Str. 82, 45968 Gladbeck

Göppingen
Freie Waldorfschule Filstal,
    Ahornstr. 41, 73035 Göppingen

Göttingen
Freie Waldorfschule Göttingen,
    Arbecksweg 1, 37077 Göttingen

Greifswald
Freie Waldorfschule Greifswald,
    Hans-Beimler-Straße 79-83,
    17491 Greifswald

Gummersbach
Freie Waldorfschule Oberberg,
    Kirchhellstr. 32, 51645 Gummersbach

Gütersloh
Freie Waldorfschule Gütersloh,
    Hermann-Rothert-Str. 7,
    33335 Gütersloh

Haan-Gruiten
Freie Waldorfschule Haan-Gruiten,
    Prälat-Marschall-Str. 34, 42781 Haan

Hagen
Rudolf Steiner Schule Hagen,
    Enneper Str. 30, 58135 Hagen-Haspe

Halle
Freie Waldorfschule Halle,
    Gutsstr. 4, 06132 Halle/Saale

Hamburg-Altona
Rudolf Steiner Schule Hamburg-Altona,
    Bleickenallee 1, 22763 Hamburg

Hamburg-Bergedorf
Rudolf Steiner Schule Bergedorf,
    Am Brink 7, 21029 Hamburg

Hamburg-Bergstedt
Rudolf Steiner Schule in den Waldörfern,
    Bergstedter Chaussee 207,
    22395 Hamburg
Christophorus-Schule, Waldorfschule
    für Heilende Erziehung,
    Bergstedter Chaussee 205,
    22395 Hamburg

Hamburg-Farmsen
Rudolf Steiner Schule, Rahlstedter Weg 60,
    22159 Hamburg

Hamburg-Harburg
Rudolf Steiner Schule Harburg,
    Ehestorfer Heuweg 82, 21149 Hamburg

Hamburg-Nienstedten
Rudolf Steiner Schule Nienstedten,
    Elbchaussee 366, 22609 Hamburg

Hamm
Freie Waldorfschule Hamm,
    Kobbenskamp 23, 59077 Hamm

Hannover-Bothfeld
Freie Waldorfschule Hannover-Bothfeld,
    Weidkampshaide 17, 30659 Hannover

Hannover-Maschsee
Freie Waldorfschule,
    Rudolf-von-Bennigsen-Ufer 70,
    30173 Hannover

Haßfurt
Freie Waldorfschule in den Mainauen,
    Am Ziegelbrunn 10, 97437 Haßfurt

Heidelberg
Freie Waldorfschule Heidelberg,
    Mittelgewannweg 16, 69123 Heidelberg

Heidenheim
Freie Waldorfschule Heidenheim,
    Ziegelstr. 50, 89518 Heidenheim/Benz

Heilbronn
Freie Waldorfschule Heilbronn,
    Max-von-Laue-Str. 4, 74081 Heilbronn

Heinsberg
Freie Waldorfschule, Zechenring 33,
    41836 Heinsberg

Herdecke
Ita-Wegman-Schule,
    Gerhard-Kienle-Weg 4, 58313 Herdecke

Herne
Hiberniaschule, Holsterhauser Str. 70,
    44652 Herne

Hildesheim
Freie Waldorfschule Hildesheim,
    Am Propsteihof 53, 31139 Hildesheim

Hitzacker
Freie Schule Hitzacker, Hagener Weg,
    29456 Hitzacker

Hof
Freie Waldorfschule Hof, Kolpingshöhe 3,
    95032 Hof

Itzehoe
Freie Waldorfschule Itzehoe,
    Am Kählerhof 4, 25524 Itzehoe

Jena
Freie Waldorfschule, Alte Hauptstr. 15,
    07745 Jena

Kakenstorf
Rudolf Steiner Schule Nordheide,
    Lange Straße 2, 21255 Kakenstorf

Kaltenkirchen
Freie Waldorfschule Kaltenkirchen,
    Oersdorfer Weg 2, 24568 Kaltenkirchen

Karlsruhe
Freie Waldorfschule Karlsruhe,
    Königsberger Str. 35a, 76139 Karlsruhe

Kassel
Freie Waldorfschule Kassel, Hunrodstr. 17,
    34131 Kassel-Wilhelmshöhe
Jean-Paul-Schule, Württemberger Str. 18,
    34131 Kassel

Kiel
Freie Waldorfschule Kiel, Hofholzallee 20,
    24109 Kiel

Kirchheim/Teck
Freie Waldorfschule Kirchheim,
    Fabrikstr. 33+35, 73230 Kircheim

Kleinmachnow
Freie Waldorfschule Kleinmachnow,
    Am Hochwald 30, 14532 Kleinmachnow

Köln
Freie Waldorfschule Köln, Weichselring
    6-8, 50765 Köln
Michaeli Schule Köln, Loreleystraße 3-5,
    50677 Köln (Südstadt)

Krefeld
Freie Waldorfschule Krefeld, Kaiserstr. 61,
    47800 Krefeld

Laatzen
Freie Martinsschule Hannover,
    Am Südtor 15, 30880 Laatzen

Landsberg
Freie Waldorfschule Landsberg,
    Münchener Str. 72,
    86899 Landsberg/Lech

Leipzig
Freie Waldorfschule Leipzig, Berthastr. 15,
    04357 Leipzig

Lensahn
Waldorfschule in Ostholstein,
    Rudolf-Steiner-Weg 1, 23738 Lensahn

Lörrach
Freie Waldorfschule Lörrach,
    Inzlingerstr. 51, 79540 Lörrach

Loheland
Rudolf Steiner Schule Loheland,
    36093 Künzell/Fulda

Ludwigsburg
Freie Waldorfschule Ludwigsburg,
    Fröbelstr. 16, 71634 Ludwigsburg

Lübeck
Freie Waldorfschule Lübeck, Dieselstr. 18,
    23566 Lübeck-Eichholz

Lüneburg
Rudolf Steiner Schule Lüneburg,
    Walter-Bötcher-Str. 6,
    21337 Lüneburg

Magdeburg
Freie Waldorfschule Magdeburg,
    Kroatenwuhne 3, 39116 Magdeburg

Mainz
Freie Waldorfschule Mainz, Merkurweg 2,
    55126 Mainz-Finthen

Mannheim
Freie Waldorfschule Mannheim,
    Neckarauer Waldweg 131,
    68199 Mannheim
Freie Interkulturelle Waldorfschule,
    Maybachstr. 14-16, 68169 Mannheim
Odilienschule Mannheim, Freie
    Förderschule und Sonderberufsfach-
    schule, Neckarauer Waldweg 131,
    68199 Mannheim

Marburg
Freie Waldorfschule Marburg,
    Ockershäuser Allee 14,
    35037 Marburg/Lahn

Minden
Freie Waldorfschule Minden,
    Haberbreede 37, 32429 Minden

Mönchengladbach
Rudolf Steiner Schule in Mönchen-
    gladbach, Weiersweg 10,
    41065 Mönchengladbach

Mülheim
Freie Waldorfschule in Mülheim a. d.
    Ruhr, Blumendellerstr. 29,
    45472 Mülheim a. d. Ruhr

Müllheim
Freie Waldorfschule im Markgräfler Land,
    Am Zirkusplatz 1, 79379 Müllheim

München-Daglfing
Rudolf Steiner Schule München-Daglfing,
    Max-Proebstl-Str. 7, 81929 München

München/Gröbenzell
Rudolf Steiner Schule Gröbenzell,
    Spechtweg 1, 82194 Gröbenzell

München/Ismaning
Rudolf Steiner Schule, Dorfstr. 77,
    85737 Ismaning

München-Schwabing
Rudolf Steiner Schule, Leopoldstr. 17,
    80802 München

Münster
Freie Waldorfschule Münster,
    Hensenstr. 101, 48161 Münster

Neuenweg
Krankenschule der
    Therapeutische-Gemeinschaft für
    Kinder- und Jugendpsychiatrie,
    Talstr. 11, 79691 Neuenweg

Neumünster
Freie Waldorfschule Neumünster,
    Roschdohlerweg 144,
    24536 Neumünster

Neuwied
Rudolf Steiner Schule Mittelrhein,
    Augustenthalerstr. 25,
    56567 Neuwied-Niederbieber

Nürnberg
Rudolf Steiner Schule, Steinplattenweg 25,
    90491 Nürnberg

Nürtingen
Rudolf Steiner Schule, Erlenweg 1,
    72622 Nürtingen

Oberursel
Freie Waldorfschule Vordertaunus,
    Eichwäldchenweg 8, 61440 Oberursel

Offenburg
Freie Waldorfschule Offenburg,
    Moltkestr. 3, 77654 Offenburg

Oldenburg
Freie Waldorfschule, Blumenhof 9,
    26135 Oldenburg
Janus-Korczak-Schule, Stedinger Str. 22,
    26135 Oldenburg

Otterberg
Freie Waldorfschule Westpfalz, Schulstr. 4,
    67697 Otterberg

Ottersberg
Freie Rudolf Steiner Schule, Amtshof 5,
    28870 Ottersberg

Pforzheim
Goetheschule, Freie Waldorfschule,
    Schwarzwaldstr. 66, 75173 Pforzheim

Potsdam
Freie Waldorfschule Potsdam,
    Erich-Weinert-Str. 5, 14478 Potsdam

Prien
siehe Chiemgau

Rastatt
Freie Waldorfschule Rastatt,
    Ludwig-Wilhelm-Str. 10,
    76437 Rastatt

Ravensburg
Freie Waldorfschule Ravensburg,
    Meersburger Str. 4, 88213 Ravensburg

Remscheid
Rudolf Steiner Schule Remscheid,
    Schwarzer Weg 9, 42897 Remscheid

Rendsburg
Freie Waldorfschule Rendsburg,
    Nobiskrüger Allee 75/77,
    24768 Rendsburg

Reutlingen
Freie Georgenschule, Moltkestr. 29,
    72762 Reutlingen

Rosenheim
Freie Waldorfschule Rosenheim,
    Mangfallstr. 53, 83026 Rosenheim

Rostock
Waldorfschule Rostock, Feldstr. 48a,
    18057 Rostock

Saarbrücken
Freie Waldorfschule Saarbrücken,
    Schulstr. 11, 66126 Saarbrücken

Schloß Hamborn
Rudolf Steiner Schule Schloß Hamborn,
    Landschulheim, 33178 Borchen

Schopfheim
Freie Waldorfschule Schopfheim,
    Schlierbachstr. 23, 79650 Schopfheim

Schwäbisch Gmünd
Freie Waldorfschule Schwäbisch Gmünd,
    Scheffoldstr. 136,
    73529 Schwäbisch Gmünd

Schwäbisch Hall
Freie Waldorfschule Schwäbisch Hall,
    Teurerweg 2, 74523 Schwäbisch Hall

Schwerin
Freie Waldorfschule Schwerin,
    Schlossgartenallee 57, 19061 Schwerin

Siegen
Rudolf Steiner Schule Siegen, Kolping-
    str. 3, 57072 Siegen
Johanna-Ruß-Schule, Numbachstr. 3,
    57072 Siegen

Soest
Hugo-Kükelhaus-Schule, Arnsberger Str.
    32, 59494 Soest

Sorsum
Freie Waldorfschule Sorsum,
    Weetzenerstr. 1, 30974 Wennigsen

St. Augustin-Hangelar
Freie Waldorfschule im Siegkreis,
    Graf-Zeppelin-Str. 7, 53757 St. Augustin

Stade
Freie Waldorfschule Stade,
    Henning-von-Tresckow-Weg 2,
    21684 Stade

Stuttgart
Freie Waldorfschule Uhlandshöhe,
    Haußmannstr. 44, 70188 Stuttgart
Freie Waldorfschule am Kräherwald,
    Rudolf-Steiner-Weg 10, 70192 Stuttgart
Karl-Schubert-Schule für Seelenpflegebe-
    dürftige Kinder, Obere Weinsteige 40,
    70597 Stuttgart
Michael Bauer Schule, Freie
    Waldorfschule, Othellostr. 5,
    70563 Stuttgart

Trier
Freie Waldorfschule Trier,
    Montessoriweg 7, 54296 Trier

Tübingen
Tübinger Freie Waldorfschule,
    Rotdornweg 30,
    72076 Tübingen-Waldhäuser-Ost

Überlingen
Freie Waldorfschule am Bodensee,
　　Rengoldshauser Str. 20,
　　88662 Überlingen-Rengoldshausen

Ulm I
Freie Waldorfschule Ulm Römerstraße,
　　Römerstr. 97, 89077 Ulm

Ulm II
Freie Waldorfschule am Illerblick,
　　Unterer Kuhberg 22,
　　89077 Ulm

Vaihingen/Enz
Freie Waldorfschule Vaihingen/Enz,
　　Steinbeisstr. 61,
　　71665 Vaihingen/Enz

Velbert
Windrather Talschule, Freie Waldorfschule,
　　Pannerstr. 24, 42555 Velbert

Villingen-Schwenningen
Rudolf-Steiner-Schule, Schluchseestr. 55,
　　78054 VS-Schwenningen

Wahlwies
Freie Waldorfschule Wahlwies,
　　Am Maisenbühl 30, 78333 Stockach

Walhausen
Freie Waldorfschule Saar-Hunsrück,
　　Schoosbergstr. 11,
　　66625 Nohfelden-Walhausen

Walsheim
Haus Sonne, Heil- und Erziehungsinstitut
　　für Seelenpflegebed. Kinder,
　　Jugendliche und Erwachsene e.V.,
　　66453 Walsheim

Wangen
Freie Waldorfschule Wangen,
　　Rudolf-Steiner-Str. 4,
　　88239 Wangen i. Allgäu

Wanne-Eickel
siehe Herne

Wattenscheid
Widar Schule Wattenscheid,
　　Höntroper Str. 95, 44869 Bochum

Weimar
Freie Waldorfschule Weimar,
　　Klosterweg 8, 99425 Weimar

Wendelstein
Freie Waldorfschule Wendelstein,
　　In der Gibitzen 49, 90530 Wendelstein

Wernstein
Freie Waldorfschule Wernstein,
　　Am Eisweiher 1, 95336 Mainleus

Wiesbaden
Freie Waldorfschule Wiesbaden,
　　Albert-Schweitzer-Allee 40,
　　65203 Wiesbaden-Biebrich

Witten I
Rudolf Steiner Schule Witten,
　　Billerbeckstr. 2, 58455 Witten-Heven

Witten II
Blote Vogel, Freie Schule,
　　Stockumerstr. 100, 58455 Witten-Heven

Wolfsburg
Freie Waldorfschule Wolfsburg e.V.,
　　Robert-Schuman-Str. 7,
　　38444 Wolfsburg

Würzburg
Freie Waldorfschule Würzburg,
   Oberer Neubergweg 14,
   97074 Würzburg

Wuppertal
Rudolf Steiner Schule, Schluchtstr. 21,
   42285 Wuppertal (Barmen)
Christian-Morgenstern-Schule,
   Waldorfschule für Erziehungshilfe,
   Wittensteinstr. 76,
   42285 Wuppertal (Barmen)

Waldorfschulen in Österreich

Auskünfte über: Freie Bildungsstätten auf
   anthroposophischer Grundlage – Bund
   Freier Waldorfschulen, Waldorf-Kinder-
   gärten, Bildungseinrichtungen für Heilpädagogik und Sozialtherapie, Erwachse-
   nenbildung, Endresstr. 100, 1230 Wien,
   bund@waldorf.at, www.waldorf.at

Graz
Freie Waldorfschule Graz,
   St. Peter Hauptstr. 182, 8042 Graz
Karl-Schubert-Schule Graz, Waldorfschule
   und Bildungsstätte für Seelenpflegebe-
   dürftige Kinder und junge Menschen,
   Riesstr. 351, 8010 Graz

Innsbruck
Freie Waldorfschule Innsbruck, Jahnstr. 5,
   6020 Innsbruck

Klagenfurt
Rudolf-Steiner-Schule Klagenfurt,
   Wilsonstr. 11, 9020 Klagenfurt

Linz
Freie Waldorfschule, Baumbachstr. 11,
   4020 Linz

Salzburg
Rudolf-Steiner-Schule Salzburg,
   Waldorfstr. 11, 5023 Salzburg-Langwied
Paracelsus Schule Salzburg, Bildungsstätte
   für Seelenpflegebedürftige Kinder und
   Jugendliche, Dorfstr. 76,
   5081 Anif-Niederalm

Schönau
Rudolf Steiner Landschule Schönau,
   Kirchengasse 14-22,
   2525 Schönau a. d. Triesing

Wien
Karl-Schubert-Schule Wien, Endresstraße
   99, 1230 Wien
Friedrich Eymann Waldorfschule,
   Feldmühlgasse 26, 1130 Wien
Oberstufenrealgymnasium Rudolf Steiner,
   Auhofstr. 78 f, 1130 Wien
Rudolf-Steiner-Schule Wien-Mauer,
   Endresstr. 100, 1230 Wien
Rudolf-Steiner-Schule Wien-Pötzleinsdorf,
   Geymüllergasse 1, 1180 Wien
Freie Waldorfschule Wien-West,
   Seuttergasse 29, 1130 Wien

Waldorfschulen in der Schweiz

Auskünfte über: Koordinationsstelle der
   Rudolf Steiner Schulen in der Schweiz,
   Robert Thomas, Carmenstr. 49,
   8032 Zürich, rthomas@access.ch,
   www. steinerschule.ch

Adliswil/Zürich
Rudolf-Steiner-Schule »Sihlau«, Sihlstr. 23,
   8134 Adliswil/ZH

Aesch
Rudolf-Steiner-Schule Birseck,
   Apfelseestr. 1, 4147 Aesch

Arlesheim
Rudolf-Steiner-Schule »Unter den
    Weiden«, Schorenweg 9c,
    4144 Arlesheim

Basel
Rudolf-Steiner-Schule,
    Jakobsberger Holzweg 54, 4059 Basel
Christophorus Schule, Förderschule,
    Bührenfluhstr. 20, 4059 Basel

Bern
Rudolf-Steiner-Schule Bern und Ittigen,
    Melchenbühlweg 14, 3006 Bern
Rudolf-Steiner-Kleinklassenschule,
    Eigerstr. 24, 3007 Bern

Biel
Rudolf-Steiner-Schule, Schützengasse 54,
    2502 Bern

Chur
Rudolf-Steiner-Schule Chur, Münzweg 20,
    7000 Chur

Genève/Confignon
Ecole Rudolf Steiner, Ch. de Narly 2,
    1232 Confignon

Glarisegg
Freie Bildungsstätte Glarisegg, Waldorf-
    internat für Oberstufe,
    Schloss Glarisegg, 8266 Steckborn

Ins
Schlössli Ins, Rudolf-Steiner-Schule,
    3232 Ins/BE

Ittigen
Rudolf Steiner Schule Bern und Ittigen,
    Ittigenstr. 31, 3063 Ittigen

Kreuzlingen
Rudolf-Steiner-Schule, Bahnhofstr. 15,
    8280 Kreuzlingen

Langenthal
Rudolf-Steiner-Schule Oberaargau,
    Ringstr. 30, 4900 Langenthal

Langnau
Rudolf-Steiner-Schule Oberemmental,
    Schloss-Str. 6, 3550 Langnau

Lausanne
Ecole Rudolf Steiner de Lausanne,
    Route Bois-Genoud 36, Case Postale,
    1023 Crissier

Lenzburg
Rudolf-Steiner-Schule Aargau,
    Alte Bernstr. 2, 5503 Schafisheim
Rudolf-Steiner-Sonderschule,
    Bahnhofstr. 19, 5600 Lenzburg

Locarno
Scuola Rudolf Steiner, Via Varenna 71,
    6600 Locarno

Lugano
Scuola Rudolf Steiner, Via ai Magi,
    6945 Carnago-Origlio

Luzern
Rudolf-Steiner-Schule,
    Luzerner Str. 145 A, 6014 Littau

Marbach
Rudolf Steiner Schule Marbach,
    Obergasse 5, 9437 Marbach

Münchenstein
Rudolf Steiner-Schule Münchenstein,
    Gutenbergstr. 1, 4142 Münchenstein

Muttenz
Rudolf Steiner Oberstufenschule,
  Gründenstr. 95, 4132 Muttenz

Neuchâtel
Ecole Rudolf Steiner, La Coudraie,
  2206 Les Geneveys-sur-Coffrane

Pratteln
Rudolf-Steiner-Schule Mayenfels,
  Schloß Mayenfels, 4133 Pratteln

Schaffhausen
Rudolf-Steiner-Schule, Vordersteig 24,
  8200 Schaffhausen

Schafisheim
Rudolf Steiner Schule Aargau,
  Alte Bernstr. 14, 5503 Schafisheim

Scuol
Scoula Libra Rudolf Steiner, Sotchá 231,
  7550 Scuol

Scuol/Tarasp
Bergschule Avrona, Rudolf-Steiner-Schule,
  7553 Tarasp bei Scuol, Unterengadin

Solothurn
Rudolf-Steiner-Schule, Allmendstr. 75,
  4500 Solothurn
ROJ Mittelschulen Regio Jurasüdfuss,
  Bielstr. 95, 4500 Solothurn

St. Gallen
Rudolf-Steiner-Schule, Rohrschacher Str. 312,
  9016 St. Gallen

Steffisburg
Rudolf Steiner Schule Berner Oberland,
  Astrastr. 15, 3612 Steffisburg

Wetzikon
Rudolf-Steiner-Schule Züricher Oberland,
  Usterstr. 141, 8621 Wetzikon

Wil
Freie Volksschule Wil, Säntisstr. 31,
  9500 Wil

Winterthur
Rudolf-Steiner-Schule, Maienstr. 15,
  8406 Winterthur

Yverdon
Ecole Rudolf Steiner Les Bioles,
  Rue de la Plaine 9, 1400 Yverdon

Zürich
Atelierschule Zürich, Plattenstr. 37,
  8032 Zürich

Zug
Rudolf-Steiner-Schule für die Region Zug,
  Asylstr. 15, 6340 Baar

Ausbildungskurse für Lehrer(innen) und Erzieher(innen)

Ausbildungskurse für Montessori-Pädagogen

Zusatzausbildungskurse für
  Montessori-Pädagogen werden in allen
  Bundesländern angeboten. Da wegen
  der großen Nachfrage immer wieder
  neue Kurse gegründet werden, ist von
  folgenden Verbänden oder Veranstaltern
  gegen Portoerstattung
  Informationsmaterial anzufordern:

Deutschland

Aktionsgemeinschaft Deutscher
  Montessori-Vereine e.V. Köln,
  Geschäftsstelle Bonn, Postfach 200146,
  53131 Bonn-Bad Godesberg

Montessori-Vereinigung e.V., Sitz Aachen,
  Geschäftsstelle: Xantener Str. 99,
  50733 Köln

Deutsche Montessori-Gesellschaft e.V.,
  Geschäftsstelle, Postfach 5461,
  97004 Würzburg

Aktion Sonnenschein, Heiglhofstr. 63,
  81377 München

Maria Roth, Montessori-Lehrgang (AMI),
  Espenstr. 1a, 80935 München

Anne-Beate Huber, Montessori-Workshops,
  Ahornweg 14, 86925 Fuchstal-Leeder

Institut für ganzheitliches Lernen auf der
  Basis der Montessori-Pädagogik, Claus
  Kaul, Sankt Johannerstr. 66,
  83707 Bad Wiessee

Seminare mit Rebeca und Mauricio Wild,
  Informationen und Veranstaltungspro-
  gramm über Arbor-Verlag,
  Am Saisen 4, 79348 Freiamt

Österreich

Österreichischer Bundesverband für
  Montessori-Pädagogik, Pädagogisches
  Institut des Bundes, Dr. Herbert Haberl,
  Erzabt Klotz Str. 11, 5020 Salzburg

Österreichische Gesellschaft für
  Montessori-Pädagogik, Hüttelbergstr. 5,
  1140 Wien

Montessori-Pädagogik-Verein-Wien,
  Pädagogische Akademie des Bundes in
  Wien, Ettenreichgasse 45a, 1100 Wien

Institut für aktives Lernen auf der Basis
  der Montessori-Pädagogik, Saskia
  Haspel, Hüttelbergstr. 5, 1140 Wien

Evangelischer Diakonieverein, c/o Magister
  Volker Thoth, Hellabrunner Allee 51,
  5020 Salzburg

International Institute for Contemporary
  Montessori-Education, Trudy Dekleva,
  Mahlerstr. 9/13, 1010 Wien

Schweiz

Assoziation Montessori, Swiss,
  41 Quai Wilson, 1201 Geneve

Assoziation Montessori, Sektion der
  deutschen und rätoromanischen
  Schweiz, Postfach, 8033 Zürich

Holland

Association Montessori Internationale
  (AMI), Koninginneweg 161,
  1075 CN Amsterdam

Ausbildungskurse für Waldorf-Pädagogen
(Stand: Juli 2005)

Lehrerbildung

Seminar für Waldorf-Pädagogik,
   Weinmeisterstr. 16, 10178 Berlin

Seminar für Waldorf-Pädagogik in
   Hamburg, Hufnerstr. 18,
   22083 Hamburg

Lehrerseminar für Waldorf-Pädagogik,
   Brabanter Str. 43, 34131 Kassel

Waldorflehrerseminar Kiel,
   Rudolf-Steiner-Weg 2, 24109 Kiel

Freie Hochschule für anthroposophische
   Pädagogik, Zielstr. 28, 68169 Mannheim

Pädagogisches Seminar an der
   Rudolf-Steiner-Schule,
   Steinplattenweg 24, 90491 Nürnberg

Seminar für Waldorf-Pädagogik,
   Haußmannstr. 44 A, 70188 Stuttgart

Institut für Waldorf-Pädagogik, Annener
   Berg 15, 58454 Witten/Ruhr

Berufsbegleitende Einführungs- oder
   Ausbildungskurse in Waldorf-Pädagogik
   finden in einer Reihe von Seminaren
   und Kursen statt. Auskunft erteilt der
   Bund der Freien Waldorfschulen,
   Wagenburgstr. 6, 70184 Stuttgart,
   bund@waldorfschule.de,
   www.waldorfschule.de

Erzieherausbildung

Fachschule für Sozialpädagogik der Rudolf
   Steiner Schule Bochum, Hauptstr. 238,
   44892 Bochum

Rudolf Steiner Erzieher-Seminar Dortmund
   – Fachschule für Sozialpädagogik –
   Mergelteichstr. 47, 44225 Dortmund

Rudolf Steiner Institut für Sozialpädagogik
   Kassel, Wilhelmshöher Allee 261,
   34131 Kassel

Private Fachschule für Sozialpädagogik
   Stuttgart, Heubergstr. 11, 70188 Stuttgart

Waldorfkindergartenseminare:
Weinmeisterstr. 16, 10178 Berlin
Rudolf von Bennigsen-Ufer 70b,
   30173 Hannover
Steinplattenweg 25, 90491 Nürnberg
Heubergstr. 11, 70188 Stuttgart
Annener Berg 15, 58454 Witten

Literaturhinweise

Montessori-Pädagogik

Böhm, Winfried (Hrsg.): Maria Montessori: Texte und Diskussionen, Klinkhardts Pädagogische Quellentexte, Verlag Julius Klinkhardt, Bad Heilbrunn/Obb., [2]1978

Esser, Barbara und Christiane Wilde: Montessori-Schulen. Zu Grundlagen und pädagogischer Praxis, Rowohlt Verlag, Reinbek 1989

Hellmich Achim und Peter Teigeler (Hrsg.): Montessori-, Freinet-, Waldorfpädagogik. Konzeption und aktuelle Praxis, Beltz Grüne Reihe, Weinheim und Basel 1994

Helming, Helene: Montessori-Pädagogik. Ein moderner Bildungsweg in konkreter Darstellung, Herder Verlag, Freiburg [15]1994

Holtstiege, Hildegard: Der Erzieher in der Montessori-Pädagogik. Eltern, Erzieher, Lehrer. Bedeutung, Aufgaben und Probleme aus der Sicht Maria Montessoris und aus Praxisberichten, Herder Verlag, Freiburg 1991

Kaul, Claus D.: Die zehn Wünsche der Kinder. Ein ganzheitlicher Weg im Miteinander von Kind und Erwachsenen, Auer Verlag, Donauwörth [2]2001

Kramer, Rita: Maria Montessori. Biografie, S. Fischer Verlag, Frankfurt/M. [6]2004

Ludwig, Harald (Hrsg.): Erziehen mit Maria Montessori. Ein reformpädagogisches Konzept in der Praxis, Herder Verlag, Freiburg 2003

Meisterjahn-Knebel, Gudala: Montessori-Pädagogik in der weiterführenden Schule. Der »Erdkinderplan« in der Praxis, Herder Verlag, Freiburg 2003

Montessori, Maria: Die Entdeckung des Kindes, herausgegeben und eingeleitet von Paul Oswald und Günther Schulz-Benesch, Herder Verlag, Freiburg 1969

Montessori, Maria: Entwicklungsmaterialien in der Schule des Kindes, Renate Götz Verlag, St. Egyden 2003

Montessori, Maria: Erziehung zum Menschen, Kindler Verlag, München 1977

Montessori, Maria: Grundlagen meiner Pädagogik und weitere Aufsätze zur Anthropologie und Didaktik, besorgt und eingeleitet von Berthold Michael, Quelle & Meyer, Heidelberg 1965

Montessori, Maria: Kinder sind anders, dtv, München 1992

Montessori, Maria: Kosmische Erziehung, Herder Verlag, Freiburg [6]1988

Montessori, Maria: Das kreative Kind, herausgegeben und eingeleitet von Paul Oswald und Günther Schulz-Benesch, Herder Verlag, Freiburg 1972

Montessori, Maria: Die Macht der Schwachen, Herder Verlag, Freiburg 1989

Montessori, Maria: Schule des Kindes. Montessori-Erziehung in der Grundschule, herausgegeben von Paul Oswald und Günther Schulz-Benesch, Herder Verlag, Freiburg 1976

Montessori, Maria: Zehn Grundsätze des Erziehens, herausgegeben von Ingeborg Becker-Textor, Herder Verlag, Freiburg [3]2004

Montessori-Vereinigung e.V., Sitz Aachen (Hrsg.): Zeitschrift für Montessori-Pädagogik (früher: »Montessori Werkbriefe«)

Prekop, Jirina: Kinder sind Gäste, die nach dem Weg fragen. Ein Elternbuch, Kösel-Verlag, München [17]2005

Schwegmann, Marjan: Maria Montessori. Kinder ihrer Zeit – Frau von Welt, Beltz Verlag, Weinheim 2002

Seitz, Rudolf: Kreativität in Schule und Gesellschaft, in: Helmut Zöpfl u.a. (Hrsg.): Kreativität in Schule und Gesellschaft, Verlag Ludwig Auer, Donauwörth 1994

Venohr, Dorothee: Integrative Montessori-Pädagogik. Praktische Anregungen für die Arbeit mit Kindern, Verlag modernes lernen, Dortmund 2002

Weninger, Brigitta: Auf neuen Weg lernen. Montessori-Pädagogik für Schüler ab 10 Jahren, Auer Verlag, Donauwörth 1999

Wild, Rebeca: Erziehung zum Sein. Erfahrungsbericht einer aktiven Schule, Arbor Verlag Ulrich Valentin, Heidelberg 1992

Waldorf-Pädagogik

AG Freier Schulen: Handbuch Freie Schulen, Rowohlt Verlag, Reinbek 1993

Barz, Heiner: Der Waldorfkindergarten. Geistesgeschichtliche Ursprünge und entwicklungspsychologische Begründung seiner Praxis, Beltz Verlag, Weinheim und Basel 1990

Carlgren, Frans: Erziehung zur Freiheit. Die Pädagogik Rudolf Steiners, Verlag Freies Geistesleben, Stuttgart 1993

Eller, Helmut: Der Klassenlehrer an der Waldorfschule, Verlag Freies Geistesleben, Stuttgart 2005

Esterl, Dietrich: Was bedeutet Anthroposophie für die Waldorfschule?, Verlag Freies Geistesleben, Stuttgart 2000

Esterl, Dietrich: Welche Abschlüsse gibt es an Waldorfschulen? Elternfragen an die Schule, Verlag Freies Geitstesleben, Stuttgart 1997

Glöckler, Michaela: Elternfragen heute, Verlag Urachhaus, Stuttgart 1992

Hübner, Edwin: Anthropologische Medienerziehung. Grundlagen und Gesichtspunkte, Verlag Peter Lang, Frankfurt/M. 2005

Key, Ellen: Das Jahrhundert des Kindes, Athenäum-Verlag, Königstein 1978

Kiersch, Johannes: Die Waldorfpädagogik. Eine Einführung in die Pädagogik Rudolf Steiners, Verlag Freies Geistesleben, Stuttgart, Neuausg. 2004

Leber, Stefan: Die Sozialgestalt der Waldorfschule. Ein Beitrag zu den sozialwissenschaftlichen Auswirkungen Rudolf Steiners, Verlag Freies Geistesleben, Stuttgart, aktualisierte Neuausg. 1991

Leber, Stefan (Hrsg.): Waldorfschule heute. Einführung in die Lebensformen einer Pädagogik, Verlag Freies Geistesleben, Stuttgart, aktualis. Neuausg. 2001

Meinberg, Eckhard: Das Menschenbild der modernen Erziehungswissenschaft, Wiss. Buchgesellschaft, Darmstadt 1988

Miller, Alice: Das Drama des begabten Kindes und die Suche nach dem wahren Selbst, Suhrkamp Verlag, Frankfurt/M. 1983 (st 950)

Richter, Tobias (Hrsg.): Pädagogischer Auftrag und Unterrichtsziele. Vom Lehrplan der Waldorfschule, Verlag Freies Geistesleben, Stuttgart 2003

Sandkühler, Bruno: Lernen Kinder mit dem Kopf?, Verlag Freies Geistesleben, Stuttgart 1999

Saßmannshausen, Wolfgang: Waldorfpädagogik im Kindergarten, Herder Verlag, Freiburg 2003

Schopf-Beige, Monika (Hrsg.): Bestanden. Lebenswege ehemaliger Waldorfschüler. 19 Gespräche, Verlag Freies Geistesleben, Stuttgart 2004

Steiner, Rudolf: Allgemeine Menschenkunde als Grundlage der Pädagogik. Ein Vortragskurs bei der Begründung der Freien Waldorfschule in Stuttgart vom 21. August bis 5. September 1919, R. Steiner-Verlag, Dornach 1975

Steiner, Rudolf: Wie erlangt man Erkenntnisse der höheren Welten? R. Steiner-Verlag, Dornach 1975 (TB)

Steiner, Rudolf: Die Erziehung des Kindes vom Gesichtspunkte der Geisteswissenschaft, Berlin 1907, aus: Rudolf Steiner: Die Erziehung des Kindes vom Gesichtspunkt der Geisteswissenschaft und andere Schriften, R. Steiner-Verlag, Dornach 1978

Steiner, Rudolf: Die Erziehung als soziale Frage, R. Steiner-Verlag, Dornach 1960

Steiner, Rudolf: Erziehungskunst. Seminarbesprechungen und Lehrplanvorträge, gehalten in Stuttgart vom 21. August bis 6. September 1919 anläßlich der Gründung der Freien Waldorfschule, R. Steiner-Verlag, Dornach 1977

Steiner, Rudolf: Das Geheimnis der menschlichen Temperamente; durch C. Englert-Faye aus mehreren Vorträgen im Wortlaut zusammengearbeiteter Text, Zbinden-Verlag, Basel 1975

Steiner, Rudolf: Grundlage und Zielsetzung der Waldorfschule. Drei Aufsätze 1919/1920 (aus GA 24), R. Steiner-Verlag, Dornach, Neuausg. 2003

Steiner, Rudolf: Die Philosophie der Freiheit, R. Steiner-Verlag, Dornach 1962

Willmann, Carlo: Waldorfpädagogik. Theologische und religionspädagogische Befunde, Böhlau Verlag, Köln [2]2001